# 高职院校专业群评价指标体系构建与应用研究

宗　诚　郭福春　著

清华大学出版社
北　京

## 内 容 简 介

本书围绕高职院校专业群建设缺乏科学合理的评价体系这一现实问题，构建包括高职院校专业群建设投入、建设过程和建设产出三方面要素在内的高职院校专业群评价模型，对高职院校专业群评价以及与此相关的理论问题进行了基础性和探索性研究。

本书既可作为职业教育学研究的参考用书，也可作为职业院校专业（群）建设的实践指南，还可为教育管理者提供决策支持服务。

**图书在版编目（CIP）数据**

高职院校专业群评价指标体系构建与应用研究/宗诚，郭福春著 . —北京：清华大学出版社，2023.3
ISBN 978-7-302-62642-8

Ⅰ . ①高… Ⅱ . ①宗… ②郭… Ⅲ . ①高等职业教育－专业设置－评价指标－研究－中国
Ⅳ . ① G718.5

中国国家版本馆 CIP 数据核字（2023）第 018396 号

责任编辑：杜　晓
封面设计：傅瑞学
责任校对：刘　静
责任印制：朱雨萌

出版发行：清华大学出版社
　　　　　网　　　址：http://www.tup.com.cn，http://www.wqbook.com
　　　　　地　　　址：北京清华大学学研大厦 A 座　　　　　邮　　编：100084
　　　　　社 总 机：010-83470000　　　　　邮　　购：010-62786544
　　　　　投稿与读者服务：010-62776969，c-service@tup.tsinghua.edu.cn
　　　　　质量反馈：010-62772015，zhiliang@tup.tsinghua.edu.cn
　　　　　课件下载：http://www.tup.com.cn，010-83470410
印 装 者：三河市君旺印务有限公司
经　　销：全国新华书店
开　　本：185mm×260mm　　　印　　张：12　　　字　　数：226 千字
版　　次：2023 年 3 月第 1 版　　　　　　　　　　印　　次：2023 年 3 月第 1 次印刷
定　　价：56.00 元

产品编号：098541-01

专业群建设是推动职业教育深化改革的主要内容和关键所在，是实现职业教育高质量发展的动力机制和重要抓手。当前，专业群评价体系构建尚处于起步阶段，且主要是移植传统专业评价体系的构建思路、指标架构及评价范式。鉴于此，本书针对高职院校专业群建设的影响因素展开研究，总体思路为：第一步，以目前高职院校专业群建设缺乏科学合理的评价体系这一现实问题为导向，基于文献研究，探寻影响专业群建设质量的关键要素，构建高职院校专业群评价"投入—过程—产出"（I–P–O）假设模型；第二步，基于模型发展策略，根据采集到的 3258 条全国高等职业院校专业群建设数据，深入了解高职院校专业群建设现状、主要存在问题及其影响因素；第三步，基于访谈调查，验证影响高职院校专业群建设质量的因素，采用定性研究方法保证研究结论的有效性；第四步，开展应用研究，基于区域划分、所属专业大类、建设效益等方面对全国高职院校专业群建设质量加以分析，同时基于案例研究对专业群建设情况进行深度挖掘，以期将理论研究成果发展成为实际运用的形式。

本书的主要结论如下。

第一，影响高职院校专业群建设质量的关键要素包括专业群建设投入、建设过程和建设产出三个方面，其中，建设过程为主要影响因素。

第二，高职院校专业群建设投入和建设产出之间存在建设过程的中介效应。

第三，基于高职院校专业群评价指标体系生成高职院校专业群评价指数，对全国 3258 个高职院校专业群进行评价分析，结果显示，国家级专业群建设质量整体高于其他级别专业群；国家级专业群建设质量良莠不齐，内部差距较大，而"省部级"和"校级"专业群建设质量水平较为集中；国家级专业群在建设投入和建设过程方面表现较好，但是在专业群建设产出方面相比于其他级别专业群而言，尚有一定的提升空间。

于是，本书针对当前高职院校专业群在运行机制、建设目标及发展制度等方面面临的实践困境，提出可以从组织规模、制度环境、文化理念、路径依赖等公共组织理论视角理性应对，从而丰富专业建设理论，提高专业建设水平，提升人才培养质量，为高职院校及主管部门政策制订和资源配置提供科学依据。

与同类书相比，本书的主要创新点如下。

**1. 提出并实证了高职院校专业群评价的"投入—过程—产出"（I–P–O）模型**

基于文献综述，提出了高职院校专业群评价的"投入—过程—产出"（I–P–O）假设模型，利用模型发展策略，对全国各类型高职院校专业群建设数据进行分析，采用结构方程模型方法探究高职院校专业群建设投入、建设过程与建设产出三者之间的结构关系，对整体模型拟合程度进行了估计，运用置信区间法验证了建设过程的中介效应，为高职院校专业群评价研究提供了理论支撑。

**2. 提出并确立了高职院校专业群评价指数**

基于高职院校专业群评价指标体系计算专业群评价指数，通过模型综合标准化路径效应，确定评价指标体系权重，进而对全国所有高职院校的专业群进行评价。结论可以为高职院校高质量建设与评价专业群、教育行政主管部门评价与指导专业群建设提供实践支撑。

本书为北京市教育科学规划优先关注课题成果（课题批准号：AHEA21015）。编写团队科研经验丰富、学缘结构合理、工作单位优势互补，既有宏观政策研究人员，也有学校内部研究学者，可有效把握职业教育增值评价的内涵特征。本书由中国教育科学研究院宗诚、浙江金融职业学院郭福春共同完成。具体分工为：宗诚负责写作框架的设计，全书统稿、修订和审校工作；郭福春负责案例研究部分的撰写及定稿。全书得到了北京华职教育科技集团有限公司李永强的大力支持。

在本书撰写过程中，我们广泛征求了写作意见，参考了大量研究文献和数据资料，引用了许多政策文件和制度文本，借鉴了部分地方和职业院校的典型做法，并尽可能在书中对相关内容来源或出处进行明确标注。需要指出的是，本书所涉排名是研究者根据不同的维度、指标和权重所为，仅作为研究参考之用，绝不作为决策依据。在此，向提供这些资料及所有关心、支持和帮助本书撰写工作的单位及个人表示衷心的感谢和诚挚的敬意。尽管撰写过程中力求完善，但由于著者水平有限，书中难免存在不足之处，恳请广大读者批评、指正！

宗　诚

2022 年 5 月

# 目录

# 第一章　引　言

由中华人民共和国第十三届全国人民代表大会常务委员会第三十四次会议修订通过的《中华人民共和国职业教育法》(简称《职业教育法》)自 2022 年 5 月 1 日起施行，该法明确指出："职业教育是与普通教育具有同等重要地位的教育类型，是国民教育体系和人力资源开发的重要组成部分，是培养多样化人才、传承技术技能、促进就业创业的重要途径。"在全面建设社会主义现代化国家新征程中，职业教育前途广阔、大有可为。

为服务国家重大战略，密切融入区域经济社会，精准对接高端产业和产业高端，支撑重点、支柱、紧缺、特色产业发展，为经济增值，为学生赋能，彰显职业教育的经济属性和社会属性，2020 年教育部等九部门联合发布《职业教育提质培优行动计划(2020—2023 年)》(简称"行动计划")，旨在提质培优、增值赋能、以质图强。"行动计划"将建成优质专业和高水平专业群作为重点任务之一。这是继国务院印发《国家职业教育改革实施方案》提出建设一批高水平骨干专业(群)目标后，2019 年教育部、财政部印发《关于实施中国特色高水平高职学校和专业建设计划的意见》(简称"双高计划")将专业群作为项目建设的核心内容，职业教育将推进专业群建设作为实现职业教育高质量发展关键抓手的一项重大举措。同时，为贯彻落实 2021 年全国职业教育大会精神，推动现代职业教育高质量发展，中共中央办公厅、国务院办公厅印发的《关于推动现代职业教育高质量发展的意见》(简称"意见")也明确指出推进高等职业教育提质培优，实施好"双高计划"，集中力量建设一批高水平高等职业学校和专业(群)。《职业教育法》第二十一条也明确提出："国家根据产业布局和行业发展需要，采取措施，大力发展先进制造等产业需要的新兴专业，支持高水平职业学校、专业建设。"

大力推进专业群建设是推动高等职业教育深化改革、实现高质量发展的动力机制和重要抓手，是支撑产业转型升级、适应经济发展方式转变的有效载体和重要途径。

围绕办好新时代职业教育的新要求，各地高职院校以服务地方或行业发展为出发点，积极开展专业群建设工作，对优化专业结构、凝聚办学资源、提升人才培养质量、增强学校核心竞争力等起到了积极作用。

# 第一节　研究缘起与研究意义

## 一、研究缘起

高职教育历次政策实施均以专业群建设为抓手。2006 年，教育部出台《教育部关于全面提高高等职业教育教学质量的若干意见》提出"建立以重点建设专业为龙头、相关专业为支撑的专业群"，这是专业群的概念首次在国家文件中出现。同年，教育部、财政部正式启动国家示范性高等职业院校建设计划，重点投入支持建设约500 个专业，形成以重点建设专业为龙头、相关专业为支撑的重点建设专业群，引领带动高职专业提升内涵质量。这一时期开始提出高职专业群概念，但对于专业群内涵没有具体阐释，建设口径仍以专业为主，旨在以重点专业人才培养模式改革创新的做法引领和带动相近专业发展。2014 年，习近平总书记就加快发展职业教育做出重要指示。同年，国务院发布《关于加快发展现代职业教育的决定》，强调"坚持校企合作、工学结合，强化教学、学习、实训相融合的教育教学活动"；教育部等六部门联合印发《现代职业教育体系建设规划（2014—2020 年）》，提出"根据各主体功能区的定位，推动区域内职业院校科学定位，使每一所职业院校集中力量办好当地经济社会需要的特色优势专业（集群）"。2015 年，教育部出台《关于深化职业教育教学改革全面提高人才培养质量的若干意见》，指出"围绕各类经济带、产业带和产业集群，建设适应需求、特色鲜明、效益显著的专业群"。这一时期的专业群建设，突出了"服务需求"的明确导向，强调基于外部需求建设特色优势专业群，引导学校科学定位。2019 年，《国家职业教育改革实施方案》及《关于实施中国特色高水平高职学校和专业建设计划的意见》明确将专业群建设作为推动高职教育质量发展的基本抓手和动力支点，作为遴选和考核的基本单元。2020 年发布的《职业教育提质培优行动计划（2020—2023 年）》旨在从国家层面推进专业群建设实现职业教育高质量发展，适应经济发展方式转变、促进产业转型升级的重要载体和有效途径。于是，各省、地市、院校扎实推进所在区域高水平职业学校和专业群建设，取得积极成效，有力助推了职业教育"提质培优，增值赋能"。由此可见，高等职业院校教育质量提升的路径均以专业群建设为主要依托。研究者通过对已公示的国家级 56 所"双高计划"高水平高职院校及 141 所高水平专业群建设单位的建设方案进行文本分析，同时借助国家级、部分省市级"双高计划"专项培训会和推动会等机会开展个别访谈及座谈，发现经过多年的实践探索，专业群建设初步具备发展基础，但仍存在建设目标针对性不强、集聚整合力不足、管理机制没有理顺、特色效应不明显等问题。

当前，无论是教育主管部门还是高职院校都深刻意识到专业群建设对于高职教育发展的重要意义。专业群要发挥出对高职院校高质量发展的重要作用，科学组群是前提，共建共享是基础，重构课程是关键，组织变革是保障。然而，一个能够引领专业群改革发展现实走向、客观测量专业群建设及发展状态的评价指标体系尚未形成，导致高职院校在专业群建设方面一直是"摸着石头过河"，难免走弯路，事倍功半。因此，研究专业群评价指标体系是基于现实的需要，是促进高职教育可持续发展的理性选择，对于指导高职院校专业群建设具有重要的现实意义。

## 二、研究意义

当前，我国经济已由高速增长转向高质量发展阶段，产业转型升级和经济结构调整不断加快，各行各业对技术技能人才的需求越来越紧迫。与此同时，高等职业教育正从注重外延走向注重内涵、由规模扩张转向提高质量和特色发展的新阶段。为应对内外部环境迅速变革的诉求，高职院校亟须在专业结构上主动对接，快速优化；在资源配置上共建共享，凸显效益；在治理体系上强化改革，优化机制；在办学特色上凝聚优势，形成品牌。开展高等职业院校专业群评价研究，对于高等职业教育实现高质量发展具有重大的理论和实践意义。

### （一）理论意义

首先，高等职业院校专业群评价指标体系构建与应用研究是职业教育领域一项深入细致的综合性研究。既有经过论证的理论框架，又有可操作的指标体系和实证分析，一定程度上有助于促进高职院校专业群评价研究，有助于对专业群进行较为完整的评估，明晰影响专业群建设成效的因素，为后续的理论、方法论及实证等方面研究做铺垫。

其次，基于已有研究，深刻领会高职院校专业群评价的内涵，构建以客观评价为主、主观评价为辅的高等职业院校专业群评价指标体系，指标的建立实现对研究现象的具体化、实证化和精确化，评价指标体系具有一定创新性。

### （二）实践意义

#### 1. 政策制定和资源配置的决策依据

可深入探究产教融合方式，把高职院校、区域产业和知名行业企业有机联系起来，使专业群建设成为产业转型、经济发展、教育发展和社会进步的助推器；可使教育行政主管部门及时准确地把握高职院校和专业群的建设动态，为制定高等职业教育发展的相关制度提供决策依据，有利于政府准确配置国家及地区的教育资源，进而全面提高高等职业教育水平。

### 2. 绩效考核评价的依据

通过专业群建设评价研究，推动专业群竞争机制和动态管理机制的建立，对不同专业群建设成效进行横纵向比较，判断专业群的发展情况和相对位置，可以激励和督促专业群不断提高建设水平。研究结果可作为教育行政主管部门及高水平高职院校考核各级高水平专业群建设成效的依据，动态调整经费支持额度、调整项目建设单位。

### 3. 促进高职院校高质量发展

基于高职院校专业群相关研究结果，可使各高职院校认清、了解自身在专业群建设过程中存在的优势和劣势、办学定位和特色以及发展潜能，从而指导学校明确发展方向，优化内部结构，正确配置资源，改进管理机制，促进人才培养水平的提高，实现由外延式发展向内涵式发展的转变。

# 第二节 文 献 综 述

基于上述对研究背景的梳理，本节拟从专业、专业群、评价和专业群评价等几个方面，对高职院校专业群评价相关文献进行综述，了解研究进展，澄清研究问题，厘清研究思路，明确研究路径，为确定影响高职院校专业群建设的因素寻找理论依据，为构建高职院校专业群评价指标体系寻找理论参考系。

## 一、专业

教育学上的专业有狭义与广义之分。狭义的专业是指高等院校一个培养学生的专门领域，是一系列课程的组织形式。这就是我国教育界将"专业"与西方教育中的"major"互译的原因。在西方高校中，major 实际上是主修，是一个由某个或多个相关知识领域中的课程组成的课程群。"专业是指一部分特殊职业，专业与一般职业的主要区别在于是否有一个科学的知识体系，包括关于这一专业的知识和为这一专业的知识"（赵康，2000）。这说明主修只是一个课程群的统称，在这个课程群背后，没有固定的专业教师、固定的班集体、固定的教学资源分配等，但却是一个培养学生的专门领域，其背后是相对成系统的课程体系、知识体系，即遵循一定的组合规律，存在一定的专业边界性。广义的专业则指院校内部系统中的一个实体性组织。在这个实体性组织的背后，有同一专业的学生组成的班集体，有固定的教师，有固定的教室、实验室、图书资料以及实体场所等，是高校内部一个独立的、固定的资源使用和产出单位（赵康，2000）。从当前中国高职院校的实际来看，专业下有教研室，上有系、部，与其他实体性组织共同构成了院校纵向的科层组织，成为职业院校科层制的重要一环。专业是职业高度成熟化的体现，专业从职业中来，正如布朗德士对专业概念的描述，"专业是一个正式的职业"（程广文等，2013）。专业反映一个职业的知识含量和成熟程度，"专业（profession）主要指一部分知识含量较高的特殊职业"（赵康，2000）。职业的发展成熟即职业的专业化，其工作中体现出缺乏一定的专业知识便无法从事这些职业。外行无法挑战专业人员经过长期甚至极其苦难的学习和实践积累而形成的深厚、广博的知识，这就是职业高度成熟化、专业化的体现。职业专业化催生高校的专业，为具备深厚、广博的知识以从事某些职业，人们需要一定的中介去整合知识、学习知识以对接职业，而这个重要的中介就是高校。"高校在发展专业知识体系方面扮演了重要角色——专业科学知识体系的系统化、结构化、合法化和传承是在高校完成的"（程广文等，2013）。高校设置的专业即社会职业高度专业化后在高校的反映。《国际教育词典》将职业教育定义为"学校内或学校外为提高职业熟练程度而进行的全部活动"，高职院校专业即为"提高职业熟练程度"而进行的课程集合（程广文等，2013）。因此，高校专业的产生与职业高度相关，实际上是职业高度成熟化后，高校为对接职业而结合一定的知识规律进行的课程设置。

专业是高校人才培养的基本单元，专业的设置受社会、经济、产业发展的影响。数字技术正驱动产业转型，数字经济成为经济发展的新引擎，培养适合新经济人才的专业也将发生数字化转型。

一是专业人才从特定性到连通性。在数字时代，"专业"的属性正在发生变化。大学从过去以培养"专才"为目的，注重特定专业方向人才的特有能力结构，到如今强调人才综合能力结构，不同专业人才之间的互补性和连通性愈发受到重视。同时充分发挥互联网的优势，注重突破学科和专业的时间空间界限，鼓励学生借助数字技术跨专业选课，跨专业、跨学校建立学习与研究团队等。因此，高校一方面要重视产业数字化转型对专业的影响。随着数字技术对于社会各行各业的渗透，生产、生活与交流方式都在发生变化。数字技术的飞速发展，催生了许多新的产业和行业。这需要高校突破旧的思维框架，关注产业数字化进程，理解新一轮科技革命的本质及其对行业的影响，拓展专业方案设置的视野；需要高校建立符合产业数字化转型的专业，重视对传统专业的数字化升级；需要关注不同专业之间的联系，从专业门类间、专业间的关系出发，不断优化专业门类的设置，减少狭隘性，增强融合性，以便增强专业对数字时代的适应性。另一方面要重视建立适应数字化转型的课程学分认定机制。专业人才培养需要通过完成一定的学分，才能够达到专业的毕业要求。随着在线教学资源的建设与发展，跨专业、跨学校选修课程的条件趋于成熟，高校需要构建更加灵活的跨专业、跨学校甚至跨国家的学分认定机制。

二是专业领域从封闭性到开放性。传统的专业发展过程中，专业领域相对封闭，学术活动也仅限于专业内部，难以实现不同专业之间的跨越。数字时代，专业之间的交流日益扩大，专业之间的渗透日益广泛，专业内涵不断延伸，也促进了交叉专业的产生与发展。对于高校来讲，一方面需要建立新型专业共同体。始终瞄准数字产业化、产业数字化的发展趋势，建立跨专业、跨学校，与产业、企业紧密联系的共同体，开展多种形式的协同交流与研究，动态调整专业设置，重视交叉专业的发展。另一方面需要关注专业融合，倡导文理渗透。紧跟新一轮科技革命和产业变革新趋势，积极推动人工智能、大数据等数字技术与文科专业深入融合，积极发展文科类新兴专业，推动原有文科专业改造升级，实现文科与理工农医的深度交叉融合。

# 二、专业群

社会分工在教育领域的体现是"专业"，倾向于科学的知识技术体系；在经济领域的体现是"职业"，倾向于工作门类或社会岗位，二者有着必然联系。随着社会发展，社会分工越细，职业类型越多，专业化人才培养越多。职业直接对应社会岗位，其数量远超专业数量，2022年版《中华人民共和国职业分类大典》将我国社会职业分类为8大类，共计1639个职业，《职业教育专业目录（2021年）》共设专业为1349个，其中中职专业358个、高职专科专业744个、高职本科专业247个。"因此还是有必要考虑专业教育的针对性和覆盖面，实现一个专业对应多个职业"（张慧青，2017）。

群或集群源于生态学的概念，原意指以共生关系生活在同一栖息所中的生物族群，已被广泛应用于产业经济学中，即产业集群或企业集群，指一组在地理上靠近的相互联系的公司和关联的机构，它们同处或相关于一个特定的产业领域，由于具有共性和互补性而联系在一起。产业集群的崛起是产业发展适应经济全球化和竞争日益激烈的新趋势，是为创造竞争优势而形成的一种产业空间组织形式，它具有的群体竞争优势和集聚发展的规模效益是其他形式无法比拟的。把群/集群的概念应用到教育学领域，即学科群，就是以某一学科或是关联度比较大的多个学科为核心，或是基于某一共同基本理论，以相关的辅助学科为依托，以基础学科为支撑而组成的不同但比较相近的学科及其相互关系组成的集合体。产业集群发展在经济领域所产生的集聚效应使产业集群理论不仅在经济领域受到关注，在教育等其他领域也同样受到重视与借鉴。日本筑波大学诞生的"学群"组织，这种类似于西方科学哲学家称之为"科学共同体"组织的出现，在我国高教界掀起了"学科群"建设的热潮，成为我国高校学科发展的新动向，对高等学校学科的合理布局，促进高校智力资源的再分配，推动科学研究向多学科融合方向发展等方面必将产生重要影响。

受到本科教育的学科群建设的影响，高等职业教育界对专业群建设的理论和方法也进行了相应的理论研究与实践探索，较多学校已经开始了以专业群建设为重点内容的专业建设。2006 年，高职院校示范建设明确将专业群作为建设目标，提出加强重点专业领域建设，形成以重点建设专业为龙头、相关专业为支撑的重点建设专业群。2006 年《关于全面提高高等职业教育教学质量的若干意见》明确提出专业群概念，从词义理解，专业群就是面向某一领域由某个重点专业与若干相关专业组成的组织结构，其概念内涵、价值意蕴并未给出明确解释。随着示范建设的逐步深入，高职学术领域逐步将专业群的理论实践内涵丰富起来。赵鹏飞根据高职院校的实践，阐述了专业群的概念，即指按技术门类和职业岗位组建的由若干个专业或专业方向的专业集合。专业群所涵盖的专业，可以是同一职业技术门类的专业，也可以是在学科体系上存在知识与技术联系的不同专业。专业群面向行业或产业，专业群中的各专业或专业方向面向职业岗位链，其范围以是否能在同一个实训体系中完成实践性教学加以界定。应智国认为专业群是指若干个相近相关专业或专业方向共同组成的专业集群。专业群中各专业或专业方向，面向企业中的岗位链，均能在同一个实训体系中完成其基本的实践教学。专业群所涵盖的可以是同一学科体系的专业，也可以是不同学科体系的专业，其范围可以用是否能在同一个实训体系中完成实践性教学加以界定。芦庆梅等指出专业群中各专业所需的基础知识和专业基础技能基本相近，实验实训设施可以共享。闵建杰认为专业群是指与行业中的职业群相对应，有共同的资源基础、技术基础和社会关联基础的相近专业。兰金林、田静、石伟平等指出目前高职院校专业群建设还存在诸多问题等影响了专业群建设的有效性。

一是对专业群建设的内涵把握不到位，专业群组建思路和定位不明晰，顶层设计不够科学，专业群特色不够鲜明；二是专业群建设缺乏具体、明确的指导性要求，使专业群建设缺乏方向指引；三是专业群结构与产业发展匹配度不高；四是专业群人才培养机制不健全，专业、课程和教学改革强度不够，群内师资、课程等资源的统筹管理及整合共享不足，专业群的集群效应不突出；五是专业群建设缺乏常态的组织运行保障机制和完备的管理机制。

根据上述可以将专业群内涵大致分成两类：一是从学校内部视角将资源整合共

享、内部管理重构作为专业群建设出发点，将相近性或拥有共同基础的专业组合为专业群，同时明确服务社会和产业发展仍是专业群建设的落脚点。如袁洪志提出的以重点建设专业为核心专业，若干工程对象相同、技术领域相近或专业学科基础相近的专业组成的集合。二是从社会外部视角将服务产业整体发展需求作为专业群建设的出发点，将产业链或产业集群所需的专业组合为专业群，同时明确资源整合、管理重构仍是专业群建设的主要手段。如易新河提出的由跨二级类的专业组成专业群，通过核心专业的带动和专业间的依赖，形成合力，提高高职院校服务经济社会的能力（易新河，2007）。两类概念界定的根本区别是专业群建设的出发点不同，落脚点其实相同。从社会外部视角出发，以提升服务社会和产业发展能力为出发点，倒逼高职院校变革专业建设和管理模式，突破原有相近或共同基础的束缚，拓宽高职院校专业群建设的思路，目前看来更具现实意义。专业群主要是相近专业的集合，专业群内的专业具有共同的知识基础、共同的资源基础、共同的社会基础，以专业群内专业之间的共享为主要特征。具备以上特征的专业群建设能够在保证质量的前提下节省实验实训基地建设的投入，降低专业教师的储备率而节约办学成本。与学科群建设的目的在于形成新的学科体系，促使交叉学科、横断学科和边缘学科的出现，促进知识创新不同，专业群建设的目的在于促进资源共享、提高师生综合运用技术的能力和培养创新型高技能人才。

## 三、评价

"评价"在《现代汉语词典（第7版）》中被解释为"评定的价值"，这是对"评价"的一个比较通用的解释，核心在于"价值"的高低和大小。在拉丁文中，"评价"在构词中内含共同体之间的交互性作用，而这种交互是建立在平等基础上的。因此，学习评价不是教师高高在上对学生进行评价，而是以学生为主体，师生共同参与，体现学生学习的主体性、参与性和过程性。长期以来，我国深受考试制度的影响，人们认识和理解中的学习评价就是分数所表示的学习结果，严重忽视了学习评价的过程性和促进性功能，同时，关于评价，赫姆基（Helmke）等提出了一个简洁而又内涵丰富的定义，即评价应包括以下特征：①系统的评价，包括过程或结果产出，一个项目或单个措施；②与事先制定的标准、准则、预期或假设做比较；③目标是为完善方案或措施（赫姆基，2003）。因此可以得出结论，学习评价需要回归到正常的功能定位上，实现改善和促进学习的目的。纵观我国学习评价发展的历史，不同阶段有不同的评价体系，而评价体系演变的背后存在一定的影响因素和驱动要素。赵晋等认为，学习评价演变的直接驱动力由四个要素构成，分别是教育资源、人才培养目标、教学模式和学习方式，它们相互作用，共同构成了特定阶段的教育环境和教育生态，推动学习评价变革的力量来自教育需求的转变、技术进步、政策支持和经济发展（赵晋，2020）。

过去一个时期，职业教育评价主要采用绩效指标以及资源分配相关联的等级评分规则，一定程度上导致职业学校的模仿和趋同。随着教育领域全面深化综合改革，职业教育评价改革首当其冲，评价主体更加多元，评价标准更加特色，评价手段更加现代，评价导向更加科学，特别是在参与主体上将更加突出外部评价，形成学生、家长、用人单位、社会等共同参与的多元主体评价格局。要适应新的变化，就要从理念上推动职业学校由管理向治理转变，引导职业学校建立内部质量保证机制，真正从关注硬指标的显性增长转向关注软实力的内在提升（任占营，2022）。当前，信息技术推动教育教学深度变革，教育理念正在由"以教为主"向"以学为主"转变，让学生学会学习、自主学习是教育的真谛。从学习本身来看，现代学习更多体现的是知识、技能、能力和信念等的融合，表现出来就是全方位的学习素养。学习评价既是在学习目标的基础上对学习效果的一种价值判断，侧重于结果，通过结果反思和修订学习目标，也是在学习过程中对学生学习进展与变化的一种反馈，侧重于过程，用于完善和改进学习。职业教育学习评价是推动职业教育改革、提升职业教育质量的重要支点，通过这个支点可以撬动职业教育沿着持续健康的道路发展，实现我国从职业大国向职业强国迈进。扩大行业企业参与评价，引导培养高素质劳动者和技术技能人才，这是因为现代职业教育已经由政府一元主导转向多元主体参与的公共治理，行业企业是职业教育办学的重要参与主体，反映了职业教育的跨界性。因此，在职业教育学习评价的主体中，必须凸显行业企业的主体作用，而且这种主体作用直接对接服务当地经济社会发展需求，这也是职业教育评价区别普通教育的主要特征。在职业教育学习评价目的上，既要考虑教育的目的性，也要考虑职业的目的性。前者主要是德技兼修的人才培养，而后者是职业的外在逻辑与经济发展需求的整合。职业教育学习评价目的决定了职业教育学习评价的内容，从职业院校学生成长成才的角度来看，知识、技能、能力和职业素养是评价的关键。因此，在评价方法上，要注重过程评价、多元多主体评价、多维度评价，借助和依赖大数据、人工智能、学习分析等技术提高学习评价数据的处理效率，提高评价结果的客观性和真实性，帮助学习者改进学习，最终学会学习，并能自主学习，能够树立终身学习的理念，适应区域经济社会发展变革所带来的产业升级和调整对新技术新技能所要求的持续性学习。教育数字化转型后，特别是人工智能的应用，将为学生的考试和评价提供客观量化的证据。其直接表现就是从单一的学业水平表现转变为对学生的综合素质进行评价，在评价结论上也更加强调学生的发展性评价，即通过大数据分析学生的学习过程和自我发展情况，学生不需要跟别人比，只需要跟自己比。学校也可以根据每个学生的特点判断他适合的专业和学习方式，制订更加个性化的培养方案，推送更加精准的课程和学习内容。在学业评价中，更加强调客观性，减少人为因素的干扰，通过网络平台，把学生的学习情况和评价建议直接反馈给学生，最终在后期学习计划中实现学生与教师之间双向的多次选择（张青山，2022）。

因此，职业教育精准学习评价就是立足职业教育实际，建立多元主体参与的评价体系，允分发挥智能化信息技术优势，让技术记录学习者的知识积累和能力素养提升，用数据描述学习者的学习特性和学习状态，全方位构建精准的学习评价方法和评价模型，动态生成学习评价结果，以精准的学习评价结果改善和促进学习者学习，并引导学习者学会学习和自主学习，全面提升学习素养和职业素养，让每一名学习者都努力成才，并皆可成才，最后尽展其才（程光胜，2021）。而职业教育评价，一般包含三个层面：宏观层面对职业教育体系的评价，中观层面对职业院校、企业培训部和其他培训机构的评价，微观层面对课程、学习过程和学习结果（个体与群体）的评价。按照 SIhleiermalher（1983/1984）和 SIhmied Kowarzik（1974）的理解，职业教育学是一门"实践的科学"，包括分析、促进和评价真实的实践（Shadish 等，1991）。据此，评价的内容不仅包括职业教育的方法和内容，还包括职业教育实践的目标（Klafik，1991），包括其理论基础以及实践与评价的合理性。目前有研究立足于我国高职院校办学质量与办学条件投入，探讨教育投入与教育质量评价之间的关系。通过运用全国高职院校办学条件统计数据，选择主要的统计指标作为自变量，分析自变量的样本分布特征；采用 2019 中国高职高专排行榜作为高校办学质量指标，借助回归模型，分析办学条件各自变量对办学质量的影响（杨梓樱等，2020）。有研究基于投入—过程—产出的视角，探讨对专业群建设成效的评价，首先是评价组群逻辑是否科学，即衡量其作为一种新生事物形成的科学性；其次是考量专业群本身的建设机制，即关注其作为一个独立形态建设机制的协同性；最后是评价专业群的建设成效，即从院校发展的战略维度考察其发展的贡献度（任占营，2019）。

## 四、专业群评价

构建科学的评价指标体系是高职教育可持续发展的重要指引，应遵循全面、重点、系统和可行性原则（周建松，2006）。评价指标体系可依据系统管理理论，从基础能力评价、隐性能力评价及核心成果评价等三方面（杨理连，2011），也可以根据结构功能主义根据当事人、目标、情境、关系等四方面加以构建（塔尔科特·帕森斯，2003）等。当前国内关于专业群评价的研究，主要表现在对专业群建设评价的思辨性阐述、专业群建设评价指标体系的构建、以某专业为例展开微观评价等方面。

### 1. 专业群评价指标内涵研究

专业群评价指标内涵体现专业群建设的根本性问题，结合诸多学者的研究可得到一些共识：专业群是高职院校内部相互关联的专业或组织在空间上的一种集聚（梅亚明，2006；袁洪志，2007；董显辉，2011；徐国庆，2019）；专业群的建设具有一定的目标效益，如专业群建设的经济意义和文化意义（石伟平，2011；陈运生，2017；朱厚望，2018）；专业群的组建原则具有对内整合资源、组织教学内容与对外动态调整专业结构等两个侧重点（吴翠娟，2014；陈秀珍，2015；任占营，2019；郭福春，2019）。其中，任占营认为专业群建设是专业发展方式的巨大转变，也是专业建设走向成熟和现代化的重要过程。对专业群建设成效的评价，首先是衡量其作为一种新生事物形成的科学性；其次是关注其作为一个独立形态建设机制的协同性；最后是从院校发展的战略维度考察其发展的贡献度。专业群建设评价的目的是通过对专业群的科学评价和考核，全面反映专业群的教育教学质量，为其建设与发展提供科学依据，促进其建设水平和整体效益的提高，进而完成培养高素质劳动者和技术技能人才的根本任务。专业群建设评价有利于专业群厘清发展思路，及时诊断和改进专业群建设存在的问题，为专业群人才培养、教育教学改革、师资队伍建设及经费使用等提供参考；有利于专业群积极适应新时期产业发展对人才的多样化需求，及时调整人才培养方案，科学设置课程体系，促进学生健康成长，提高人才培养质量；有利于优化专业群内部的专业结构和组群逻辑，提高专业群内涵建设水平，促进群内各项工作的规范和完善；有利于引导高职院校建立专业群建设和调整的自律机制，不断提高专业群服务经济社会发展的能力（孙佳鹏，2021）。

### 2. 专业群评价指标体系研究

科学的评价是促进专业群人才培养质量提升的依据和指南。只有以一定的评价理论为基础，才能准确测量专业群建设的效果，指导专业群未来的发展方向，孙佳鹏选取 CIPP（背景评价 Context Evaluation、输入评价 Input Evaluation、过程评价 Process Evaluation、结果评价 Product Evaluation）评价模式作为专业群建设评价指标体系构建的理论框架（孙佳鹏，2021）。方飞虎等基于专业建设的核心要素，构建了包括专业群结构、人才培养模式、课程体系、实训基地、师资队伍、数字化教学资源、教学管理等内容为要素的专业群建设评价指标，并分别针对立项评估与水平评估两个阶段，构建相应的专业群建设评价指标体系（方飞虎，2015）。李林基于专业建设量化评价指标及"群"特点，构建了包括专业群发展保障机制、师资队伍建设、教学改革与创新、教学条件建设、人才培养质量提升和建设成果为一级指标的专业群建设评价体系（李林，2017）。

### 3. 专业群评价应用研究

江苏省教育厅于 2015 年发布了《江苏省职业学校现代化专业群建设标准》，制定了详细的专业群建设标准。该标准引起了其他地区院校的效仿，如福建泉州信息工程学院建立了《特色专业群建设标准》，湖南长沙卫生职业学院护理专业以江苏省的专业群建设标准为参考建立了学校建设标准体系。王传斌等以连云港师专港口涉外商务专业群为例，构建专业群评价指标体系，并以此指导和促进专业群建设（王传斌，2014）。罗纯等以襄阳职业技术学院为例，构建了包括 22 个评价指标及 60 类标志性成果的、与建设路径贯通和匹配的专业群评价体系，旨在对高水平专业群建设的科学性、先进性进行综合评判（罗纯，2019）。然而目前还没有一个可以广泛应用于全国专业群建设的参考标准。郑雁以全国 197 所双高院校高水平专业群为研究对象，运用因子分析方法探索构建专业群评价模型，实证分析 253 个专业群的发展水平和内在特征（郑雁，2022）。

综上所述，已有研究在一定程度上为高职专业群评价指标内涵的确定、评价指标体系的构建和应用奠定了理论与实践基础。但还存在进一步研究空间，主要表现为两方面：一方面，对专业群评价指标体系构建的研究方法过于单一。目前关于专业群建设的研究中，理论研究多于实践研究（思辨多于实证）。另一方面，专业群评价相关的研究内容不够全面。当前，关于高等职业教育专业群评价相关的研究主要表现为对专业群建设评价成效的思辨性阐述、专业群建设评价指标体系的构建、以某专业为例展开微观评价、对专业群进行描述性统计分析等方面，而采用混合式研究方法既构建高等职业教育专业群评价指标体系，又通过案例研究动态考核专业群建设进展情况的研究还存在一定空间。

因此，接下来可深入开展以下两方面研究：一方面，基于理论框架建立具有指导意义的专业群评价指标体系。评价指标体系是专业群建设的依据、计划、实施过程和成果的具体体现，专业群建设的优劣很大程度上取决于专业群评价指标体系。如何建立科学合理且具有示范意义的评价指标体系，尚存在研究空间。另一方面，依据开发的指标体系深度挖掘高职院校专业群建设现状。目前关于专业群建设，思辨研究多于实证研究。下一步可以在理论指导下针对全国范围内国家级、省级、校级等不同级别专业群开展应用研究，以指标体系作为衡量高职院校专业群建设水平的标准，运用定量与定性相结合的研究方法深度评价高职院校专业群建设的现状，既对影响因素的内部结构及相关关系进行分析，又对自变量与多个因变量之间的影响关系进行分析，进而找到问题症结，精准施策。

# 第二章 研究设计

专业群是推动职业教育深化改革的主要内容和关键所在，是实现职业教育高质量发展的动力机制和重要抓手。专业群评价是专业群研究的关键主题。通过第一章对"专业群评价"国内外相关文献梳理得知以下两方面内容。

（1）关于评价内容。国内主要移植传统专业评价体系的构建思路、指标架构及评价范式。包括基于专业建设核心要素设置评价指标。基于国家级、省级、校级制定发布的专业群建设标准，构建评价指标体系以指导和促进专业群建设等。国外多从宏观层面探讨高等教育与区域经济发展之间的关系。如美国学者埃茨科威兹的"三螺旋理论"，用于政府产业学校合作、产业集群升级以及专业群建设等研究，探究如何加强政府、产业和大学三方合作，强调经济与教育、企业和政府、市场需求和职业教育供给的关系。2011年德国"卓越集群"的遴选标准是超越学科，探讨政府、产业、大学合作关系，及对相关领域的发展和贡献程度。

（2）关于评价指标。国内外教育评价指标一般均涉及投入、过程、产出三个过程，按照评价要素可被量化的难易程度，划分为硬性指标和软性指标，硬性指标可通过计算方法精确量化，软性指标需借助问卷调查。有的根据教育经济学原理，运用教育投入与产出理论，创建包含投入量、产出量和中间量的城市教育竞争力 IPM（Input–Process–Median）评价模型。有的结合区域教育特征，运用"投入—过程—产出"（I–P–O）模型，开展区域教育综合评价研究。

接下来可借鉴国外研究视角，遵循教育内外部规律论，根据社会政治、经济、科技发展状况，调整培养目标、专业结构及课程体系建设，实现高职院校人才培养供给侧与产业发展需求侧结构要素全方位融合。

## 第一节 研究框架

### 一、理论基础

Halkman 于 1983 年提出"投入—过程—产出"（I–P–O）模型，旨在对教学团队在虚拟环境中运作的三个环节进行分析。I–P–O 模型中的投入（Input）是指一些影响团队效能的结构因素，如团队的结构与规模、目标与原则、技术支持与保障、成员角色配合等；过程（Process）主要是指团队成员之间在完成任务过程中形成的互动，包括如何设置具体任务、采用何种工作方式、如何进行工作管理、如何沟通协作、如何建立工作关系、如何进行工作反思等；产出（Output）是指团队工作的绩效，涉及任务完成的质量和数量以及成员的情感反应。该模型描述了团队设计、团队运作过程和团队效能之间的关系。

## （一）团队的运作投入

### 1. 团队的结构与规模

构建一个团队首先要根据其目标设置团队的结构和规模。在选拔团队成员时，要以团队目标为导向，确定团队必备的人才。不仅要考虑其是否具备该工作所需的技能，还要考虑其是否具备扮演团队角色的其他素质以及态度。另外，团队在具有灵活性的同时也有着不稳定性，因此构建团队时还需要考虑团队未来的发展趋势，以及团队可能遇到的问题（李强，2007）。

### 2. 团队的总体目标与运行原则

团队是以目标的需要而建立的。没有良好的、可支撑的目标，或者成员不能正确理解目标的意图，团队必将失败（张子刚等，2001）。教学团队工作的总体目标是打造一个优秀的教学团队，形成一套高效的团队运行机制；探索多种形式的自主学习模式与导学、助学模式，将教学与研究有机结合；落实教学和自主学习过程，提高教学质量。教学团队运行的基本原则是需求驱动、动态设计；纵横协作、分级指导；分工明晰、量化到人，以确保团队运行机制合理、健全、高效，实现团队的总体目标。这一总体目标和运行原则为团队工作指明了方向。

### 3. 团队的技术支持与保障

支持团队工作的信息和通信技术有很多，旨在解决团队成员群体活动的协调问题（张子刚等，2001）。团队管理者不仅要考虑团队使用虚拟工具的范围，而且要研究不同的虚拟工具对提高团队绩效的有利和不利条件（黄攸立等，2008）。教学团队利用现代化的网络技术保障信息的传递和成员日常工作的沟通与交流，例如通过网络视频会议实现团队成员在异地参加工作会议；团队成员通过电子邮件在任何时间和任何地点接收其他成员的信函；将微信群讨论区作为团队成员发表个人意见的场所；利用微信群的音频功能为团队成员之间的个别交流提供方便、节约、快捷的连接渠道；利用微信群共享使团队工作信息集中化，实现团队成员对信息和资源的共享和应用；利用群在最快、最短的时间内将需要传递的信息或解决的问题发送到团队成员的手机上等。现代信息技术的支持与保障，对教学团队的效能、效率、沟通等产生了积极的影响。

### 4. 团队成员的角色配合

在一个动态变化的组织及环境当中，不同的角色在不同时刻进行着不同的活动或完成不同的任务。这些活动或任务既相对独立，成员可以自主完成，同时又密切相关，相互影响。这些关联和影响必须通过角色之间的某种通讯方式传递给相关角色，体现为角色之间的相互依赖关系（刘建昌，2005）。教学团队对成员角色进行了原则上的分配：首席主持负责设计教学团队的建设方案，协调团队总体工作与质量监控等；核心成员兼做项目负责人，负责团队项目组工作的协调，参与动态教学资源的建设，参与教学实验过程与改革项目等；骨干成员负责团队建设方案各个项目任务的具体落实，进行实地教学与辅导，根据团队任务参与具体工作等。在动态协作中，团队成员的角色是动态的、可渗透的，他们可以跨项目参与工作，可以定期或不定期互相接触，共享有关信息，交流工作经验；在完成任务时，个人或任务小组动态地承担子任务，交叉或平行地协同工作以实现总的任务目标。

## （二）团队的运作过程

### 1. 团队的具体任务

虚拟团队因任务而存在，团队成员的相互协作确保了中心目标的实现，使虚拟团队能够处理多重挑战（张子刚等，2001）。为了解决教师和学生在课程教学辅导（面授与网上辅导）、导学与助学、教学交互、资源共享、课程考核等方面遇到的问题，提供灵活、方便地学习支持服务，教学团队制订了细致的工作方案，明确了具体的任务：优化教学设计；制订学习策略等；组织教学观摩并对教师进行培训；探索移动学习的可行性；改革形成性考核方式，建设形成性考核题库；将教学与科研相结合进行行动研究。

### 2. 团队的工作方式

基于信息技术平台的新的工作方式使信息在组织内的流动方式发生了巨大的变化，它削弱了传统层峰式组织结构的命令链，使组织成员能够通过网络系统获得所需的任何信息，大大提高了组织成员的独立工作能力（刘佳，2002）。为了对团队具体任务的完成提供时间、技术、人员、资源方面的保障，教学团队利用现代网络通信技术开展工作，例如，利用现有教学平台提供虚拟值班服务，开展教与学的交流与探讨；团队成员参加微信群组，通过计算机和手机方便、快捷、经济地传递信息，随时交流情况，及时解决问题；团队成员加入团队微信工作群进行实时与非实时交流和研讨，使团队工作更深化、更细化；将团队所有的文件和资料放入群共享作为团队工作与管理过程的记录及档案，实现资源共享。

### 3. 团队的工作管理

虚拟教学团队的管理模式与领导行为直接相关，团队成功的业绩有赖于领导与团队的相互作用过程。教学团队的管理模式为对话、协商、讨论。例如，在一体化教与学设计以及形成性考核题库的建设中，首席主持或项目负责人通过对话形式要求每个成员充分了解全局工作并形成统一认识，主动、协同、创造性地工作。项目负责人在组织实施各自负责的项目的同时，还作为其他项目的成员参与工作。团队的骨干成员可视各自的兴趣、特长及工作需求，同时参与不同项目的工作。由于团队成员之间的关系是多向的、网络状的，因此工作时可展开横向和纵向的协商与讨论，最大限度地激发成员间的互动，发挥成员个人的聪明才智。

### 4. 团队的工作反思

团队反思是团队关注环境并根据环境变化做出反应的关键所在，也是影响团队创新与团队效能的一个重要因素。团队在工作进程中定期或不定期地开展了工作交流与分析讨论，形成了动态的工作反思与评价机制。例如，在编制各个项目的实施方案、一体化教与学设计、三个系列助学型讲座设计、形成性考核题库时，团队成员利用微信群讨论和共享平台、微信音频对话、微信消息留言、电子邮件等形式，对上述工作的可行性及其效果进行分析，使团队成员在对自己的工作活动、任务及职责进行分析与反思的同时，还对团队的整个工作有了全面了解。这种全局性的了解、动态的分析与反思，使团队在虚拟环境中对工作的开展把握得更加准确，而且能够根据工作变化做出相应调整，使团队工作变得更加有效。

## （三）团队的运作产出

### 1. 任务的完成及应用

通过团队成员的通力合作和积极努力，团队的工作已见成效，主要的阶段性成果如下。

（1）完成了学习与教学需求调研。通过问卷调查和访谈等形式，对学生的学习需求和教师的教学需求进行了调研，形成了分析报告。团队设计的所有其他任务，都是在分析、讨论、研究学生与教师实际需求的基础上，经过团队成员的多轮修改和调整最终确定的。

（2）完成一体化教与学设计，对现有教学资源进行了认真梳理，按照教学要求对教学内容进行了模块化分类与设计；结合文字教材和网络课程内容，就自主学习、面授辅导、教与学互动等方面向学生和基层教师提出了相应的建议和策略。

（3）由教师通过现场培训的形式进行了观摩和讨论，对课程的不同教学形式进行相关讨论和研究。

（4）进行课程考核方式改革的探索。将自主学习过程与自我评测过程有效挂钩，以期促进和强化课程学习过程，提高课程教学质量。

### 2. 教学与科研的结合

教学团队部分成员结合团队工作、课程教学、师资培训、移动学习等内容撰写研究论文或开展相关课题研究。这种教学与科研相结合的形式促进了教师对现代教学理论的学习与研究、对教学过程与教学方法的反思，也提升了教学团队的工作质量。

### 3. 认可及满意度

首先是团队的执行力保障了上述教学与科研任务的完成。其原因在于团队负责人的角色具有多重性——将领导者、参与者、信息员、谈判者、调控者等身份与职能融于一身，并具备很强的沟通能力、理解能力、调控能力和执行能力，能够合理安排成员的角色分工，能够为团队成员提供顾问式指导，对出现的情况作出及时的反馈。其次是团队的活动结果带来了成员之间良好的人际关系和满意感，不少成员在完成某项任务之后表达了继续参与团队合作的强烈愿望。

于是，本研究拟选择"投入—过程—产出"（I–P–O）教育评价模型为理论基础，结合高职院校专业群建设实际，展开对高职院校专业群建设的评价。

## 二、假设模型

为了便于后续分析，研究将首先讨论拟采用的概念框架。根据前文的理论基础概述及相关文献综述，研究拟借鉴国内外学界广泛采用 Halkman 提出的"投入—过程—产出"（I–P–O）模型，围绕专业群建设投入、过程、产出三方面评价要素，立足专业群建设发展实际，构建高职院校专业群评价的"投入—过程—产出"（I–P–O）假设模型。其中，专业群建设投入包括办学条件、组织特征等，专业群建设过程包括课程建设、产学合作、师资保障等，专业群建设产出主要包括人才培养、社会服务等。同时，专业群建设投入、建设过程对建设产出具有积极影响。具体体现为以下几方面。

### 1. 专业群建设投入

在已有专业群建设研究基础上，结合职业教育专业建设实际，本研究拟从"组织特征""教学资源"和"专业群负责人"三个方面支撑专业群建设投入。专业群建设是教学组织和管理模式的双重改革，将对教育理念、培养模式、教学安排、组织管理带来深层次变革。从教学组织维度看，要关注专业布局优化、课程体系建设、教学资源调配等；从管理模式维度看，要关注教学团队组建、对外合作服务、组织建设机制等（吴升刚，2019）。专业群建设要始终站在"群"的角度去思考问题，将着力点放在整合现有专业、形成集群式专业结构上来，所有的建设内容都要围绕"集群"概念，不能以群内单个专业的发展作为专业群发展的指标。要理顺群内各专业之间的关系，有机设计、协调推进、放大集群优势，达到更高水平的建设目标。专业群在组建时，要始终明确，其建设的最终落脚点是人才培养的成效，即学生的专业成长，需要在以往培养的基础上再增值赋能，着力打通各个专业间的壁垒，集中优势资源，将学生最终培养成集几个专业核心能力于一身的综合性、复合型技术技能人才。同时，专业群的建设要整合校内外优秀师资力量，配备高水平带头人和教科研创新团队。围绕立德树人根本任务，团队全面探索专业群的人才培养模式的创建、课程体系和教学资源的建设、教材和教法的改革等，最终培养大批满足产业需要的复合型技术技能人才，产出一批国家级或省级教学、科研成果。同时，还要积极探索专业群的运行和管理机制，成立由政府、行业、学校、企业四方共同组成的专业群建设委员会，跟踪行业技术与区域经济社会发展变化，动态调整课程与教学，提高专业群与产业所需岗位群的契合度，保持专业群可持续发展（刘曲，2021）。

与此同时，结合高职院校状态数据库、高职质量年报数据以及"高水平专业群绩效考核"指标实际，细化高等职业院校专业群建设投入的三个维度。其中，"组织特征"包括专任教师数、学生人数、招生人数；"教学资源"包括教师获得国家级教学能力奖励数量、国家级和省级精品课程数量、国家级和省级优秀教材数量、企业提供的校内实践教学设备；"专业群负责人"包括学历、学位、职称。

**2. 专业群建设过程**

在借鉴、综合已有文献的基础上，结合访谈调查所获得的资料，本研究将从"课程建设""师资建设""实习实训"三个方面支撑专业群建设过程。专业群建设要充分利用群内各专业的优质教学资源，重组课程体系，优化教学内容；组建优秀专兼职教师队伍，实施基于岗位情境和工作导向的课程教学。在校内外加强各专业岗位核心能力等专项化实习实训，通过顶岗实践等开展综合化实习，提升学生的复合能力。探索书证融通途径，有效落实"1+X"证书制度。要明确专业群"1+X"证书的名称和数量，有意识地在课程体系中融入证书相关知识，制订培训与考核计划，帮助学生获取职业等级证书（刘曲，2021）。专业群作为集人才培养、技术技能积累、社会服务等办学功能于一体的基层组织新单元，必将自下而上地产生自主改革的权力诉求，倒逼高职院校将人、财、物等资源向基层下放，释放"专业群"这一基层组织的创新活力。对此，高职院校可以通过优化学校经费分配办法，扩大专业群自主理财权以及在人才引进、职称评审、教师评价、绩效管理等方面的自主权，增强专业群的办学积极性和能动性（王振洪，2022）。

与此同时，根据高职院校状态数据库、高职质量年报数据以及"高水平专业群绩效考核"指标实际，细化高等职业院校专业群建设过程的三个维度。其中，"课程建设"包括近五年获得国家级和省级规划教材数量、校企合作开发教材、校企合作开发课程；"师资建设"包括教师获得万人计划奖励、教师获得思政团队数量、教师获得创新团队数量；"实习实训"包括生均校内实践基地工位个数、实训基地数量、国家级和省级示范性虚拟仿真实训基地数量。

**3. 专业群建设产出**

在已有专业群建设研究基础上，结合职业教育专业建设实际，本研究拟从"社会服务""学生发展"和"学生就业"三个方面支撑专业群建设产出。专业群要在提高人才培养质量的基础上，积极融入区域性创新生态系统，将专业群打造成区域性技术技能积累的中心，充分发挥资源集聚优势，强调人才培养与培训服务一体化，聚焦区域经济社会发展，服务区域中小企业人力资源开发，共建共管企业职工培训中心，面向企业职工开展岗前、在岗和轮岗培训，面向社会开展职业技能培训和鉴定，校企合力打造区域人才培养和培训服务品牌（吴升刚，2019）。专业群需要以学习者的职业道德、技术技能水平和就业质量以及产教融合、校企合作水平为核心，内部质量保证与行业、企业等外部质量评价有机结合，实现评价主体多元化、评价内容动态化，持续推动高水平专业群高质量发展（崔岩，2019）。

与此同时，根据高职院校状态数据库、高职质量年报数据以及"高水平专业群绩效考核"指标实际，细化高等职业院校专业群建设产出的三个维度。其中，"社会服务"包括与专业相关的社会技术培训总数（人天）、专利授权数；"学生发展"包括学生技能大赛获奖数量、学生创新创业大赛获奖数量、"1+X"证书专业覆盖率；"学生就业"包括直接就业率、专业对口率、起薪线等。

基于此，专业群建设要依托于院校各种办学条件、教学软硬件环境以及学校组织条件等，作为专业群建设的投入要素；专业群建设的过程是指专业群依托投入要素开展的教育教学过程，包括课程建设、师资队伍建设以及实习实训等；专业群建设的产出主要是通过专业群产生的效益来体现，包括体现学生自身发展的人才培养效果和对经济社会产生的服务贡献，这也是开展专业群建设的终极目的和意义。

于是，研究的概念框架——高职院校专业群评价的"投入—过程—产出"（I–P–O）假设模型如图 2–1 所示，即高职院校专业群建设投入越大，建设过程越完备，建设产出也就越有效；建设过程可能是建设投入和建设产出的中介变量。

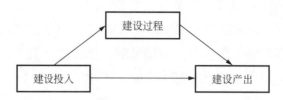

图 2-1　高职院校专业群评价的"投入—过程—产出"（I-P-O）假设模型

# 三、研究问题

　　"教育评价事关教育发展方向，有什么样的评价指挥棒，就有什么样的办学导向。"当前，在办学实践层面，高职院校内部资源整合的基本逻辑仍以单个专业为主，专业群尚未成为院校内部资源整合、院系架构调整、权责利重构的主要依据。专业群建设过于强调资源投入的外部驱动战略，而忽视评价的指挥棒作用，导致其多停留在文本与理念层面，难以真正发挥专业群在职业教育资源整合、复合型技术技能人才培养方面的应有功效；在理论研究层面，专业群评价体系构建尚处于起步阶段，且主要是移植传统专业评价体系的构建思路、指标架构及评价范式。可见，无论是理论研究还是办学实践，都尚未充分认识到专业评价与专业群评价的本质区别。造成上述局面的重要原因就在于专业群评价制度体系建设尚未引起学界重点关注。因此，构建科学完善的评价制度体系将是专业群发挥集群效应的关键。基于上述研究模型，本研究的具体研究问题描述如下。

　　（1）全国高职院校专业群建设现状如何？

　　（2）影响高职院校专业群建设的关键要素有哪些？

　　（3）高职院校专业群建设的投入、过程和产出三者关系如何？

　　（4）在高职院校专业群建设投入和建设产出之间是否存在建设过程的中介效应？

# 四、研究路径

　　社会科学研究（包括教育研究）不仅包括科学研究的常规步骤：提出研究问题、针对研究问题收集数据资料、分析数据资料和得出研究结论等，还包括要在解释现象即得出结论的基础上，进行实践检验，并尽可能地联系实际问题提出建议或对策，在社会实践检验后有可能提出新的研究问题（张红霞，2009）。据此，研究旨在通过评价规范高职院校专业群建设行为。总体思路为：第一步，以目前高职院校专业群建设缺乏科学合理的评价体系这一现实问题为导向，探寻影响专业群建设质量的关键要素，构建高职院校专业群评价的假设模型。第二步，基于模型发展策略，根据 2021 年度职业教育人才培养工作状态数据及全国职业教育质量年度报告数据，采用定量研究方法进行假设模型的修正，之后再重新估计模型，建构与样本数据能够适配的理论模型。第三步，基于访谈调查，验证影响高职院校专业群建设质量的因素，采用定性研究方法保证研究结论的有效性。第四步，开展应用研究，基于全国区域划分、高职院校专业群建设影响因素等对高职院校专业群建设情况加以深度分析，同时基于相关要素对高水平院校专业群建设情况加以探索，以期将理论发展成为可实际运用的形式。研究设计流程如图 2-2 所示。

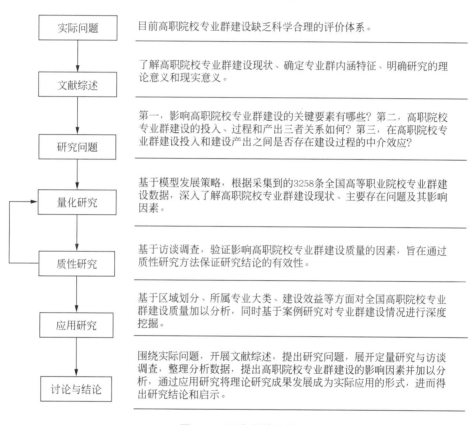

**图 2-2　研究设计流程**

# 第二节　研究方法

为了能够从不同角度更好地评价高职院校专业群建设情况，有效结合量化研究方法和质性研究方法各自的优势，其中，量化研究可以分析和检验研究所涉问题与现象，质性研究能够对研究过程加以记录和描述。

# 一、研究方法概述

## 1. 质性资料的收集和分析

文献研究及访谈调查是本研究主要采取的质性研究方法。一方面，基于文献研究，运用 Python 工具，利用主题分析模型 LDA（latent dirichlet allocation）、Apriori 关联分析算法、描述统计、交叉分析等算法，挖掘影响高职院校专业群高质量运行的因素。另一方面，开展研究者与被试者的单独访谈，以及与访谈对象的群组讨论。且在访谈调查前，首先设计访谈提纲，然后针对访谈提纲对专业群所在学校的管理者和建设者展开个别的或群组的、半结构的、当面形式的访谈，以保证研究结论的有效性。其中，在访谈调查研究中，内容分析拟作为一种主要的分析技术，通过分析文本内容发掘重复出现的语言词组，进而分析不同主题和分类。

## 2. 量化数据的收集和分析

量化数据的收集和分析主要使用模型发展策略（model generating strategy，简称 MGS），目的在于建构一个与实证数据可契合的假设模型。根据文献研究提出的初始假设模型，基于最新年度全国职业教育人才培养状态数据及全国职业教育质量年度报告等相关数据，进行假设模型修正，模型修正完成后再重新估计模型，以建构一个与样本数据能够适配的理论模型，为高职院校专业群良性建设和发展提供科学实用的依据。模型发展策略的主要步骤为：初始理论模型建构→模型估计→理论模型修正→重新估计→理论模型再修正→再重新估计模型……如此不断进行模型修正与模型估计，以发展成为一个可以接受的模型。模型发展策略其实已经变成探索性的而非验证性的。即使已经构建出一个可接受的模型，但此理论模型可能无法推论至其他样本，其策略的最终目标在于发展一个有实质意义且达到统计上良好适配的理论模型，策略运用并非模型验证（model testing），而是模型产出（model generating）。

## 3. 量化研究与质性研究相结合

"混合研究合成"作为混合研究方法的一个研究步骤，可以结合量化研究和质性研究的结果从而形成一系列的研究结论。在本研究中，一方面，采用统计分析、探索性分析建立并修正专业群评价指标体系；另一方面，深入分析访谈调查资料，做到理解和细化一些潜在的问题成因，验证量化研究实施有效。因此，为了能够从不同角度更好地研究当前高职院校专业群评价相关问题，研究结合量化研究与质性研究两种研究方法，回答同一个研究问题的不同方面。

## 二、研究工具

在明确了运用量化和质性相结合的研究方法后，便需要关注研究对象（个体或群体）某个特征的大小、类型等，此时就要进行测量。本研究中主要运用访谈提纲。在量化研究过程中，还会包含很多可操作化程度很低的问题，这些问题往往具有与调查对象的情感、态度和价值观紧密相关的特点，于是需要采用访谈调查的方法。与量化研究相比，访谈提纲的结构通常具有较低的严密性或称结构化程度较低。根据访谈问题的结构化程度和访谈工具，本研究采用半结构性访谈（semi-structured interview），即访谈提纲中的某些问题是封闭性的问题，部分是开放型的问题。于是，采用的访谈工具便是半结构性访谈提纲（semi-structured interview outline）。

### 1. 访谈提纲的编写

访谈提纲的编写要以问题的形式出现，并以被调查者的回答为测量的依据，该过程与问卷编制方法在原理上有共同之处，因此可以借鉴有关问卷设计的问题类型和逻辑次序以及相应的选项设计，在此不再赘述。针对不同的被访者，访谈内容会略有不同，于是，本研究的访谈提纲大致包括以下三个方面（访谈提纲详细内容见附录 A）。

第一，为什么要建设专业群（专业群建设的逻辑起点是什么）？

第二，怎么建设专业群（专业群建设要考虑到哪些因素）？

第三，如何判断专业群建得怎么样（影响专业群建设质量的最主要因素是什么）？

同时，在访谈提纲的编写过程中，还注意到了以下几方面问题。

第一，访谈问题的形式以开放式为主。只是对于开放的问题，要事先猜测几种可能的回答，从而考虑可能的后续问题的编排以及与上下问题的衔接方式。

第二，注重问题之间的逻辑性及访谈过程中给予被访谈者情感上的平稳过渡。因为面对面的回答留给被访谈者的思考时间更少，往往这一环节比问卷设计更为重要。

第三，访谈提纲中要事先设计对可能出现的不清楚、不完整回答的追问方式。

第四，文字排版应留有访谈中做简单标记的空间。

第五，针对不同被访者群体，开场白的内容应该既有相同之处也有不同之处。

### 2. 访谈资料的分析

如同其他类型的定性研究，根据访谈提纲获得相应的资料，针对资料采取一定的分析方法，并没有可以遵循的共同的步骤或规则。并且，针对不同的访谈对象以及样本容量，往往也会采取不同的整理资料和分析资料的方法。总的来说，通常包括以下几个步骤。

第一，整理和记录访谈录音，对记录的录音内容进行反复阅读和思考，必要时还需要对录音资料进行回放，进而对不同访谈对象之间存在的差异与共性做到大致理解和记忆。与此同时，还可以将具有代表性的或典型性的访谈内容标注记录，以备下一步骤编码使用。

第二，在对访谈录音进行整理和记录的基础上，对资料展开分类。在纵向方面可以按照时间趋势划分、按照阶段划分；在横向方面可以按照程度划分、按照主题划分。

第三，对整理过的访谈资料展开编码，之后进行简单的统计分析，分析出大部分受访者的观点或对事物表现出的总体状况。

第四，根据研究设计中提出的概念框架或者已综述的理论，对已经整理和分类的访谈资料及其表现出的规律性和特点展开解释。

### 3. 访谈调查的信度和效度

访谈提纲的制订是研究者本人与课题组成员反复推敲、修改以及批判性评价的结果。访谈提纲会提前用邮件发送给每一位访谈对象，保证其对相关的背景知识和访谈问题有充分的理解及思考时间。每一次访谈都被全程录音，录音被反复播听并如实转录。

访谈对象主要涵盖国家级、省级、校级专业群建设人员，他们拥有丰富的教学经验和建设经验，能够诚实、认真地回答被访问题，表达自己独特而深刻的见解和看法，以确保所获取数据信息具有较高的权威性和完整性。此外，在访谈调查过程中，运用"信息饱和原则"，即当研究人员发现在访谈所获得的信息已经开始重复，不再有重要的和新的主题出现时，便可以认为访谈信息已经饱和，不再需要进行继续访谈了。

在对访谈转录文本进行分析的过程中，由作者及两位课题组成员对随机抽取的8位访谈对象的转录文本进行试析和归类，完成后计算一致性系数。三位分析者的一致性信度较好。待大家协商解决归类结果不一致的地方之后，再由作者对剩余的访谈转录文本进行分析和归类。全部归类结束后又由两位教育博士生进行了两轮抽样审阅、核准，其间对有异议的归类结果由三人及合作导师共同研讨、协商和修正，从而在一定程度上保证了调查结果的信度。

## 三、研究对象

一方面，基于自编访谈提纲，以国家级"双高"院校、省级"双高"院校、一般高职院校中具有专业群建设与管理经历的负责人为调查对象，访谈调查了解影响专业群建设质量的因素；另一方面，为发挥典型示范引领作用，应用研究样本拟选取国家级"双高计划"公示的 29 个省、自治区、直辖市立项的 253 个专业群中的若干，旨在提出具有典型意义的对策和建议。

# 四、数据分析方法

本研究将运用统计软件 SPSS 24.0 及 AMOS 24.0 对研究所涉数据进行处理与分析，使用的统计方法如下。

（1）描述性分析：利用均数、标准差、构成比、发生率等指标描述受测对象在高职院校专业群建设投入、建设过程和建设产出各个维度呈现出的集中与离散趋势，根据所描述的均值、呈现出的比例大小以及分布的情形寻找出所存在的不足之处。

（2）多因素分析：根据路径分析的原理，在控制住其他变量作用的前提下，利用一般线性回归模型和非条件逐步回归分析等多因素统计分析的方法，通过分层逐步向模型中纳入有关自变量，检验高职院校专业群建设投入、建设过程与建设产出之间的路径关系，构建高职院校专业群投入—过程—产出路径模型。

（3）结构方程模型（structural equation model，简称 SEM）：在前述研究框架的基础上，运用结构方程模型方法对高职院校专业群建设投入、建设过程与建设产出之间的结构关系加以检验；对整体模型拟合程度进行估计；运用置信区间法验证高职院校专业群建设过程因素的中介效应。

# 第三章 基于模型发展策略的专业群建设影响因素分析

## 第一节 专业群建设评价相关观测指标数据采集

### 一、数据采集

根据第二章专业群评价假设理论模型，结合高职院校专业群建设实践，研究基于 2021 年高职院校状态数据库、2021 年高职质量年报数据及"双高"建设项目中高水平专业群绩效考核指标，收集整理如下 41 个可观测指标，以此作为全国高职院校专业群评价初始指标（见表 3-1）。数据采集涉及全国 31 个省、自治区、直辖市和新疆生产建设兵团所辖高职院校的专业群建设相关原始数据，合计 5985 条。

表 3-1 高职院校专业群评价初始可观测指标

| 编　　号 | 观 测 指 标 |
| --- | --- |
| A111 | 专业群负责人学历 |
| A112 | 专业群负责人学位 |
| A113 | 专业群负责人职称 |
| A121 | 校内专任数量 |
| A131 | 双师教师占比 |
| A141 | 中高职称教师占比 |
| A151 | 研究生学历以上教师占比 |
| A161 | 教师获得万人计划奖励人数 |
| A162 | 教师团队获得黄大年团队 |
| A163 | 教师教学能力获奖 |
| A164 | 教师获得全国课程思政教学团队数量 |
| A165 | 教师获得国家级创新团队数量 |
| A211 | 专业群生师比 |
| A241 | 生均校内实践基地工位个数 |

续表

| 编　　号 | 观 测 指 标 |
|---|---|
| A251 | 实训基地数量 |
| A261 | 出口带宽 |
| A271 | 虚拟仿真数量 |
| A411 | 学生人数 |
| A421 | 招生数 |
| A431 | 报到率 |
| B111 | 精品课程 |
| B121 | 在线课程 |
| B141 | 教学资源库 |
| B151 | "1+X"证书覆盖数量 |
| B181 | 规划教材 |
| B191 | 优秀教材 |
| B211 | 支持兼职教师 |
| B221 | 开发教材 |
| B231 | 开发课程 |
| B261 | 企业教学设备 |
| B331 | 网络多媒体教室 |
| C111 | 直接就业率 |
| C121 | 本地就业率 |
| C131 | 专业对口率 |
| C141 | 起薪线 |
| C161 | 技能大赛获奖数量 |
| C171 | 创新创业大赛获奖数量 |
| C211 | 横向技术服务到款额 |
| C221 | 纵向科研经费到款额 |
| C231 | 与专业相关的社会技术培训总数 |
| C241 | 专利授权数 |

## 二、数据处理

首先，基于 5985 条全国高职院校专业群原始数据，按照"专业群专任教师人数""专业群在校学生人数""校内实践基地工位数""专业群招生数""毕业生人数"和"就业人数"大于"0"的规则对数据进行筛选，结果选出 3258 条数据可以作为了解全国高职院校专业群建设现状的基础数据。

与此同时，为进一步开展研究，还需要根据已确定的观测指标，选取高职院校专业群建设评价相关数据。因为各个数据指标量纲不同，需要建立数据清洗标准，对所有指标数据进行标准化处理的公式为

$$z=\frac{x_i-\text{mean}(x)}{s}$$

（3-1）

式中：$z$——数据标准化后标准分数；

$x_i$——观测数据；

mean（$x$）——样本均值；

$s$——样本标准差。

根据数据清洗标准，对于对称分布数据约有 99% 的数据在平均数加减 3 个标准差范围内，在 3 个标准差之外的数据在统计上称为离群点（贾俊平，2014）；对于不对称分布数据，根据切比雪夫不等式判断，至少 96% 的数据落在平均数加减 5 个标准差范围内，因此对于不对称分布数据大于 5 个标准差数据标注为奇异值或离群点；另外，根据指标院校合规性标准，对于直接就业率（%）、思想政治课满意度（二年级）（%）、专业课教学满意度（二年级）（%）、母校满意度（%）数据小于 3 个标准差的数据标注为奇异值或离群点。

于是，通过对数据进一步清洗处理，抽取专业群样本数据质量较好的 917 条作为样本数据以供后续开展高职院校专业群建设评价分析。由图 3-1 可以看出，样本数据构成较为合理，其中，国家级专业群占比 19.6%、省部级专业群占比 28.6%、地市级专业群占比 0.8%、校级专业群占比 47.8%、其他占比 3.3%。接下来将对有效样本数据的集中和离散程度进行描述分析，统计分析结果见下方二维码。

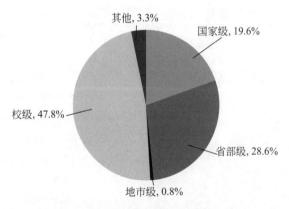

样本数据专业
群级别构成

样本的基本
信息特征

**图 3-1　样本数据专业群级别构成**

# 第二节　样本特征描述性分析

以下将运用已采集的 3258 条全国高职院校专业群建设数据，结合已构建的"投入—过程—产出"（I-P-O）专业群评价理论模型，分别从高职院校专业群建设投入、建设过程和建设产出三个方面进行描述性统计分析（见表 3-2），以期全面了解当前全国高职院校专业群建设现状。

表 3-2　样本描述性统计分析

| 项　　目 | 统计量 | 平均值 | 标准差 | 最小值 | 中位值 | 最大值 |
|---|---|---|---|---|---|---|
| 双师教师占比 /% | 3258 | 0.753 | 0.200 | 0.000 | 0.804 | 1.000 |
| 中高职称教师占比 /% | 3258 | 0.340 | 0.147 | 0.000 | 0.333 | 0.955 |
| 专业群生师比 /% | 3247 | 18.016 | 10.432 | 0.050 | 16.200 | 94.418 |
| 专业对口率 /% | 3258 | 0.673 | 0.201 | 0.000 | 0.708 | 1.000 |
| 报到率 /% | 3258 | 0.911 | 0.112 | 0.000 | 0.936 | 1.915 |
| 起薪线 / 元 | 3188 | 3682.485 | 817.567 | 1200.000 | 3639.000 | 7306.000 |
| 生均校内实践基地工位个数 / 个 | 3247 | 2.629 | 2.957 | 0.002 | 1.784 | 33.134 |
| 校企合作开发课程 / 门 | 3196 | 13.090 | 17.191 | 0.000 | 7.000 | 95.000 |
| 校企合作开发教材 / 本 | 3199 | 7.190 | 10.149 | 0.000 | 3.000 | 60.000 |
| 专利授权数 / 个 | 3196 | 6.319 | 8.601 | 0.000 | 3.000 | 43.000 |

## 一、专业群建设主要集中在东部和中部地区

通过描述性统计分析发现，包括国家级、省部级、地市级、校级及其他类型在内的全国 31 个省、直辖市、自治区高职院校专业群建设数量分布情况（见图 3-2），颜色越深代表专业群建设数量越多，其中，建设数量较多的包括广东、山东、湖北、江苏、四川和浙江等省份。由此可见，全国东部和中部地区专业群建设数量相对高于西部和北方地区。

## 二、专业群所属专业大类契合国家战略需求

通过描述性统计分析发现，全国高职院校专业群所属专业大类主要面向国家重大战略和区域支柱产业，如图 3-3 所示，专业群建设专业大类主要集中在装备制造大类、财经商贸大类、电子与信息大类、交通运输大类等。而专业群建设所属大类较少的包括公共管理与服务大类、公安与司法大类、水利大类、新闻传播大类等。进一步验证得出，随着战略性新兴产业、先进制造业和现代服务业在国民经济中的重要性不断提升，三大产业对技术技能人才的需求量剧烈增加，专业群如何建设与发展以提高教育供给质量、增加核心竞争力，正在成为职业教育战线当前开展的重大制度设计。

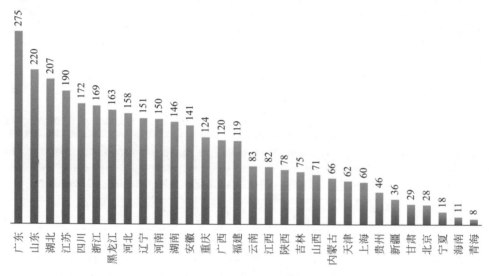

图 3-2　全国高职院校专业群建设数量分布

## 三、双师型教师占比区域之间差异较大

双师型教师占比情况在一定程度上可以反映专业群师资建设情况。通过描述性统计分析发现，当前全国高职院校专业群双师型教师占比全国整体平均值为75.3%，中位值为 80.4%，如图 3-4 所示。可以看出，从数据分散程度上来看，华南地区、华东地区和华中地区数据较为分散，说明这些地区内专业群双师型教师占比情况差异较其他地区大；从数据中位值看，华东地区的专业群双师型教师占比较高，说明该地区整体占比较高，相比较而言，西北地区专业群双师型教师占比较低。

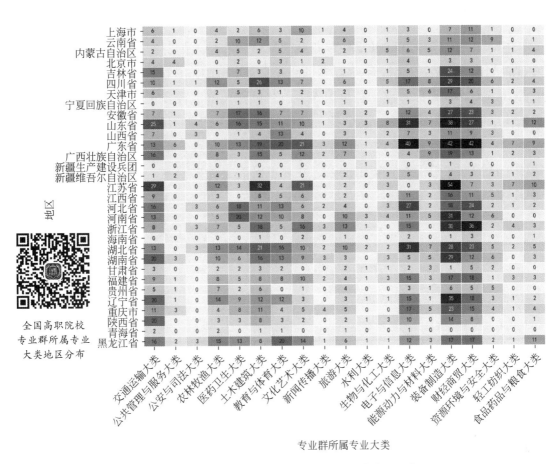

图 3-3 全国高职院校专业群所属专业大类地区分布

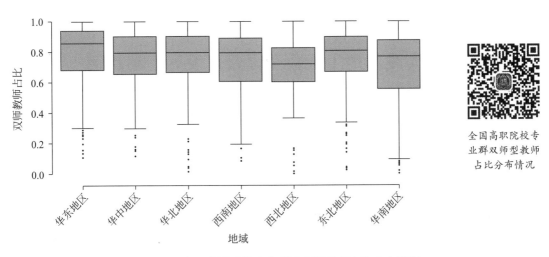

图 3-4 全国高职院校专业群双师型教师占比分布情况

## 四、专业群生师比全国各地离群点较多

生师比在一定程度可以反映专业群教学资源的投入情况。通过描述性统计分析发现，当前全国高职院校专业群生师比整体平均值为 18.016，中位值为 16.200，如图 3-5 所示，可以看出，各地区专业群生师比离群点较多，说明全国高职院校专业群生师比整体差异较大。从数据分散程度上看，东北地区和华北地区数据较分散，说明这些地区内专业群的生师比情况差异较其他地区大，相比较而言，华南地区较集中；从数据中位值看，华中地区、西北地区的生师比较高，说明该地区专业群生师比整体较高，华东地区和东北地区专业群生师比较低。

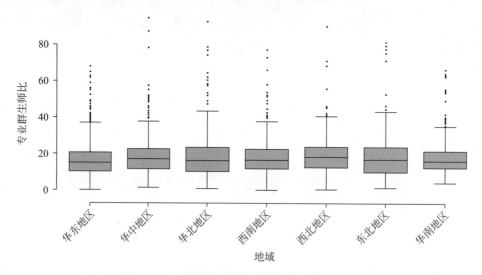

图 3-5　全国高职院校专业群生师比分布情况

## 五、生均校内实践基地工位数全国整体发展不够均衡

生均校内实践基地工位数在一定程度反映了专业群资源配置情况。通过描述性统计分析发现，当前全国高职院校专业群生均校内实践基地工位数平均值为 2.629 个，中位值为 1.784 个，如图 3-6 所示，可以看出全国各地区离群点较多，说明该指标全国整体发展不够均衡。从数据分散程度上看，华南地区、华中地区和华东地区数据较为分散，说明这些地区内高职院校专业群的生均校内实践基地工位数情况差异较其他地区大，相比较而言，西北地区较为集中；从数据中位值看，华南地区、华中地区和华东地区的高职院校专业群生均校内实践基地工位数较多，而华北地区和西北地区较少。

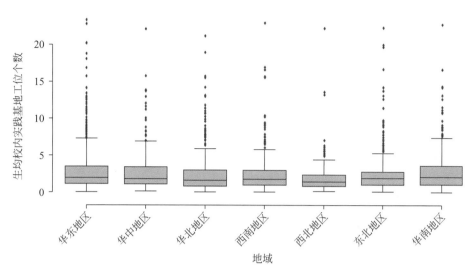

图 3-6　全国高职院校专业群生均校内实训基地工位数分布情况

## 六、校企合作开发课程数量地区差异较大

　　校企合作开发课程数量一定程度反映了高职院校与企业在专业群建设过程中的合作深度。通过描述性统计分析发现，当前全国高职院校专业群校企合作开发课程数量平均值为 13.090 门，中位值为 7 门，中位值明显低于平均值，如图 3-7 所示。同时，可以看出各地区高职院校专业群校企合作开发课程数量的离群点较多，说明该指标全国整体发展不够均衡。从数据分散程度上看，华东地区、华南地区和东北地区数据较为分散，说明这些地区内高职院校专业群校企合作开发课程数量差异较其他地区大，而西北地区和西南地区较集中；从数据中位值看，华东地区高职院校专业群校企合作开发课程数量较多，相比较而言，西北地区较少。

## 七、专利授权数量全国整体发展不均衡

　　专利授权数量一定程度可以反映专业群的社会服务情况。通过描述性统计分析发现，当前全国高职院校专业群专利授权数平均值为 6.319 个，中位值为 3 个，中位值明显低于平均值，如图 3-8 所示。与此同时，通过分析可以看出各地区高职院校专业群专利授权数离群点较多，说明该指标全国整体发展不够均衡。从数据分散程度上看，华中地区、华南地区和华东地区数据较为分散，说明这些地区内专业群专利授权数量情况差异较其他地区大，华北地区和西北地区相对较集中；从数据中

位值看,华中地区、华东地区和华南地区的高职院校专业群专利授权数量较多,相比较而言,东北地区较少。

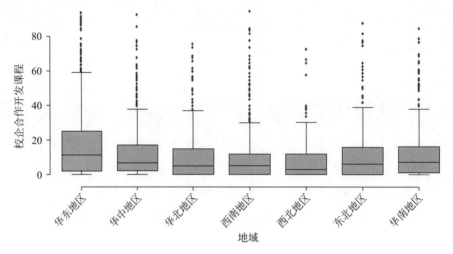

图 3-7　全国高职院校专业群校企合作开发课程分布情况

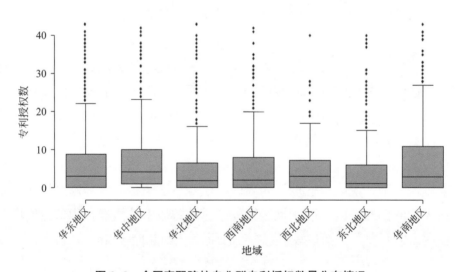

图 3-8　全国高职院校专业群专利授权数量分布情况

## 八、学生就业起薪线不同地区之间存在差异

学生起薪线在一定程度上能够反映学生的就业质量。通过描述性统计分析发现,当前全国高职院校专业群学生起薪线平均值为 3682.485 元,中位值为 3639 元,如图 3-9 所示,从数据分散程度上可以看出,华北地区和华东地区数据较分散,说明这些地区内高职院校专业群的学生起薪线情况差异较其他地区大,相比较而言,华

南地区较为集中；从数据中位值看，华东地区、华中地区高职院校专业群的学生起薪线较高，说明这些地区高职院校专业群的学生起薪线整体较高，相比较而言，华北地区和东北地区较低。

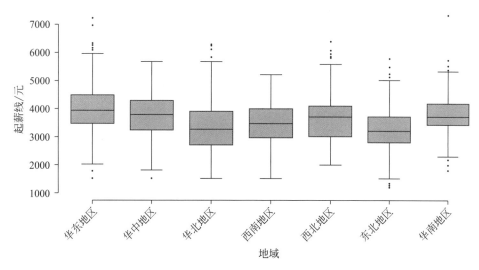

图 3-9 全国高职院校专业群学生起薪线分布情况

通过对高职院校专业群建设投入、建设过程和建设产出三个方面进行描述性统计分析，总结看来：第一，就全国高职院校专业群建设基本情况而言，东部和中部地区的专业群建设数量高于西部和北部地区，专业群所属专业大类主要面向国家重大战略和区域支柱产业。第二，就全国高职院校专业群建设投入情况而言，华东地区的专业群双师型教师占比整体高于西北地区，华中、西北地区的专业群生师比相对于华东和东北地区的生师比要高。第三，就全国高职院校专业群建设过程情况而言，华中、华东、华南地区的专业群生均校内实践基地工位数高于华北和西北地区，华东地区的专业群校企合作开发课程数量高于西北地区。第四，就全国高职院校专业群建设产出情况而言，华东、华中地区的专业群学生就业起薪线高于华北和东北地区，华中、华东和华南地区的专业群专利授权数量高于东北地区。因此，通过上述分析，这里可以对本研究的第一个研究问题（全国高职院校专业群建设现状如何？）给出明确的答案。

## 第三节 专业群建设评价指标体系的探索性因子分析

为了找出影响观测变量的因子个数，以及各因子和各个观测变量之间的相关程度，以试图揭示一套相对较大变量的内在结构，接下来研究拟采用因子分析。就使用目的而言，因子分析（pactor analysis）可分为探索性因子分析（exploratory factor analysis，简称 EFA）与验证性因子分析（confirmative factor analysis，简称 CFA）。EFA 与 CFA 两种分析方法的不同之处在于，在统计分析过程中，测量理论架构所扮演的角色与检验的时机不同。以 EFA 为例，变量测量的理论架构是因子分析之后的产物，因素的结构是由研究者从一系列独立的测量指标或者题项之间，通过主观判断来决定一个具有理论适切性与计量合理性的结构，同时以该因素的结构来代表所测量的概念内容或构想特性，也就是说，在 EFA 程序中理论架构的出现是一个事后概念。为了达到筛选指标的目的，本部分将采用探索性因子分析了解条目分析后预测问卷的内部结构，进而分析观测变量是否能够很好地测量潜变量。首先，根据 KMO（Kaiser–Meyer–Olkin，简称 KMO）适应性检验和 Bartlett's 球形检验判断资料是否满足条件，KMO 值越大则越适合因子分析。一般认为 KMO 应该在 0.7 以上。当 Bartlett's 球形检验拒绝 H0 时，表示各个条目之间的相关系数矩阵不是单位矩阵，适宜进行因子分析。

于是，研究采用探索性因子分析对所有 41 个三级观测指标采用主成分分析法，共得到 15 个特征根大于 1 的因子。因子分析 KMO 统计量等于 0.736（大于 0.7），Bartlett's 球形检验结果全部为 $P < 0.001$（见表 3-3），具有统计学意义上的显著效果，说明数据符合因子分析相关性要求，可以进行因子分析。另外，15 个因子累积解释占总方差的 64.228%（见表 3-4），说明提取的因子对数据有较好的代表性。

表 3-3　KMO 和 Bartlett's 检验

| KMO 值 | | 0.736 |
|---|---|---|
| **Bartlett's 球形度检验** | 近似卡方 | 11074.309 |
| | df | 820 |
| | Sig. | 0.000 |

表 3-4　解释的总方差

| 成分 | 初始特征值 | | | 提取平方和载入 | | | 旋转平方和载入 | | |
|---|---|---|---|---|---|---|---|---|---|
| | 合计 | 方差的百分比 /% | 累积百分比 /% | 合计 | 方差的百分比 /% | 累积百分比 /% | 合计 | 方差的百分比 /% | 累积百分比 /% |
| 1 | 6.102 | 14.882 | 14.882 | 6.102 | 14.882 | 14.882 | 4.097 | 9.992 | 9.992 |
| 2 | 2.366 | 5.771 | 20.653 | 2.366 | 5.771 | 20.653 | 2.248 | 5.482 | 15.474 |
| 3 | 2.032 | 4.956 | 25.609 | 2.032 | 4.956 | 25.609 | 2.047 | 4.994 | 20.468 |
| 4 | 1.746 | 4.258 | 29.867 | 1.746 | 4.258 | 29.867 | 1.688 | 4.116 | 24.584 |
| 5 | 1.645 | 4.012 | 33.878 | 1.645 | 4.012 | 33.878 | 1.686 | 4.113 | 28.697 |

续表

| 成分 | 初始特征值 | | | 提取平方和载入 | | | 旋转平方和载入 | | |
|---|---|---|---|---|---|---|---|---|---|
| | 合计 | 方差的百分比 /% | 累积百分比 /% | 合计 | 方差的百分比 /% | 累积百分比 /% | 合计 | 方差的百分比 /% | 累积百分比 /% |
| 6 | 1.534 | 3.742 | 37.620 | 1.534 | 3.742 | 37.620 | 1.656 | 4.039 | 32.736 |
| 7 | 1.455 | 3.549 | 41.170 | 1.455 | 3.549 | 41.170 | 1.650 | 4.025 | 36.761 |
| 8 | 1.412 | 3.444 | 44.613 | 1.412 | 3.444 | 44.613 | 1.627 | 3.968 | 40.729 |
| 9 | 1.320 | 3.219 | 47.832 | 1.320 | 3.219 | 47.832 | 1.534 | 3.742 | 44.471 |
| 10 | 1.268 | 3.093 | 50.924 | 1.268 | 3.093 | 50.924 | 1.534 | 3.741 | 48.212 |
| 11 | 1.228 | 2.994 | 53.919 | 1.228 | 2.994 | 53.919 | 1.505 | 3.670 | 51.883 |
| 12 | 1.100 | 2.683 | 56.602 | 1.100 | 2.683 | 56.602 | 1.380 | 3.366 | 55.248 |
| 13 | 1.064 | 2.594 | 59.196 | 1.064 | 2.594 | 59.196 | 1.277 | 3.114 | 58.362 |
| 14 | 1.056 | 2.575 | 61.770 | 1.056 | 2.575 | 61.770 | 1.213 | 2.958 | 61.320 |
| 15 | 1.008 | 2.458 | 64.228 | 1.008 | 2.458 | 64.228 | 1.192 | 2.908 | 64.228 |
| 16 | 0.974 | 2.377 | 66.605 | — | — | — | — | — | — |
| 17 | 0.939 | 2.289 | 68.894 | — | — | — | — | — | — |
| 18 | 0.880 | 2.147 | 71.041 | — | — | — | — | — | — |
| 19 | 0.862 | 2.101 | 73.143 | — | — | — | — | — | — |
| 20 | 0.839 | 2.046 | 75.189 | — | — | — | — | — | — |
| 21 | 0.798 | 1.946 | 77.135 | — | — | — | — | — | — |
| 22 | 0.779 | 1.900 | 79.035 | — | — | — | — | — | — |
| 23 | 0.751 | 1.832 | 80.867 | — | — | — | — | — | — |
| 24 | 0.733 | 1.787 | 82.653 | — | — | — | — | — | — |
| 25 | 0.690 | 1.682 | 84.335 | — | — | — | — | — | — |
| 26 | 0.675 | 1.645 | 85.981 | — | — | — | — | — | — |
| 27 | 0.612 | 1.492 | 87.473 | — | — | — | — | — | — |
| 28 | 0.588 | 1.433 | 88.906 | — | — | — | — | — | — |
| 29 | 0.547 | 1.334 | 90.240 | — | — | — | — | — | — |
| 30 | 0.534 | 1.302 | 91.541 | — | — | — | — | — | — |
| 31 | 0.514 | 1.254 | 92.795 | — | — | — | — | — | — |
| 32 | 0.449 | 1.095 | 93.890 | — | — | — | — | — | — |

续表

| 成分 | 初始特征值 | | | 提取平方和载入 | | | 旋转平方和载入 | | |
|---|---|---|---|---|---|---|---|---|---|
| | 合计 | 方差的百分比 /% | 累积百分比 /% | 合计 | 方差的百分比 /% | 累积百分比 /% | 合计 | 方差的百分比 /% | 累积百分比 /% |
| 33 | 0.438 | 1.067 | 94.957 | — | — | — | — | — | — |
| 34 | 0.396 | 0.965 | 95.922 | — | — | — | — | — | — |
| 35 | 0.386 | 0.940 | 96.862 | — | — | — | — | — | — |
| 36 | 0.371 | 0.904 | 97.766 | — | — | — | — | — | — |
| 37 | 0.312 | 0.761 | 98.527 | — | — | — | — | — | — |
| 38 | 0.235 | 0.574 | 99.101 | — | — | — | — | — | — |
| 39 | 0.153 | 0.372 | 99.473 | — | — | — | — | — | — |
| 40 | 0.134 | 0.328 | 99.801 | — | — | — | — | — | — |
| 41 | 0.082 | 0.199 | 100.000 | — | — | — | — | — | — |

提取方法：主成分分析。

通过对旋转成分矩阵进行分析（见右侧二维码），一般情况下因子对载荷系数大于 0.4 的变量解释力较强，并结合专业群建设评价的理论假设模型，对 15 个因子进行解释和命名，最终形成涉及 27 个指标的高职院校专业群评价指标体系，见表 3-5。因此，专业群建设投入包括"组织特征""教学资源"和"专业群负责人"三个方面，其中，

旋转成分矩阵

"组织特征"包括专任教师数、学生人数、招生人数；"教学资源"包括教师获得国家级教学能力奖励数量、国家级和省级精品课程数量、国家级和省级优秀教材数量、企业提供的校内实践教学设备；"专业群负责人"包括学历、学位、职称。专业群建设过程包括"课程建设""师资建设""实习实训"三个方面，其中，"课程建设"包括近五年获得国家级和省级规划教材数量、校企合作开发教材、校企合作开发课程；"师资建设"包括教师获得万人计划奖励、教师获得思政团队数量、教师获得创新团队数量；"实习实训"包括生均校内实践基地工位个数、实训基地数量、国家级和省级示范性虚拟仿真实训基地数量。专业群建设产出包括"社会服务""学生发展"和"学生就业"三个方面，其中，"社会服务"包括与专业相关的社会技术培训总数（人天）、专利授权数；"学生发展"包括学生技能大赛获奖数量、学生创新创业大赛获奖数量、"1+X"证书专业覆盖率；"学生就业"包括直接就业率、专业对口率、起薪线等。由此，这里可以对本研究的第二个研究问题（影响高职院校专业群建设的关键要素有哪些？）给出明确的答案。

表 3-5　高职院校专业群评价指标体系

| 因子解释命名 | | 编号 | 观 测 指 标 |
|---|---|---|---|
| 一级指标 | 二级指标 | | |
| 建设投入 | 教学资源 | A163 | 教师获得国家级教学能力奖励数量 |
| | | B111 | 国家级和省级精品课程数量 |
| | | B191 | 国家级和省级优秀教材数量 |
| | | B261 | 企业提供的校内实践教学设备 |
| | 专业群负责人 | A111 | 专业群负责人学历 |
| | | A112 | 专业群负责人学位 |
| | | A113 | 专业群负责人职称 |
| | 组织特征 | A121 | 专业群专任教师人数 |
| | | A411 | 学生人数 |
| | | A421 | 招生数 |
| 建设过程 | 课程建设 | B181 | 近五年获得国家级和省级规划教材数量 |
| | | B221 | 校企合作开发教材 |
| | | B231 | 校企合作开发课程 |
| | 师资建设 | A161 | 教师获得万人计划奖励 |
| | | A164 | 教师获得奖励思政团队 |
| | | A165 | 教师获得创新团队数量 |
| | 实习实训 | A241 | 生均校内实践基地工位个数 |
| | | A251 | 实训基地数量 |
| | | A271 | 国家级和省级示范性虚拟仿真实训基地数量 |
| 建设产出 | 社会服务 | C231 | 与专业相关的社会技术培训总数（人天） |
| | | C241 | 专利授权数 |
| | 学生发展 | C161 | 学生技能大赛获奖数量 |
| | | C171 | 学生创新创业大赛获奖数量 |
| | | B151 | "1+X"证书专业覆盖率 |
| | 学生就业 | C111 | 直接就业率 |
| | | C131 | 专业对口率 |
| | | C141 | 起薪线 |

# 第四节  专业群建设评价指标体系验证性因子分析

前文已经对高职院校专业群建设的投入、过程和产出进行了探索性因子分析（EFA），形成了专业群建设投入、建设过程和建设产出的指标结构。以下将采取建模的方式对探索性因子分析的结果进行验证。EFA 是建立量表或问卷的建构效度，而 CFA 则是检验此建构效度的真实性与适切性。进行 CFA 检验时则必须以特定的理论观点或概念架构作为基础，然后借由数学程序来确认评估该理论观点所导出的计量模型是否适当和合理。计量模型是具有先验性的，理论架构对 CFA 的影响是在统计分析之前发生的（邱皓政，2005）。CFA 作为一种结构方程模型的统计技术，能够帮助我们了解量表中各个维度（因子）与题目的从属关系的合理性和正确性（侯杰泰，2006）。CFA 属于 SEM 的一种次模型，为 SEM 分析的一种特殊应用。因为 SEM 的模型界定具有高度的理论先验性，能够分析与处理潜在的变量，所以如果研究者借助 SEM 的分析程序，可以针对潜在变量的内容和属性提出适当的测量变量进而组成测量模型，也可以对潜在变量的结构或影响关系进行有效的分析。CFA 不仅是进行整合性 SEM 分析的前置步骤或基础架构，也可以独立地进行分析和估计（周子敬，2006）。因为相对而言，RMSEA（Root Mean Square Error of Approximation，近似误差均方根）、SRMR（Standardized Root Meansquare Residual，标准化残差均方根）、IFI（Incremental Fit Index，增值拟合指数）、NNFI（TLI）（Non-normed Fit Index，非范拟合指数）、CFI（Comparative Fit Index，比较拟合指数）等 5 个指标受样本容量影响比较小，是比较稳定的拟合指标。本研究将这 5 个指标作为评价数据良好与否的适配模型的关键指标，也称为拟合优度指数（Goodness of Fit Index，简称 GFI）（侯杰泰，2006）。这五个指标的判断标准为 RMSEA＜0.08、SRMR＜0.08、GFI＞0.90、NNFI（TLI）＞0.90、CFI＞0.90。

## 一、专业群建设投入的验证性因子分析

专业群建设投入的验证性因子分析模型如图 3-10 所示，经过数据拟合验证，模型各项拟合指标显示，模型绝对拟合指标（见表 3-6）：卡方自由度比（CMIN/DF）=2.495，小于 3，卡方检验 $P$ 值 =0.000，小于 0.05。这里需要说明的是"卡方值对受试样本的大小非常敏感，样本数越大，则卡方值越容易达到显著，导致理

论模型遭到拒绝的概率越大。卡方值检验最适用的样本数为 100 至 200"。（侯杰泰，2006）由于本模型的样本量为 917，因此卡方值检验的 $P$ 值这里不作为主要适配性评价指标。拟合度指数（GFI）、调整后拟合度指数（AGFI）都大于 0.9，渐近残差平方和的平方根（RMSEA）<0.05，以上指标显示模型拟合较好，模型的关键拟合指标均达到适配标准。另外，模型各观测变量到建设投入潜变量的载荷系数通过检验，$P$ 值均小于 0.05（见表 3-7），大部分观测指标到潜变量的路径载荷系数大于 0.5，说明观测指标对潜变量的解释力度较好。

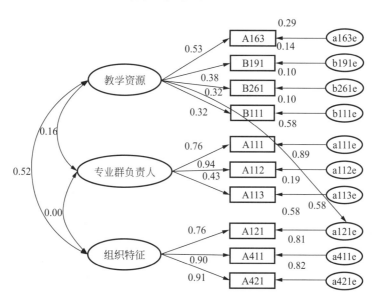

图 3-10 专业群建设投入的验证性因子分析模型

表 3-6 专业群建设投入的验证性因子分析模型拟合指标

CMIN

| Model | NPAR | CMIN | DF | P | CMIN/DF |
|---|---|---|---|---|---|
| Default model | 24 | 77.337 | 31 | 0.000 | 2.495 |
| Saturated model | 55 | 0.000 | 0 | | |
| Independence model | 10 | 872.528 | 45 | 0.000 | 19.390 |
| Zero model | 0 | 4580.000 | 55 | 0.000 | 83.273 |

RMR，GFI

| Model | RMR | GFI | AGFI | PGFI |
|---|---|---|---|---|
| Default model | 0.047 | 0.983 | 0.970 | 0.554 |
| Saturated model | 0.000 | 1.000 | | |

续表

| Model | RMR | GFI | AGFI | PGFI |
|---|---|---|---|---|
| Independence model | 0.340 | 0.809 | 0.767 | 0.662 |
| Zero model | 0.493 | 0.000 | 0.000 | 0.000 |

BASELINE COMPARISONS

| Model | NFI | RFI | IFI | TLI | CFI |
|---|---|---|---|---|---|
| | Delta1 | rho1 | Delta2 | rho2 | |
| Default model | 0.911 | 0.871 | 0.945 | 0.919 | 0.944 |
| Saturated model | 1.000 | | 1.000 | | 1.000 |
| Independence model | 0.000 | 0.000 | 0.000 | 0.000 | 0.000 |

NCP

| Model | NCP | LO 90 | HI 90 |
|---|---|---|---|
| Default model | 46.337 | 24.220 | 76.139 |
| Saturated model | 0.000 | 0.000 | 0.000 |
| Independence model | 827.528 | 735.283 | 927.186 |

FMIN

| Model | FMIN | F0 | LO 90 | HI 90 |
|---|---|---|---|---|
| Default model | 0.084 | 0.051 | 0.026 | 0.083 |
| Saturated model | 0.000 | 0.000 | 0.000 | 0.000 |
| Independence model | 0.953 | 0.903 | 0.803 | 1.012 |

RMSEA

| Model | RMSEA | LO 90 | HI 90 | PCLOSE |
|---|---|---|---|---|
| Default model | 0.040 | 0.029 | 0.052 | 0.915 |
| Independence model | 0.142 | 0.134 | 0.150 | 0.000 |

AIC

| Model | AIC | BCC | BIC | CAIC |
|---|---|---|---|---|
| Default model | 125.337 | 125.920 | 241.044 | 265.044 |
| Saturated model | 110.000 | 111.337 | 375.161 | 430.161 |
| Independence model | 892.528 | 892.771 | 940.739 | 950.739 |
| Zero model | 4580.000 | 4580.000 | 4580.000 | 4580.000 |

**表 3-7　专业群建设投入的验证性因子分析模型载荷系数检验**

regression weights :（group number 1 - default model）

| 项　目 | | | Estimate | S.E. | C.R. | P | Label |
|---|---|---|---|---|---|---|---|
| A111 | <--- | 专业群负责人 | 1.000 | | | | |
| A112 | <--- | 专业群负责人 | 1.245 | 0.088 | 14.185 | *** | par_1 |
| A121 | <--- | 组织特征 | 1.000 | | | | |
| A411 | <--- | 组织特征 | 1.162 | 0.043 | 27.277 | *** | par_2 |
| A421 | <--- | 组织特征 | 1.175 | 0.043 | 27.286 | *** | par_3 |
| B191 | <--- | 教学资源 | 0.719 | 0.085 | 8.447 | *** | par_4 |
| B261 | <--- | 教学资源 | 0.600 | 0.084 | 7.102 | *** | par_5 |
| A163 | <--- | 教学资源 | 1.000 | | | | |
| B111 | <--- | 教学资源 | 0.611 | 0.087 | 7.056 | *** | par_6 |
| A113 | <--- | 专业群负责人 | 0.559 | 0.046 | 12.273 | *** | par_7 |

# 二、专业群建设过程的验证性因子分析

专业群建设过程的验证性因子分析模型如图 3-11 所示，经过数据拟合验证，模型各项拟合指标显示，模型绝对拟合指标（见表 3-8）：卡方自由度比（CMIN/DF）=1.529，小于 3，卡方检验 P 值 =0.000，小于 0.05，这里需要说明的是"卡方值对受试样本的大小非常敏感，样本数越大，则卡方值越容易达到显著，导致理论模型遭到拒绝的概率越大。卡方值检验最适用的样本数为 100 至 200"。（侯杰泰，2006）由于本模型的样本量为 917，因此卡方值检验的 P 值这里不作为主要适配性评价指标。拟合度指数（GFI）、调整后拟合度指数（AGFI）均大于 0.9，渐近残差平方和的平方根（RMSEA）<0.05。以上指标显示模型拟合较好，模型的关键拟合指标均达到适配标准。另外，模型各观测变量到建设过程潜变量的路径载荷系数通过检验，P 值均小于 0.05（见表 3-9），大部分观测指标到潜变量的路径载荷系数大于 0.5，说明观测指标对潜变量的解释力度较好。

**表 3-8　专业群建设过程的验证性因子分析模型拟合指标**

CMIN

| Model | NPAR | CMIN | DF | P | CMIN/DF |
|---|---|---|---|---|---|
| Default model | 26 | 29.205 | 19 | 0.063 | 1.537 |

续表

| Model | NPAR | CMIN | DF | P | CMIN/DF |
|---|---|---|---|---|---|
| Saturated model | 45 | 0.000 | 0 | | |
| Independence model | 9 | 678.667 | 36 | 0.000 | 18.852 |
| Zero model | 0 | 4122.000 | 45 | 0.000 | 91.600 |

RMR, GFI

| Model | RMR | GFI | AGFI | PGFI |
|---|---|---|---|---|
| Default model | 0.028 | 0.993 | 0.983 | 0.419 |
| Saturated model | 0.000 | 1.000 | | |
| Independence model | 0.281 | 0.835 | 0.794 | 0.668 |
| Zero model | 0.488 | 0.000 | 0.000 | 0.000 |

BASELINE COMPARISONS

| Model | NFI | RFI | IFI | TLI | CFI |
|---|---|---|---|---|---|
| | Delta1 | rho1 | Delta2 | rho2 | |
| Default model | 0.957 | 0.918 | 0.985 | 0.970 | 0.984 |
| Saturated model | 1.000 | | 1.000 | | 1.000 |
| Independence model | 0.000 | 0.000 | 0.000 | 0.000 | 0.000 |

NCP

| Model | NCP | LO 90 | HI 90 |
|---|---|---|---|
| Default model | 10.205 | 0.000 | 28.909 |
| Saturated model | 0.000 | 0.000 | 0.000 |
| Independence model | 642.667 | 561.782 | 730.975 |

FMIN

| Model | FMIN | F0 | LO 90 | HI 90 |
|---|---|---|---|---|
| Default model | 0.032 | 0.011 | 0.000 | 0.032 |
| Saturated model | 0.000 | 0.000 | 0.000 | 0.000 |
| Independence model | 0.741 | 0.702 | 0.613 | 0.798 |

RMSEA

| Model | RMSEA | LO 90 | HI 90 | PCLOSE |
|---|---|---|---|---|
| Default model | 0.024 | 0.000 | 0.041 | 0.997 |

| Model | RMSEA | LO 90 | HI 90 | PCLOSE |
|---|---|---|---|---|
| Independence model | 0.140 | 0.131 | 0.149 | 0.000 |

AIC

| Model | AIC | BCC | BIC | CAIC |
|---|---|---|---|---|
| Default model | 81.205 | 81.779 | 206.554 | 232.554 |
| Saturated model | 90.000 | 90.993 | 306.950 | 351.950 |
| Independence model | 696.667 | 696.866 | 740.057 | 749.057 |
| Zero model | 4122.000 | 4122.000 | 4122.000 | 4122.000 |

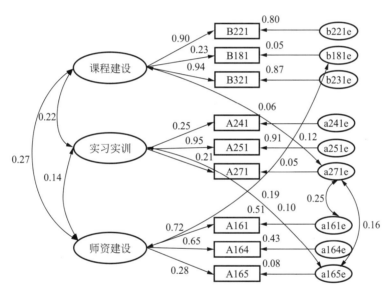

**图 3-11　专业群建设过程的验证性因子分析模型**

**表 3-9　专业群建设过程的验证性因子分析模型载荷系数检验**

regression weights：（group number 1 - default model）

| 项　　目 | | | Estimate | S.E. | C.R. | P | Label |
|---|---|---|---|---|---|---|---|
| B221 | ⟨--- | 课程建设 | 1.000 | | | | |
| B181 | ⟨--- | 课程建设 | 0.254 | 0.038 | 6.645 | *** | par_1 |
| A161 | ⟨--- | 师资建设 | 1.000 | | | | |
| A164 | ⟨--- | 师资建设 | 0.911 | 0.112 | 8.162 | *** | par_2 |
| A165 | ⟨--- | 师资建设 | 0.390 | 0.064 | 6.060 | *** | par_3 |

续表

| 项　　目 | | | Estimate | S.E. | C.R. | P | Label |
|---|---|---|---|---|---|---|---|
| A241 | <--- | 实习实训 | 1.000 | | | | |
| A251 | <--- | 实习实训 | 3.863 | 1.694 | 2.281 | 0.023 | par_4 |
| B231 | <--- | 课程建设 | 1.041 | 0.062 | 16.724 | *** | par_5 |
| A271 | <--- | 实习实训 | 0.863 | 0.184 | 4.691 | *** | par_6 |

## 三、专业群建设产出的验证性因子分析

专业群建设产出的验证性因子分析模型如图 3-12 所示，人才培养和社会服务之间的相关系数分别为 0.62，说明这两个潜变量存在一个更高阶的共同因素，即建设产出，由此也验证了建设产出的因素结构。经过数据拟合验证，模型各项拟合指标显示，模型绝对拟合指标（见表 3-10）：卡方自由度比（CMIN/DF）=0.844，小于 3，卡方检验 P 值 =0.000，小于 0.05，这里需要说明的是"卡方值对受试样本的大小非常敏感，样本数越大，则卡方值越容易达到显著，导致理论模型遭到拒绝的概率越大。卡方值检验最适用的样本数为 100 至 200"。由于本模型的样本量为 917，因此卡方值检验的 P 值这里不作为主要适配性评价指标。拟合度指数（GFI）、调整后拟合度指数（AGFI）均大于 0.9，渐近残差平方和的平方根（RMSEA）<0.05，以上指标显示模型拟合较好，模型的关键拟合指标均达到适配标准。另外，模型各观测变量到建设产出潜变量的路径载荷系数通过检验，P 值均小于 0.05（见表 3-11），但还有部分观测指标到潜变量的路径载荷系数小于 0.5，说明观测指标对潜变量的解释力度稍显不足。

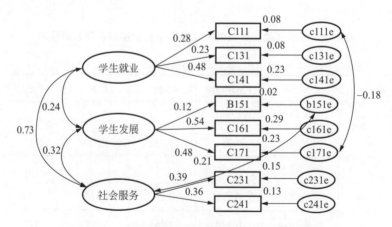

图 3-12　专业群建设产出的验证性因子分析模型

表 3-10 专业群建设产出的验证性因子分析模型拟合指标

CMIN

| Model | NPAR | CMIN | DF | P | CMIN/DF |
|---|---|---|---|---|---|
| Default model | 21 | 30.026 | 15 | 0.012 | 2.002 |
| Saturated model | 36 | 0.000 | 0 | | |
| Independence model | 8 | 191.438 | 28 | 0.000 | 6.837 |
| Zero model | 0 | 3664.000 | 36 | 0.000 | 101.778 |

RMR，GFI

| Model | RMR | GFI | AGFI | PGFI |
|---|---|---|---|---|
| Default model | 0.031 | 0.992 | 0.980 | 0.413 |
| Saturated model | 0.000 | 1.000 | | |
| Independence model | 0.101 | 0.948 | 0.933 | 0.737 |
| Zero model | 0.479 | 0.000 | 0.000 | 0.000 |

BASELINE COMPARISONS

| Model | NFI | RFI | IFI | TLI | CFI |
|---|---|---|---|---|---|
| | Delta1 | rho1 | Delta2 | rho2 | |
| Default model | 0.843 | 0.707 | 0.915 | 0.828 | 0.908 |
| Saturated model | 1.000 | | 1.000 | | 1.000 |
| Independence model | 0.000 | 0.000 | 0.000 | 0.000 | 0.000 |

NCP

| Model | NCP | LO 90 | HI 90 |
|---|---|---|---|
| Default model | 15.026 | 3.147 | 34.663 |
| Saturated model | 0.000 | 0.000 | 0.000 |
| Independence model | 163.438 | 123.305 | 211.067 |

FMIN

| Model | FMIN | F0 | LO 90 | HI 90 |
|---|---|---|---|---|
| Default model | 0.033 | 0.016 | 0.003 | 0.038 |
| Saturated model | 0.000 | 0.000 | 0.000 | 0.000 |
| Independence model | 0.209 | 0.178 | 0.135 | 0.230 |

RMSEA

| Model | RMSEA | LO 90 | HI 90 | PCLOSE |
|---|---|---|---|---|
| Default model | 0.033 | 0.015 | 0.050 | 0.947 |
| Independence model | 0.080 | 0.069 | 0.091 | 0.000 |

AIC

| Model | AIC | BCC | BIC | CAIC |
|---|---|---|---|---|
| Default model | 72.026 | 72.443 | 173.269 | 194.269 |
| Saturated model | 72.000 | 72.714 | 245.560 | 281.560 |
| Independence model | 207.438 | 207.597 | 246.007 | 254.007 |
| Zero model | 3664.000 | 3664.000 | 3664.000 | 3664.000 |

表 3-11　专业群建设产出的验证性因子分析模型载荷系数检验

regression weights：（group number 1 - default model）

| 项　　目 | | | Estimate | S.E. | C.R. | P | Label |
|---|---|---|---|---|---|---|---|
| C111 | <--- | 学生就业 | 1.000 | | | | |
| C131 | <--- | 学生就业 | 1.001 | 0.288 | 3.472 | *** | par_1 |
| C141 | <--- | 学生就业 | 1.717 | 0.470 | 3.652 | *** | par_2 |
| C161 | <--- | 学生发展 | 1.000 | | | | |
| C171 | <--- | 学生发展 | 0.888 | 0.334 | 2.660 | 0.008 | par_3 |
| C231 | <--- | 社会服务 | 1.000 | | | | |
| C241 | <--- | 社会服务 | 0.918 | 0.213 | 4.304 | *** | par_4 |

# 第五节　专业群建设评价的预测结构模型

在前文所获得的稳定测量模型基础上，这里将对专业群建设评价的预测结构模型进行检验。由于在分析框架中提出，专业群建设过程可能是建设投入与建设产出的中介变量，因此以下需要进行建设过程的中介效应检验。中介效应（Mediator Effect）是研究在自变量 $X$ 对因变量 $Y$ 的影响过程中，自变量 $X$ 是否会通过中介变量 $M$ 再对因变量 $Y$ 产生影响关系。如果在自变量 $X$ 对因变量 $Y$ 的影响过程中，中介变量 $M$ 起着中介桥梁的作用，那么说明中介效应存在，反之则说明中介效应不存在（温忠麟等，2004）。运用统计学的方法探讨中介变量能否解释自变量对因变量的预测作用，以及解释效应量大小的过程称为中介效应分析（杜岸政，2014）。根据温忠麟的研究建议,中介效应检验应当报告如下内容:原始总效应的标准化系数 $C$、直接效应 $c$ 以及间接效应 $a \times b$ 的标准化系数,当间接效应和直接效应同号时的间接效应占总效应的比例(温忠麟,2016),如果间接效应和直接效应异号,则报告间接效应与直接效应之比的绝对值(温忠麟,2014)。下面将对样本数据使用结构方程模型对专业群建设过程进行中介效应检验,如图 3–13 所示。

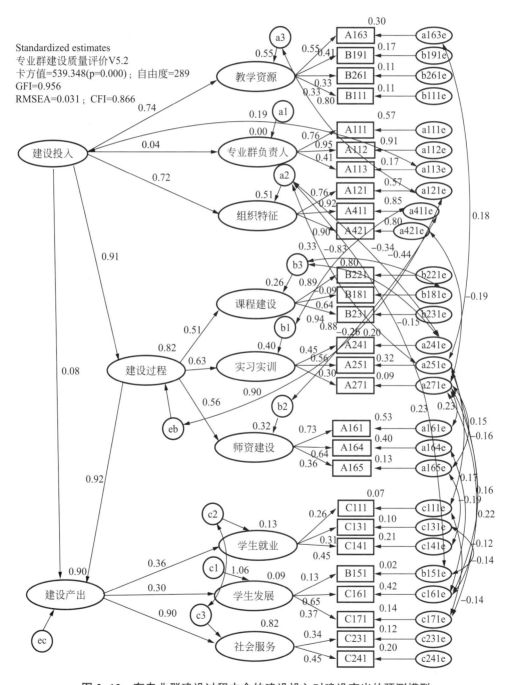

**图 3–13　有专业群建设过程中介的建设投入对建设产出的预测模型**

# 一、专业群评价模型拟合情况

如图 7-1 所示，经过模型识别、修正后，模型拟合结果表现为，模型绝对拟合指标（见表 3-12）的卡方自由度比（CMIN/DF）=1.866（小于 3），卡方检验 $P$ 值 =0.000（小于 0.05），需要说明的是"卡方值对受试样本的大小非常敏感，样本数越大，则卡方值越容易达到显著，导致理论模型遭到拒绝的概率越大。卡方值检验最适用的样本数为 100 至 200"。由于研究的样本量为 917，因此卡方值检验的 $P$ 值在此不作为主要适配性评价指标。拟合度指数（GFI）、调整后拟合度指数（AGFI）大于 0.9，渐近残差平方和的平方根（RMSEA）＜0.05。另外，增值适配度统计量 CFI、TLI 接近 0.9，模型简约适配统计量 AIC 和 BIC 值分别为 717.348、722.961，均小于独立模型与饱和模型的 AIC 和 BIC 值。因此，通过以上评价指标显示出模型基本与假设模型适配。

表 3-12  专业群评价预测模型拟合指标

CMIN

| Model | NPAR | CMIN | DF | P | CMIN/DF |
|---|---|---|---|---|---|
| 专业群建设质量评价 V5.2 | 89 | 539.348 | 289 | 0.000 | 1.866 |
| Saturated model | 378 | 0.000 | 0 | | |
| Independence model | 27 | 2214.894 | 351 | 0.000 | 6.310 |
| Zero model | 0 | 12366.000 | 378 | 0.000 | 32.714 |

RMR，GFI

| Model | RMR | GFI | AGFI | PGFI |
|---|---|---|---|---|
| 专业群建设质量评价 | 0.051 | 0.956 | 0.943 | 0.731 |
| Saturated model | 0.000 | 1.000 | | |
| Independence model | 0.201 | 0.821 | 0.807 | 0.762 |
| Zero model | 0.309 | 0.000 | 0.000 | 0.000 |

BASELINE COMPARISONS

| Model | NFI | RFI | IFI | TLI | CFI |
|---|---|---|---|---|---|
| | Delta1 | rho1 | Delta2 | rho2 | |
| 专业群建设质量评价 | 0.756 | 0.704 | 0.870 | 0.837 | 0.866 |
| Saturated model | 1.000 | | 1.000 | | 1.000 |
| Independence model | 0.000 | 0.000 | 0.000 | 0.000 | 0.000 |

续表

NCP

| Model | NCP | LO 90 | HI 90 |
|---|---|---|---|
| 专业群建设质量评价 | 250.348 | 188.853 | 319.662 |
| Saturated model | 0.000 | 0.000 | 0.000 |
| Independence model | 1863.894 | 1719.004 | 2016.223 |

FMIN

| Model | FMIN | F0 | LO 90 | HI 90 |
|---|---|---|---|---|
| 专业群建设质量评价 | 0.589 | 0.273 | 0.206 | 0.349 |
| Saturated model | 0.000 | 0.000 | 0.000 | 0.000 |
| Independence model | 2.418 | 2.035 | 1.877 | 2.201 |

RMSEA

| Model | RMSEA | LO 90 | HI 90 | PCLOSE |
|---|---|---|---|---|
| 专业群建设质量评价 | 0.031 | 0.027 | 0.035 | 1.000 |
| Independence model | 0.076 | 0.073 | 0.079 | 0.000 |

AIC

| Model | AIC | BCC | BIC | CAIC |
|---|---|---|---|---|
| 专业群建设质量评价 | 717.348 | 722.961 | 1146.426 | 1235.426 |
| Saturated model | 756.000 | 779.838 | 2578.379 | 2956.379 |
| Independence model | 2268.894 | 2270.597 | 2399.064 | 2426.064 |
| Zero model | 12366.000 | 12366.000 | 12366.000 | 12366.000 |

## 二、模型内部拟合质量评价

通过路径系数检验发现路径载荷系数除专业群建设投入到建设产出以及专业群负责人到建设投入以外，所有 $P$ 检验的值均小于 0.05，表示观测变量对潜变量影响显著。专业群建设投入到建设产出的路径系数不显著，说明专业群建设投入对建设产出没有显著的直接影响；通过专业群建设投入到建设过程，建设过程到建设产出的路径系数可以看出，专业群建设投入通过建设过程对建设产出有间接影响，即在专业群建设投入与专业群建设产出之间，能够检测出建设过程的完全中介效应。另外，专业群负责人背景对建设投入的影响不显著，说明专业群的建设投入更多的是由教学资源和组织特征决定的（见表 3-13）。

表 3-13  专业群评价模型路径系数检验

regression weights：（group number 1 - 专业群建设质量评价模型）

| 项目 | | | Estimate | S.E. | C.R. | P | Label |
|---|---|---|---|---|---|---|---|
| 建设过程 | <--- | 建设投入 | 0.781 | 0.102 | 7.690 | *** | par_17 |
| 建设产出 | <--- | 建设投入 | 0.028 | 0.065 | 0.438 | 0.661 | par_16 |
| 建设产出 | <--- | 建设过程 | 0.400 | 0.110 | 3.636 | *** | par_18 |
| 学生发展 | <--- | 建设产出 | 1.000 | | | | |
| 学生就业 | <--- | 建设产出 | 0.452 | 0.160 | 2.829 | 0.005 | par_13 |
| 组织特征 | <--- | 建设投入 | 1.000 | | | | |
| 师资建设 | <--- | 建设过程 | 0.887 | 0.111 | 8.014 | *** | par_14 |
| 专业群负责人 | <--- | 建设投入 | 0.063 | 0.059 | 1.065 | 0.287 | par_15 |
| 教学资源 | <--- | 建设投入 | 0.745 | 0.085 | 8.802 | *** | par_19 |
| 课程建设 | <--- | 建设过程 | 1.000 | | | | |
| 实习实训 | <--- | 建设过程 | 0.605 | 0.096 | 6.304 | *** | par_24 |
| 社会服务 | <--- | 建设产出 | 1.540 | 0.360 | 4.274 | *** | par_31 |
| A111 | <--- | 专业群负责人 | 1.000 | | | | |
| A112 | <--- | 专业群负责人 | 1.266 | 0.096 | 13.196 | *** | par_1 |
| A121 | <--- | 组织特征 | 1.000 | | | | |
| A411 | <--- | 组织特征 | 1.197 | 0.045 | 26.391 | *** | par_2 |
| A421 | <--- | 组织特征 | 1.179 | 0.044 | 26.633 | *** | par_3 |
| B221 | <--- | 课程建设 | 1.000 | | | | |
| B181 | <--- | 课程建设 | 0.704 | 0.103 | 6.827 | *** | par_4 |
| A161 | <--- | 师资建设 | 1.000 | | | | |
| A164 | <--- | 师资建设 | 0.884 | 0.086 | 10.250 | *** | par_5 |
| A165 | <--- | 师资建设 | 0.492 | 0.065 | 7.575 | *** | par_6 |
| C111 | <--- | 学生就业 | 1.000 | | | | |
| C131 | <--- | 学生就业 | 1.250 | 0.365 | 3.421 | *** | par_7 |
| C141 | <--- | 学生就业 | 1.808 | 0.505 | 3.577 | *** | par_8 |
| B191 | <--- | 教学资源 | 0.765 | 0.088 | 8.689 | *** | par_9 |
| B261 | <--- | 教学资源 | 0.616 | 0.086 | 7.170 | *** | par_10 |
| A163 | <--- | 教学资源 | 1.000 | | | | |
| A241 | <--- | 实习实训 | 1.000 | | | | |

| 项　　目 | | | Estimate | S.E. | C.R. | P | Label |
|---|---|---|---|---|---|---|---|
| A251 | <--- | 实习实训 | 1.282 | 0.169 | 7.566 | *** | par_11 |
| C161 | <--- | 学生发展 | 1.000 | | | | |
| C171 | <--- | 学生发展 | 0.571 | 0.193 | 2.959 | 0.003 | par_12 |
| B231 | <--- | 课程建设 | 1.043 | 0.052 | 20.006 | *** | par_28 |
| C231 | <--- | 社会服务 | 1.000 | | | | |
| C241 | <--- | 社会服务 | 1.303 | 0.190 | 6.854 | *** | par_30 |
| B111 | <--- | 教学资源 | 0.604 | 0.087 | 6.930 | *** | par_34 |
| B151 | <--- | 学生发展 | 0.204 | 0.093 | 2.199 | 0.028 | par_41 |
| A113 | <--- | 专业群负责人 | 0.540 | 0.046 | 11.806 | *** | par_43 |
| A271 | <--- | 实习实训 | 0.669 | 0.120 | 5.556 | *** | par_45 |

# 三、指标体系权重计算

根据表 3-14 的模型标准化综合路径效应，研究拟采用归一化算法计算高职院校专业群建设评价指标体系权重（见表 3-15）。

表 3-14　模型标准化综合路径效应

standardized total effects（group number 1 - 专业群建设质量评价模型）

| 项目 | 建设投入 | 建设过程 | 建设产出 | 社会服务 | 学生发展 | 实习实训 | 教学资源 | 学生就业 | 师资建设 | 课程建设 | 组织特征 | 专业群负责人 |
|---|---|---|---|---|---|---|---|---|---|---|---|---|
| 建设过程 | 0.908 | 0 | 0 | 0 | 0 | 0 | 0 | 0 | 0 | 0 | 0 | 0 |
| 建设产出 | 0.916 | 0.924 | 0 | 0 | 0 | 0 | 0 | 0 | 0 | 0 | 0 | 0 |
| 社会服务 | 0.827 | 0.835 | 0.904 | 0 | 0 | 0 | 0 | 0 | 0 | 0 | 0 | 0 |
| 学生发展 | 0.279 | 0.282 | 0.305 | 0 | 0 | 0 | 0 | 0 | 0 | 0 | 0 | 0 |
| 实习实训 | 0.572 | 0.629 | 0 | 0 | 0 | 0 | 0 | 0 | 0 | 0 | 0 | 0 |
| 教学资源 | 0.745 | 0 | 0 | 0 | 0 | 0 | 0 | 0 | 0 | 0 | 0 | 0 |
| 学生就业 | 0.327 | 0.33 | 0.357 | 0 | 0 | 0 | 0 | 0 | 0 | 0 | 0 | 0 |
| 师资建设 | 0.512 | 0.563 | 0 | 0 | 0 | 0 | 0 | 0 | 0 | 0 | 0 | 0 |
| 课程建设 | 0.466 | 0.513 | 0 | 0 | 0 | 0 | 0 | 0 | 0 | 0 | 0 | 0 |
| 组织特征 | 0.716 | 0 | 0 | 0 | 0 | 0 | 0 | 0 | 0 | 0 | 0 | 0 |

续表

| 项目 | 建设投入 | 建设过程 | 建设产出 | 社会服务 | 学生发展 | 实习实训 | 教学资源 | 学生就业 | 师资建设 | 课程建设 | 组织特征 | 专业群负责人 |
|---|---|---|---|---|---|---|---|---|---|---|---|---|
| 专业群负责人 | 0.044 | 0 | 0 | 0 | 0 | 0 | 0 | 0 | 0 | 0 | 0 | 0 |
| A271 | 0.17 | 0.187 | 0 | 0 | 0 | 0.297 | 0 | 0 | 0 | 0 | 0 | 0 |
| A113 | 0.018 | 0 | 0 | 0 | 0 | 0 | 0 | 0 | 0 | 0 | 0 | 0.408 |
| B111 | 0.243 | 0 | 0 | 0 | 0 | 0 | 0.326 | 0 | 0 | 0 | 0 | 0 |
| B151 | 0.037 | 0.037 | 0.04 | 0 | 0.132 | 0 | 0 | 0 | 0 | 0 | 0 | 0 |
| C241 | 0.373 | 0.377 | 0.408 | 0.451 | 0 | 0 | 0 | 0 | 0 | 0 | 0 | 0 |
| C231 | 0.283 | 0.285 | 0.309 | 0.341 | 0 | 0 | 0 | 0 | 0 | 0 | 0 | 0 |
| B231 | 0.437 | 0.481 | 0 | 0 | 0 | 0 | 0 | 0 | 0 | 0.938 | 0 | 0 |
| C171 | 0.104 | 0.105 | 0.113 | 0 | 0.371 | 0 | 0 | 0 | 0 | 0 | 0 | 0 |
| C161 | 0.181 | 0.182 | 0.197 | 0 | 0.647 | 0 | 0 | 0 | 0 | 0 | 0 | 0 |
| A251 | 0.323 | 0.356 | 0 | 0 | 0 | 0.565 | 0 | 0 | 0 | 0 | 0 | 0 |
| A241 | 0.255 | 0.281 | 0 | 0 | 0 | 0.447 | 0 | 0 | 0 | 0 | 0 | 0 |
| B261 | 0.244 | 0 | 0 | 0 | 0 | 0 | 0.328 | 0 | 0 | 0 | 0 | 0 |
| B191 | 0.305 | 0 | 0 | 0 | 0 | 0 | 0.41 | 0 | 0 | 0 | 0 | 0 |
| A163 | 0.408 | 0 | 0 | 0 | 0 | 0 | 0.547 | 0 | 0 | 0 | 0 | 0 |
| C141 | 0.148 | 0.149 | 0.162 | 0 | 0 | 0 | 0 | 0.453 | 0 | 0 | 0 | 0 |
| C131 | 0.102 | 0.103 | 0.111 | 0 | 0 | 0 | 0 | 0.312 | 0 | 0 | 0 | 0 |
| C111 | 0.085 | 0.085 | 0.092 | 0 | 0 | 0 | 0 | 0.259 | 0 | 0 | 0 | 0 |
| A165 | 0.186 | 0.205 | 0 | 0 | 0 | 0 | 0 | 0 | 0.364 | 0 | 0 | 0 |
| A164 | 0.325 | 0.358 | 0 | 0 | 0 | 0 | 0 | 0 | 0.635 | 0 | 0 | 0 |
| A161 | 0.374 | 0.412 | 0 | 0 | 0 | 0 | 0 | 0 | 0.731 | 0 | 0 | 0 |
| B181 | 0.297 | 0.327 | 0 | 0 | 0 | 0 | 0 | 0 | 0 | 0.638 | 0 | 0 |
| B221 | 0.417 | 0.459 | 0 | 0 | 0 | 0 | 0 | 0 | 0 | 0.894 | 0 | 0 |
| A421 | 0.643 | 0 | 0 | 0 | 0 | 0 | 0 | 0 | 0 | 0 | 0.897 | 0 |
| A411 | 0.659 | 0 | 0 | 0 | 0 | 0 | 0 | 0 | 0 | 0 | 0.92 | 0 |
| A121 | 0.541 | 0 | 0 | 0 | 0 | 0 | 0 | 0 | 0 | 0 | 0.755 | 0 |
| A112 | 0.042 | 0 | 0 | 0 | 0 | 0 | 0 | 0 | 0 | 0 | 0 | 0.953 |
| A111 | 0.033 | 0 | 0 | 0 | 0 | 0 | 0 | 0 | 0 | 0 | 0 | 0.755 |

表 3-15　评价指标体系权重

| 项目 | 建设投入 | 建设过程 | 建设产出 | 社会服务 | 学生发展 | 实习实训 | 教学资源 | 学生就业 | 师资建设 | 课程建设 | 组织特征 | 专业群负责人 |
|---|---|---|---|---|---|---|---|---|---|---|---|---|
| 建设产出 | 0.498 | 0.502 | — | — | — | — | — | — | — | — | — | — |
| A271 | 0.024 | 0.043 | — | — | — | 0.227 | — | — | — | — | — | — |
| A113 | 0.003 | — | — | — | — | — | — | — | — | — | — | 0.193 |
| B111 | 0.034 | — | — | — | — | — | 0.202 | — | — | — | — | — |
| B151 | 0.005 | 0.008 | 0.028 | — | 0.115 | — | — | — | — | — | — | — |
| C241 | 0.052 | 0.086 | 0.285 | 0.569 | — | — | — | — | — | — | — | — |
| C231 | 0.039 | 0.065 | 0.216 | 0.431 | — | — | — | — | — | — | — | — |
| B231 | 0.060 | 0.110 | — | — | — | — | — | — | — | — | 0.380 | — |
| C171 | 0.014 | 0.024 | 0.079 | — | 0.323 | — | — | — | — | — | — | — |
| C161 | 0.025 | 0.042 | 0.138 | — | 0.563 | — | — | — | — | — | — | — |
| A251 | 0.045 | 0.081 | — | — | — | 0.432 | — | — | — | — | — | — |
| A241 | 0.035 | 0.064 | — | — | — | 0.342 | — | — | — | — | — | — |
| B261 | 0.034 | — | — | — | — | — | 0.204 | — | — | — | — | — |
| B191 | 0.042 | — | — | — | — | — | 0.255 | — | — | — | — | — |
| A163 | 0.056 | — | — | — | — | — | 0.340 | — | — | — | — | — |
| C141 | 0.021 | 0.034 | 0.113 | — | — | — | — | 0.442 | — | — | — | — |
| C131 | 0.014 | 0.024 | 0.078 | — | — | — | — | 0.305 | — | — | — | — |
| C111 | 0.012 | 0.019 | 0.064 | — | — | — | — | 0.253 | — | — | — | — |
| A165 | 0.026 | 0.047 | — | — | — | — | — | — | 0.210 | — | — | — |
| A164 | 0.045 | 0.082 | — | — | — | — | — | — | 0.367 | — | — | — |
| A161 | 0.052 | 0.094 | — | — | — | — | — | — | 0.423 | — | — | — |
| B181 | 0.041 | 0.075 | — | — | — | — | — | — | — | 0.258 | — | — |
| B221 | 0.058 | 0.105 | — | — | — | — | — | — | — | 0.362 | — | — |
| A421 | 0.089 | — | — | — | — | — | — | — | — | — | 0.349 | — |
| A411 | 0.091 | — | — | — | — | — | — | — | — | — | 0.358 | — |
| A121 | 0.075 | — | — | — | — | — | — | — | — | — | 0.294 | — |
| A112 | 0.006 | — | — | — | — | — | — | — | — | — | — | 0.450 |
| A111 | 0.005 | — | — | — | — | — | — | — | — | — | — | 0.357 |

## 四、专业群评价指数

评价指数是将评价结果数量化的一种技术处理，是将多指标进行综合，最后形成概括性的一个指数，进而通过指数比较，达到评价目的。因此可以说评价指数是指数理论与方法在其他领域的进一步发展和应用。于是，研究基于高职院校专业群评价指标体系，拟计算专业群评价指数，计算公式构建如下：

$$Q_K = I_K * w_i + P_K * w_p \qquad\qquad (3\text{-}2)$$

式中：$Q_K$——第 $k$ 个院校专业群评价指数；

　　　$I_K$——第 $k$ 个院校专业群的建设投入综合指标；

　　　$P_K$——第 $k$ 个院校专业群的建设过程综合指标；

　　　$w_i$——建设投入综合指标权重；

　　　$w_p$——建设过程综合指标权重。

于是，运用高职院校专业群建设评价指标体系，按照专业群级别分类对全国高职院校 3084 个专业群进行建设质量评价，综合评价结果以及评价指数分布曲线见右侧二维码。

按照所有专业群评价指数得分频次进行统计，扫描右侧二维码可见图中蓝色曲线表示"国家级"专业群评价指数得分分布。首先可以看出，蓝色曲线相对于其他级别的专业群得分曲线明显偏右，而且曲线峰值较其他曲线偏右，说明国家级专业群建设质量整体高于其他级别的专业群，而"地市级"和"其他"专业群评分明显较低，这在一定程度也验证了高职院校专业群评价模型的准确性；其次，由图发现国家级专业群曲线较"省部级"和"校级"专业群曲线平缓，表明国家级专业群建设质量良莠不齐，内部差距较大，而"省部级"和"校级"专业群建设质量水平较为集中；最后，通过专业群"建设投入""建设过程"和"建设产出"得分分布曲线图，可以看出国家级专业群建设投入和建设过程得分明显高于其他级别专业群，然而建设产出得分没有明显高于其他级别专业群的得分，说明国家级专业群在建设投入和建设过程方面表现较好，但是在专业群建设产出方面相比于其他级别专业群而言，尚有一定提升空间。

专业群评价模型
验证结果

以下将进一步按照高职院校专业群级别，对所有学校的专业群评价得分分布情况进行分析，如图 3-14 所示，可以看出，专业群评价得分均值明显呈现为三个层次，即国家级专业群在建设投入、过程和产出得分均值明显高于其他级别专业群，省部级和地市级专业群也明显高于地市级和其他级专业群得分。

根据专业群评价指数，研究尝试对全国高职院校专业群建设情况进行排序（仅供研究参考），排序前100名的专业群列表（详见附录B）如图3-15所示，其中，"国家级"专业群占比44%、"省部级"占比36%（合计占比为80%）；"地市级""校级"和"其他"级专业群占比为20%。

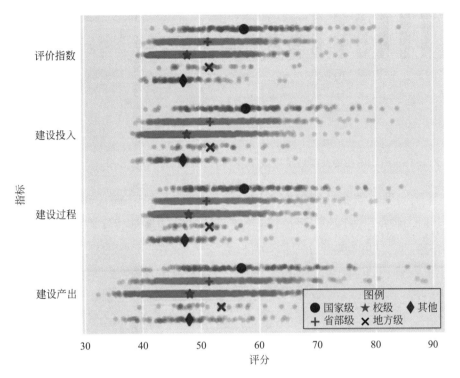

专业群评价模型
验证结果分析

图3-14　专业群评价模型验证结果分析

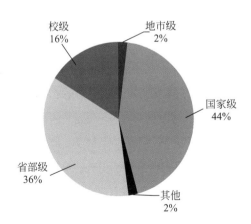

图3-15　评价指数Top100专业群级别分布

通过对高职院校专业群评价指数排序前100名的专业群所属省份进行分析发现，湖南、江苏、浙江、山东、河南、河北等省份专业群数量居多，如图3-16所示。

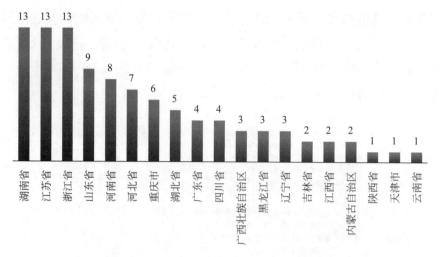

**图 3-16　高职院校专业群评价指数 Top 100 专业群所属省份分布**

本章节旨在基于模型发展策略对高职院校专业群建设影响因素进行分析,第一,研究根据上述专业群评价假设理论模型,结合高职院校专业群建设实践采集高职院校专业群建设相关数据,同时参考 2021 年高职院校状态数据库、2021 年高职质量年报数据及"双高"建设项目中高水平专业群绩效考核指标,收集整理 41 个可观测指标作为专业群评价初始指标。第二,通过对 3258 条全国高职院校专业群建设数据进行描述统计分析,全面了解目前高职院校专业群建设现状。第三,通过对所有指标数据进行标准化处理,得到数据质量较好的 917 条数据作为专业群建设评价分析样本数据。第四,采用探索性因子分析,对 41 个三级观测指标采用主成分分析法,发现可以形成 15 个特征根大于 1 的因子。结合专业群建设评价理论假设模型,对 15 个因子进行解释和命名,最终形成涉及 27 个指标的专业群评价指标体系,形成了由专业群建设投入、建设过程和建设产出组成的高职院校专业群评价指标结构。第五,采用验证性因子分析(CFA)对专业群建设投入、建设过程和建设产出的指标结果进行验证,从专业群建设过程到建设产出的路径系数看出,专业群建设投入是通过建设过程对建设产出产生间接影响,验证了建设过程在建设投入与建设产出之间的中介效应。第六,基于专业群评价指标体系计算专业群评价指数,进而按照专业群级别分类对所有高职院校 3084 个专业群进行建设质量评价。

由此,这里可以对本研究的第三和第四个研究问题(高职院校专业群建设的投入、过程和产出三者关系如何?在高职院校专业群建设投入和建设产出之间是否存在建设过程的中介效应?)给出明确的答案。

# 第四章　基于访谈调查的专业群建设存在的问题及原因分析

第三章通过量化研究方法对影响高职院校专业群建设的因素进行了深入分析，建构了高职院校专业群评价指标体系，得出了评价高职院校专业群建设需关注三个方面的影响因素，即建设投入、建设过程和建设产出，同时验证了建设过程在建设投入与建设产出之间的中介效应。为了进一步验证量化研究的结果，挖掘影响专业群建设质量的深层次原因，本章将基于量化研究结果，以若干国家级、省级、地市级"双高"院校、一般高职院校中具有专业群管理和建设经验的负责人为研究对象，开展访谈调查，探究当前影响高职院校专业群建设质量的因素究竟有哪些，以及建设过程是否是主要影响因素。因此，以下将分别从访谈提纲的编制、访谈对象的选择、访谈资料的整理与分析、专业群建设影响因素分析四个部分加以阐述。

## 第一节　访谈提纲的编制

专业群作为国家"双高计划"的重点建设任务，是新时代高职院校人才培养的重要载体。高职院校在专业群建设过程中，要按照专业群自身的发展规律，严格遵循其建设逻辑，在此基础上确立专业群建设的行动步骤。本节将首先明确高职院校在专业群建设过程中"为什么建"，明确专业群建设得前提和基础；其次探究"怎么建"，了解专业群在哪些方面建设得好与不好，即确立专业群自我价值实现的路径和方式；最后判断"建得怎么样"，了解专业群建设过程中存在哪些问题和挑战，即评价专业群建设目标的达成度，从而助力高职院校适应区域产业需求、提升服务贡献能力、实现高质量发展。

以下将围绕"为什么建""怎么建"和"建得怎么样"三个维度，编制高职院校专业群建设相关的访谈提纲，展开对相关访谈对象的深度访谈。

### 一、"访谈问题一"：为什么要建专业群

"访谈问题一"：为什么要建设专业群（专业群建设的逻辑起点是什么）？

从理论上讲，"为什么建"是探寻专业群建设的根源及价值定位，是高职院校开展专业群建设的基础和前提。回答为什么设置该专业群，需要通过调查研究教育体系外部的要素得出结论，包括对区域经济、社会发展、科技发展等外部因素进行分析，判断其对职业院校人才需求的变化，进而以专业群为单位优化专业结构布局，发挥资源集聚效应，激活内部发展动力。

针对上述内容，编制了该部分的访谈问题，试图从专业群设置模式、对接市场需求、优化内部结构等视角对为什么建专业群进行研讨和评论。

## 二、"访谈问题二"：怎么建专业群

"访谈问题二"：怎么建设专业群（专业群建设要考虑到哪些因素）？

"怎么建"是要解决专业群建设的技术和策略的问题，找出专业群实现自我价值的路径，重新选择专业群建设内部要素的组合方式。以提高专业群人才培养质量为目标，重新做好专业群人才培养模式构建、实训基地建设、教师团队建设等教育内部子系统的沟通与运转，使之成为高质量人才培养的组织体系。

基于上述内容，编制了该部分的访谈问题，试图从人才培养模式、教师团队组建、实训基地建设等视角对专业群建设的优异程度进行研讨和评论。

## 三、"访谈问题三"：专业群建得怎么样

"访谈问题三"：如何判断专业群建得怎么样（影响专业群建设质量的最主要因素是什么）？

"建得怎么样"是对专业群建设及发展状态的评价，是从科学评价的视角探寻专业群人才培养的内在规律乃至教育的内在本质规律。专业群评价要着力建立一个引领专业群改革发展现实走向的可观测、可比较、可反馈的专业群建设评价指标体系，要基于专业群建设的内涵，着重关注专业群建设投入、建设过程和产出的内在关系。通过对专业群进行评价，提高社会需求与高职院校人才培养之间的匹配程度，实现专业群对接产业群、职业岗位群，教学过程对接生产过程，专业课程对接职业标准，职业教育对接终身学习等（钱红，2015）。

基于上述内容，编制了该部分的访谈问题，试图从专业群设置的科学性、专业群构建的适应性、专业群发展的贡献性等视角对专业群建设情况进行研讨和评论。

# 第二节　访谈对象的选择

以下部分将针对国家级"双高"院校、省级"双高"院校、地市级"双高"院校、一般高职院校中具有专业群管理和建设经验的负责人为研究对象共计 22 名展开访谈调查研究。访谈对象均具有专业群管理和建设经验。相关信息见表 4-1。另外，应科研伦理的要求，不出现其真实姓名，以"IS"（面试对象 interview subjects）开头。

表 4-1　访谈对象的相关信息

| 代号 | 性别 | 所在学校 | 涉及专业群名称 |
| --- | --- | --- | --- |
| IS01 | 男 | 国家级"双高"院校 1 | 汽车制造与装配技术 |
| IS02 | 女 | 国家级"双高"院校 1 | 药品生物技术 |
| IS03 | 男 | 国家级"双高"院校 2 | 眼视光技术 |
| IS04 | 男 | 国家级"双高"院校 2 | 包装工程技术 |
| IS05 | 男 | 国家级"双高"院校 3 | 现代农业技术 |
| IS06 | 男 | 国家级"双高"院校 3 | 园林技术 |
| IS07 | 男 | 国家级"双高"院校 4 | 数控技术 |
| IS08 | 男 | 国家级"双高"院校 4 | 物联网应用技术 |
| IS09 | 男 | 国家级"双高"院校 5 | 机械制造与自动化 |
| IS10 | 男 | 国家级"双高"院校 5 | 学前教育 |
| IS11 | 男 | 国家级"双高"院校 6 | 水利水电建筑工程 |
| IS12 | 男 | 国家级"双高"院校 6 | 测绘地理信息技术 |
| IS13 | 男 | 省级"双高"院校 1 | 机电一体化技术 |
| IS14 | 男 | 省级"双高"院校 1 | 工程测量技术 |
| IS15 | 男 | 省级"双高"院校 2 | 畜牧兽医 |
| IS16 | 男 | 省级"双高"院校 2 | 食品安全与管理 |
| IS17 | 女 | 省级"双高"院校 3 | 金融管理 |
| IS18 | 男 | 地市级"双高"院校 3 | 国际贸易实务 |
| IS19 | 男 | 一般高职院校 1 | 航海技术 |
| IS20 | 男 | 一般高职院校 1 | 建筑室内设计 |
| IS21 | 男 | 一般高职院校 2 | 道路桥梁工程技术 |
| IS22 | 男 | 一般高职院校 2 | 汽车运用与维修技术 |

选择上述拥有一定专业群管理和建设经历的访谈对象的理由是：只有涉及专业群建设和管理工作，才能够对专业群建设拥有初步认知，对专业群现状、存在问题及解决对策拥有一定的想法，具有丰富的教学和管理经验，进而能够对专业群建设具有较为系统、深入和正确的把握，可以更好地应对与专业群相关的访谈问题。

# 第三节　访谈资料的整理与分析

遵从访谈提纲，运用恰当的访谈技巧，注重对访谈过程的适当控制，围绕"为什么建""怎么建"和"建得怎么样"三个维度，对国家级"双高"院校、省级"双高"院校、地市级"双高"院校、一般高职院校中具有专业群管理和建设经验的 22 位负责人展开半结构化访谈调查。接下来，将经过分析文本、按照三级编码程序进行编码、归类属性等步骤，整理和解读访谈调查研究资料，对相对分散的访谈原始资料进行整理（编码），形成相互支持的证据与结论。

如图 4-1 所示，三级编码程序包括开放式编码、主轴性编码和选择性编码。开放式编码（open coding），作为一级编码，它是最初对所搜集的访谈资料进行分析时使用的编码类型，通过先设置一些主题，将最初的标签或代码分配到被访资料中，以便于将较大数量零散的资料转变成不同的类别。轴心式编码（axial coding），也称为关联式编码，作为二级编码，它是开始于初步的主题或概念，同时在分析被访资料的过程中不断组织各种观点和主题，进而识别作为轴心的关键概念。轴心式编码关注于发掘和建立类别之间的语义关系、因果关系等关系。选择性编码（selective coding），也称为核心编码，作为三级编码，它是基于开放式编码或主轴式编码，对具有主题的个案进行选择性查找，进而对资料进行对照和比较。也就是说，在对资料进行最终的分析判断时，已经能够判别出研究主题中的最主要的研究题目。

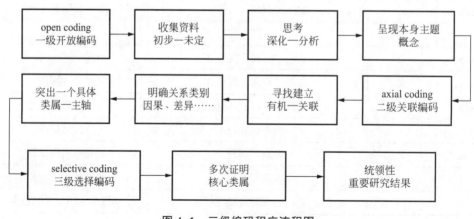

**图 4-1　三级编码程序流程图**

本研究首先通过开放式编码对访谈内容做整体呈现，进而基于对开放式编码的归纳，通过分析与研究所获得的"概念化命名"以及相互之间的语义关系，对具有代表性的编码进行归纳整理，归纳专业群建设存在的问题的主轴性编码和选择性编码。由于开放式编码是对访谈内容的整体呈现，因此除开放式编码外，本研究将被访者的访谈资料均以表格的形式呈现，表格中的第一列为被访者的代号，第二列为对被访者访谈内容的归纳，第三列为编码即依据被访者访谈内容提炼出的核心内容。以下将对被访者的主流意见加以归纳，进而呈现出当前影响高职院校专业群建设质量的影响因素。

# 一、专业群建设的逻辑起点较为明确

"访谈问题一"：为什么要建设专业群（专业群建设的逻辑起点是什么）？

关于该访谈问题的调查结果见表 4-2。

表 4-2　关于"为什么要建设专业群"的访谈结果

| 观　点 | 访　谈　对　象 | 人数 | 占比 /% |
|---|---|---|---|
| 优化专业结构<br>凝聚办学资源<br>提升人才培养质量<br>增强学校核心竞争力 | IS02、IS04、IS05、IS07、IS08、IS10、<br>IS03、IS11、IS13、IS14、IS15、IS17、IS18、<br>IS06、IS16、IS20、IS21、IS22、<br>IS01、IS09、IS12 | 21 | 95.5 |
| 项目驱动 | IS19 | 1 | 4.5 |
| 总计 | | 22 | 100 |

由表可以看出，有 4.5% 的访谈对象认为专业群建设是自上而下被动的项目驱动，而认为专业群建设是高职院校高质量发展的必然选择的观点累计达到 95.5%，访谈对象针对主流观点所给出的理由主要包括如下几点。

第一，专业群建设可以优化专业结构。

例如，IS02 的观点是："我认为专业群是由若干个相近相关的专业或专业方向共同组成的集群，专业群中的各专业或专业方向，面向企业中的岗位链，能够在同一个教学体系中完成其基本的教学内容，专业群足以达到优化院校专业结构的良好效果。"

IS04 的观点是："我认为专业群建设有利于以就业为导向优化专业和课程设置，调整专业结构。"

IS05 的观点是："专业群建设作为我校专业发展规划的重点，科学地规划专业群布局，以专业群为基础，不断地调整专业方向，使专业可以全面适应社会需要。"

IS10 的观点是："我认为，专业群的布局和调整应以服务产业为目标，通过对某个产业链应用型人才需求状况的结构分析，构建与该产业发展要求相一致的专业群体系，形成链条式专业群。通过分析梳理产前产中产后、售前售中售后的产业链，寻获相应的专业链，以此作为规划专业布局的前提，使专业链与产业链对接，有助于优化专业结构，进而形成我校的办学优势和特色。"

第二，专业群建设可以凝聚办学资源。

例如，IS03 的观点是："我认为专业群的组建只是专业群建设的起始阶段，更为重要的是如何打通专业之间有形无形的边界，实现群内资源的多维深度互融，实现专业资源的聚拢和整合。"

IS13 的观点是："专业群组建之后的首要任务就是建立一体化专业群管理机制并开发专业群课程体系，进而能够为专业群资源整合提供制度保障和根本依据。"

IS15 的观点是："我校专业群内各专业能够围绕该产业进行分布和积聚，形成链条式专业群。其中，专业群资源要素分为师资要素、实习实训条件要素、课程要素和管理要素等属类资源。"

第三，专业群建设可以提高人才培养质量。

例如，IS06 的观点是："专业群建设是高职院校强化内涵、提升质量的突破点和着力点，是推进教育教学改革的核心环节，是高职院校体现办学特色的逻辑起点。"

IS16 的观点是："以往，专业数量的增加造成专业单体资源的稀释，有限的资源得不到充分应用，影响了人才培养质量，限制了专业服务能力。因此，所有学校都在思考，如何动态调整专业结构和专业内涵，以更好地适应经济社会发展的需要？如何推进产教融合、集聚各类资源，以更好地适应学校特色发展和创新发展的需要？如何创新教学管理、改革培养模式，以更好地适应学生成长和职业发展的需要？目前高职院校专业建设成为破解难题的重要抓手。"

第四，专业群建设能够增强学校的核心竞争力。

例如，IS01 的观点是："任何特色的形成，都有一个积累、发展的过程，需要经过较长时间的提炼后才能最终形成。高职院校办学特色的形成，当然也需要经过很长时间、很多方面的凝聚力，集中力量进行硬件和软件建设。通过专业群建设，使得各个专业的目标相对一致，实训投入相对集中，短期建设相对统一，利于在短时间内聚拢起师资、实训、科研、教改、专业与课程建设的资源，进而形成合力，创出品牌和特色，提升学校的知名度。"

IS12 的观点是："通过多年的工作实践，我发现，高职学院的专业建设必须要解决三方面的根本性问题：一是以就业为导向的专业设置和优化问题；二是以专业能力培养为主线的实践教学与实训基地建设问题；三是以适应专业教学需要的"双师"素质提高问题。只有以上三方面形成合力，才能搞好高职学院的专业建设，形成高职学院的核心竞争力。"

基于对上述开放式编码内容的归纳，对具有代表性的编码进行归纳整理，归纳为何建设专业群的四个主轴性编码（见表 4-3 ~ 表 4-6）。

**表 4-3 关于"优化专业结构"访谈资料的记录和归纳**

| 代号 | 访 谈 资 料 | 编 码 |
|---|---|---|
| IS02 | "专业群足以达到优化院校专业结构的良好效果" | 优化院校专业结构 |
| IS04 | "有利于以就业为导向优化专业""调整专业结构" | 有利于调整专业结构 |
| IS10 | "作为规划专业布局的前提""有助于优化专业结构" | 有助于优化专业结构 |

**表 4-4 关于"凝聚教学资源"访谈资料的记录和归纳**

| 代号 | 访 谈 资 料 | 编 码 |
|---|---|---|
| IS03 | "实现群内资源的多维深度互融""实现专业资源的聚拢和整合" | 实现专业资源的聚拢和整合 |
| IS13 | "为专业群资源整合提供制度保障" | 为资源整合提供保障 |
| IS15 | "能够围绕该产业进行分布和积聚" | 能够实现资源积聚 |

**表 4-5 关于"提升人才培养质量"访谈资料的记录和归纳**

| 代号 | 访 谈 资 料 | 编 码 |
|---|---|---|
| IS06 | "强化内涵、提升质量的突破点和着力点" | 提升质量的突破点 |
| IS16 | "能够影响人才培养质量" | 影响人才培养质量 |

**表 4-6 关于"增强学校核心竞争力"访谈资料的记录和归纳**

| 代号 | 访 谈 资 料 | 编 码 |
|---|---|---|
| IS01 | "形成合力，创出品牌和特色，提升学校的知名度" | 提升学校知名度 |
| IT12 | "形成高职学院的核心竞争力" | 形成核心竞争能力 |

可见，当前高职院校专业群建设的逻辑起点是专业群建设的首要问题，唯有科学组建才能够真正发挥"集群"优势，倘若所组建的专业群在没有展开深入的产业调研基础上就随意"拉郎配"，不仅不能发挥专业群资源共享、协同发展的优势，反而会造成群内各专业之间的相互"扯皮"和"内耗"。通过访谈调查了解到，当前专业群组建已出现一些不好的苗头：其一，"临时抱佛脚"。有些高职院校开展专业群建设的动机不是出于服务区域产业发展的需要，而仅仅是为了通过专业群的"包装"申报政府的相关项目，在功利性动机的指引下，专业群组建的方法通常就是按照一定的评价标准对现有的专业进行"排队"，然后按照政府项目评审的需求择优申报，

出现了不同的时间一个专业属于不同专业群的怪象。其二，"换汤不换药"。专业群组建缺乏前期充分的科学调研，是对旧有专业教学资源的重新整合，在缺乏对区域产业发展趋势及岗位人才需求进行深入调查研究的基础上，仅凭自身的主观经验就将一些原有专业组建成群。其三，组建"学科化"。由于高职院校教师主要来自学术型高校，对职业教育专业设置模式缺乏深入的认知与了解，出现以学科分类思维作为组建专业群的主要依据，仅着重考虑专业之间的学科基础，缺乏对专业所对应的职业岗位基础的深入调查，从而造成专业群与区域产业发展人才需求的脱节。

因此，要想避免上述情况发生，充分发挥专业群优化专业结构、聚拢办学资源、提高人才培养质量和突出办学特色的优势，专业群组建应对服务面向的区域产业集群的类型与特征及人才需求展开深入调研，基于所服务面向的职业岗位群的内在逻辑关联设置与其相匹配的专业群。

## 二、建设过程是专业群建设的主要影响因素

"访谈问题二"：怎么建设专业群（专业群建设要考虑到哪些因素）？

"访谈问题三"：如何判断专业群建得怎么样（影响专业群建设质量的最主要因素是什么）？

考虑到访谈问题二与访谈问题三具有一定的递进性，均是针对专业群建设影响因素展开调研，因此将"怎么建设专业群"与"如何判断专业群建得怎么样（影响专业群建设质量的最主要因素是什么）"两个问题同时展开访谈。具体分析如下。

关于该访谈问题的调查结果见表 4-7。

表 4-7 关于"专业群建设影响因素"的访谈结果

| 观　　点 | 访　谈　对　象 | 人数 | 占比 /% |
|---|---|---|---|
| 建设投入 | IS01、IS04、IS05、IS06、IS07、IS08、IS10、IS11 | 8 | 36.2 |
| 建设过程 | IS12、IS13、IS14、IS15、IS16、IS17、IS18、IS19、IS20、IS21 | 10 | 45.6 |
| 建设产出 | IS02、IS03、IS09、IS22 | 4 | 18.2 |
| 总计 | | 22 | 100 |

根据文献综述归纳的专业群建设投入、过程和产出所涉及指标内容得出，有36.2% 的被访者认为专业群建设影响因素是专业群建设投入，而认为专业群建设过程是专业群建设影响因素的观点占 45.6%，18.2% 的受访者认为专业群建设产出是专业群建设的影响因素。

第一，专业群建设投入是专业群建设的影响因素。

例如，IS04 的观点是："我认为高职院校专业群如何规划和建设是由学院的行业背景、地方经济社会发展程度、学院自身的办学条件和专业发展过程确定的。"

IS07 的观点是："为凸显高级技能人才自身优势，满足地方经济快速发展需要，必须合理构建学校办学条件支撑下的专业群。"

IS10 的观点是："在专业群建设过程中，对核心专业的遴选，其应具备办学条件优良、产教融合紧密、特色优势明显、区域发展急需等特点，才能够对标全国或全省同类专业，以充分发挥领先水平或发展潜力。"

第二，专业群建设过程是专业群建设的主要影响因素。

IS12 的观点是："我认为专业群建设需要一支高素质专业化的'双师型'教师队伍，在高职院校专业群人才培养过程中，从单一的专业师资队伍建设到多专业构成的专业群师资队伍建设，一专多能的师资培养在专业群建设中显得尤为重要。"

IS16 的观点是："专业群建设作为高等职业院校组织变革中的核心理念，改变了高等职业院校的教学组织结构和教学资源的配置方式，能够使高等职业教育培养全方位的高技能复合型人才，更好地服务于京津冀乃至其他各地域不同的产业发展。本人认为，在专业群建设中，最为关键的内容是高职院校应当从专业群整合、资源共享、专业群对接产业链、培养制度、评价体系等方面加强教师培养机制建设。"

IS18 的观点是："专业群建设中建立知识共享的鼓励机制和学习型团队建设制度。调整和改革教学科研组织形式，加大各专业交叉的深度和广度，提高队伍科研水平。建设专业精品课，尤其是专业基础课的精品课建设。"

IS21 的观点是："在专业群建设过程中，通过校企合作，利用企业的技术、设备、产品、项目以及技术专家等资源获取企业顶岗实习、生产性实操过程中场地及技术支持和企业相关技术人员及现场专家的指导与教学支持。组建为企业定向培养技术团队或管理团队，实现'双赢'。"

第三，专业群建设产出是专业群建设的影响因素。

例如，IS03 的观点是："人才培养是专业群建设的根本任务，是评价专业群成效的根本标准。'群'是专业建设的手段，而不是目的，根本在于实现更高水平的人才培养。高水平专业群是我国高职专业建设和人才培养的最新成果和最高水平，培养一批又一批大国工匠和能工巧匠，形成具有国际竞争力的人才培养高地，为中国产业走向全球产业中高端提供高素质技术技能人才支撑；同时，探索形成一系列的理念、标准、模式、资源、课程、教材，为全国高职人才培养提供指引和借鉴，带动提升高职教育的学生满意度、服务贡献度和社会美誉度。"

基于对上述开放式编码内容的归纳，对具有代表性的编码进行归纳整理，归纳专业群建设影响因素的三个主轴性编码（见表 4-8 ~ 表 4-10）。

**表 4-8　关于"专业群建设投入影响因素"访谈资料的记录和归纳**

| 代号 | 访谈资料 | 编码 |
|---|---|---|
| IS04 | "专业群如何规划和建设是由自身的办学条件和专业发展过程确定的" | 学校自身办学条件的重要性 |
| IS07 | "需要合理构建学校办学条件支撑下的专业群" | 构建学校办学条件支撑下的专业群 |
| IS10 | "专业群中核心专业的遴选，其应具备办学条件优良、产教融合紧密、特色优势明显、区域发展急需等特点" | 办学条件优良是专业群中核心专业遴选的标准之一 |

**表 4-9　关于"专业群建设过程影响因素"访谈资料的记录和归纳**

| 代号 | 访谈资料 | 编码 |
|---|---|---|
| IS12 | "专业群建设需要一支高素质专业化的'双师型'教师队伍" | 专业群建设需要专业化的"双师型"教师队伍 |
| IS16 | "在专业群建设中，最为关键的内容是高职院校应当从专业群整合、资源共享、专业群对接产业链、培养制度、评价体系等方面加强教师培养机制建设" | 最为关键的内容是加强教师培养机制建设 |
| IS18 | "专业群建设中需要建立知识共享的鼓励机制和学习型团队建设制度" | 建立鼓励机制和学习型团队建设制度 |
| IS21 | "在专业群建设过程中，需要通过校企合作" | 需要通过校企合作建设专业群 |

**表 4-10　关于"专业群建设产出影响因素"访谈资料的记录和归纳**

| 代号 | 访谈资料 | 编码 |
|---|---|---|
| IS03 | "人才培养是专业群建设的根本任务，是评价专业群成效的根本标准" | 人才培养是评价专业群成效的根本标准 |

与普通高等教育相比，两者的性质与职能各不相同。高职教育兼有高等教育和职业教育的双重属性，其中职业教育是高职教育的本质属性。高职教育的职能是为社会主义现代化建设培养、输送高素质的技术应用型人才。高职教育的性质和职能决定了"高职院校的专业设置是联系社会和学校的一个纽带"。在影响高职院校专业群建设的诸多要素中，可以归纳为专业群建设投入、建设过程和建设产出三方面。高职院校的专业群建设所涉及因素并不简单地等同于单体专业目录、课程设置等，而是一个包含专业定位、组织管理、教学资源、师资配备、实训实施等在内的系统工程，其内涵主要表现为以下四个方面。

一是专业群定位是前提。高职教育的职教属性，意味着其所培养的人才主要是走向工作岗位。因此，高职院校专业群定位要有很强的针对性。高职院校专业群中的专业设置就要从市场实际情况出发，不能偏离市场需求和就业岗位的需求。由于市场经济是不断发展变化着的，因此，高职院校专业群中专业设置需要不断地调整更新，具有相对的灵活性，这也是高职教育不同于普通高等教育的一个重要方面。构建起一个科学合理的专业群建设定位是高职院校需要解决的首要问题。

二是课程体系建设是核心。构建高职院校专业群课程体系，是每一所高职院校在研究政策文件的基础上，探索自身实践的建设思路与路径。高职院校专业群课程体系构建的是基于市场适应性的、动态的、开放的体系；且课程体系建设成效需要反映在高职院校通过整合现有独特教育资源，培养高素质技术技能人才以及形成可持续发展的竞争优势之上。具体而言，高职院校专业群课程体系包括构建基本素质和专业素质课程的底层共享平台、构建核心课程平台、构建素质拓展和专业拓展课程平台等。

三是产学合作是保障。高职院校培养的是社会急需的高素质技术技能人才，高职院校毕业生走出校门就能够直接上岗。实现教学与就业的零距离接轨，既是用人单位对高职院校的期望，也是各高职院校教学的重点和难点。缩短理论与实践的距离，唯一的途径就是强化产学合作，开展必要环节的实践教学。因此，高职院校面临的一个重要任务是建立一个完善的、先进的实训教学体系，包括校内和校外两个部分，而其中校内实训体系的建设成本较高，成为高职院校专业群建设发展过程中的核心环节。我国高职院校由政府全额拨款的占少数，大多数院校是部分拨款及自筹资金。由于办学经费来源有限，并且大多数高职院校专业群建设处于发展阶段，因此，专业群中不同专业所需实训建设所需经费必然要进行优化考虑，高职院校如何保障实训建设资金的充分投入，确保各专业实训建设条件有所保障，也是必须解决的关键问题。

四是师资队伍建设是关键。师资队伍建设是高职院校发展的关键，高职院校专业群建设中的实训建设、课程教学等都离不开一支高素质师资队伍的支撑。高职教育的高教属性，要求教师必须具备一定学历，同时又具备扎实的专业理论功底；高职教育的职教属性，又要求职业院校教师需具备丰富的实践经验，又具备过硬的动手能力。从这一层面上看，高职院校的师资队伍建设难度并不亚于普通高校。因此，在高职院校专业群建设过程中，如何集聚师资力量，形成专业群的竞争优势，特别是具备教学与实践相结合的双师型师资优势，是高职院校专业群建设过程中必须要解决的一个难题。

通过分析可以看出，高职院校的专业建设需要解决诸多问题，包括以就业为导向的专业设置和优化问题，以及通过人才需求分析、技术与服务领域分析、岗位群工作任务分析构建以培养具有专业综合能力的复合型人才为目标的课程体系问题，以专业能力培养为主线的实践教学与实训基地建设问题，以适应专业群教学需要的"双师"素质提高问题等。同时，高水平专业群对经济转型升级和产业结构调整的推动作用还体现在人才培养、社会服务等方面，只有以上各方面形成合力，才能搞好高职院校的专业群建设，形成高职院校专业建设的核心竞争力，培养具备高素质的技术技能人才。

在上述开放式编码和主轴性编码的基础上，本研究最终整理出关于高职院校专业群建设影响因素的选择性编码，进而呈现当前评价高职院校专业群建设的影响因素，如图 4-2 所示。

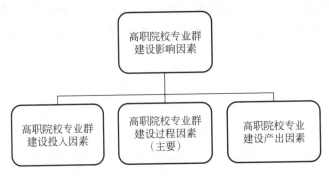

**图 4-2　高职院校专业群建设的影响因素**

通过访谈调查研究发现：一是当前高职院校专业群评价指标体系尚为缺乏；二是影响高职院校专业群建设质量的因素包括专业群建设投入、建设过程和建设产出三方面；三是建设过程是影响高职院校专业群建设质量的最主要因素，具体包括课程建设、产学合作和师资保障等方面。

# 第四节　专业群建设影响因素分析

加强专业群建设，是解决高职教育发展内在需求的切入点，也是提升高职院校核心竞争力的重要途径。这里的专业群，是指由若干个相近相关的专业或专业方向共同组成的专业集群。专业群中的各专业或专业方向，面向企业中的岗位链，均能在同一个实训体系中完成其基本的实践性教学。专业群所涵盖的可以是同一学科体系的专业，也可以是不同学科体系的专业，其范围可以用是否能在同一个实训体系中完成实践性教学加以界定。经过访谈调查发现，通过专业群建设，高职院校可以产生以下四个方面的积极效应。

一是有利于形成专业群体优势，增强市场适应性。高职教育的人才培养"以就业为导向"，高职院校的专业设置是以市场为导向的。随着我国产业结构的不断调整，新的行业、新的工种、新的岗位群不断涌现，高职院校的专业设置也需要不断更新，淘汰老专业，开设新专业。如果不进行专业群建设，一味追逐热门专业，则专业过于分散，形不成合力，就会导致两种后果：第一种是旧专业惨遭淘汰，极易造成教学资源的浪费；第二种是专业拓展基础薄弱，难以推出新专业。相比之下，进行专业群建设能够较好地适应市场形势的变化。专业群集聚了师资、实训等多方面的办学优势，具有滚动发展的功能，可以依靠原有的专业师资和实训基础，不断调整专业方向或往相近相关的专业渐进拓展。由于专业演变的连续性，容易形成强势专业，保证教学质量。

二是有利于形成实践教学优势，降低实训建设成本。突出实践教学，强化职业能力培养，是高职教育的重点和难点，也是高职教育与普通高等教育之间的根本区别。实践教学是否到位，关系到高职办学的成败。高职教育的实训建设投资巨大，并且需要不断地更新、维护、维修。如果专业分散，往往会导致学院处于两难境地：一是为了办好专业，满足各专业的实践教学需要，为各专业配备必要的实训设施，但因设备使用率不高或专业的萎缩及淘汰而引起实训设施的闲置和浪费；二是学院缺乏资金，投入不足，不能满足实践教学需要，最终导致教学质量下降。然而，进行专业群建设，由于专业相对集中，学院可以将有限的资金集中投入到相关实训室，进行系列化建设，形成一个完整的实训体系。由于专业的相关性，实训设施可以得到充分利用，从而降低建设成本和使用、维护成本。由于实训设施的完善性、先进性，可以大大提高实践教学效果。总之，在建设专业群的前提下，实训建设的体系化、完善性和先进性，构成了良好的实训条件和实训环境，让学生有充分的机会得到实践训练，有利于形成实践教学的优势。

三是有利于形成师资队伍优势，增强专业竞争力。高职教育对师资有其特殊的要求，高职院校师资队伍的建设是其发展的瓶颈。高职院校师资队伍建设的难点在于专业教师的数量、结构和"双师"素质。进行专业群建设，学校可以集聚起相近相关专业的教师资源，形成专业师资的数量优势、结构优势和"双师"优势。由于相近相关专业教师的相互兼容性，在专业教学上可以灵活调用，既能降低专业教师的储备率，提高教师的使用率，节约办学成本，又能满足专业教学上的需要；由于专业群内教师相对集中，数量相对丰富，有利于对教师的学历结构、年龄结构和专业结构进行控制，合理配置，整体优化；由于专业群各专业的相对稳定性和专业实训体系的相对完整性，结合产学研，有利于建成一支实力雄厚的专业实训师资队伍，提高"双师"比例和"双师素质"，从而增强各专业的竞争优势。

四是有利于形成特色和品牌优势，提高院校知名度。特色和品牌是高职院校核心竞争力的重要体现。高职院校应以增强综合实力为目标，根据院校所处的地域环境及社会经济发展状况、产业结构特点和院校所拥有的办学基础，努力塑造自身特色，创建优质品牌。任何特色的形成，都有一个积累、发展的过程，需要经过较长时间的提炼后才能最终形成。同样，高职办学特色的形成，也需要经过多方面的长期努力，集中力量进行硬件和软件建设。进行专业群建设，由于各专业目标的相对一致性，实训投入的相对集中性和长、短期建设的相对统一性，利于在较短的时期内集聚起师资、实训、科研、教改、专业与课程建设等方面的优势，形成合力，创出特色和品牌，提升院校的知名度。

通过对访谈调查资料做进一步分析发现，影响高职院校专业群建设质量的关键要素大致包括专业群建设的投入、过程和产出三个方面，且建设过程是高职院校专业群建设的主要影响因素，以下将分别对高职院校专业群建设投入、建设过程和建设产出三方面因素做分析。

# 一、高职院校专业群建设投入因素分析

访谈调查结果表明，高职院校的办学条件与专业群建设质量存在一定的关系，影响因素较大的是生师比、具有研究生学位的专任教师比例和生均教学与科研仪器设备值，其次为生均教学行政用房和生均占地面积等因素。然而，当前我国高等职业教育基础还比较薄弱，现有办学条件、办学质量与社会经济的发展以及公众接受高等教育的需求和办人民满意的高等教育要求还存在较大的差距。政府、行业企业和高职院校必须结合我国的国情和各自的实际，同心协力共同把高职教育办好，根据产业发展需求构建好专业群，培养更多高质量技术技能人才。而高职院校专业群的建设需要实现思维的转变（张君诚，2006），即投入思维转向产出思维，就是要求以成果为导向，改变过去不分专业建设过多强调拥有多少设备、经费和师资，而应是以学生的学习产出为目标，采用逆向设计与正向施工的方法，注重学生能力与素质的达成，以及社会服务能力的提高等。

# 二、高职院校专业群建设过程因素分析

通过对高职院校专业群建设影响因素的归纳发现，专业群建设过程的诸多因素成为影响高职院校专业群建设质量的主要因素。专业群的组建应瞄准区域重要产业与龙头企业，寻找相互关联、支撑的若干专业，构建有机协同的专业群落，实现高质量的产教融合过程及应用型人才培养目标。专业群内部资源组合方式的变化将带来运行效益的差异，所以人才培养质量很大程度上取决于专业群内课程组合方式，同时一支能力互补、结构合理的教师团队也是专业群的建立和可持续发展的保障。以下将围绕专业群建设过程的诸多要素进行分析。

一是合理构思专业群发展架构。专业建设是高职教育的基础与核心，能否从市场实际出发，构建起一个合理的专业框架，这对于高职院校的长远发展将产生重大影响。专业群建设不能脱离高职院校赖以生存与发展的客观环境和自身的具体条件。专业群建设并不等同于专业框架建设，高职院校的决策层，需要从战略高度考虑专业框架的构建，即要从院校所处的社会环境、地理环境、经济环境和自身所具有的办学基础条件出发，结合广泛、深入的市场调研，寻找、确定若干个行业，作为专业群建设和发展的背景与依托。要用发展的眼光分析、判断所依托的对象，做到近期与远期结合。这样，才能有利于逐步建立起若干个专业群，成为高职院校整体专业框架的支柱。同时专业群建设又是一个逐步发展的过程。要从市场的实际需求出发，结合学院拓展新专业的可能性，逐个推出新的专业方向或相近相关的新专业。专业群建设是市场需求变化与高职学院内在发展相结合的产物。当社会经济发展到一定程度，人民生活水平普遍提高，私家车不断进入家庭之际，汽车营销、汽车修理、汽车检测与养护、汽车美容与服务等专业随即产生，汽车类专业群也由此发展起来。现代物流是个朝阳产业，它包括企业内部物流和第三方物流，涉及的流通环节从产品生产的源头开始，一直到产品进入消费市场甚至消费者手中，包括了产品的包装、分销、存储和运输等众多环节，但由于现代物流在我国尚处于起步阶段，还未进一步分工细化，因此，目前在各高职院校只能开设现代物流这个比较综合的专业，而不可能形成相关的专业群。

二是重视产学合作的实践。专业群的优势之一是可以用相对较少的投入，就专业群内的相关相近专业建成一个较完整、较先进、较稳定的实训体系，以满足群内各专业的产学合作的实践教学需求。因此在进行专业群建设的同时，一定要重视实训体系的配套建设。如果只推出系列专业，而没有系列实验、实训室与之相配套，专业群的优势也就不再存在，也就失去了专业群建设的实际价值。专业群和实训体系互为依存、相互彰显，缺一不可，两者最好同步进行。

三是注重优化师资队伍结构。专业群建设有利于形成师资合力，发挥专业优势。但专业群的开发，需要有一定数量和素质的师资去支撑。另外，一支高素质的理论和实践相结合的师资队伍，其本身就是专业群最重要的组成部分。没有这样一支师资队伍的存在，专业群和实训体系的所有优势都不可能实现。因此，要进行专业群建设，首先要加强师资队伍建设，尤其是按照专业的合理布局，调整师资的知识、能力结构，在专业群的范围内形成整体合力。

## 三、高职院校专业群建设产出因素分析

通过访谈调查研究分析发现，专业群建设对产业结构调整和经济转型升级有着重要的推动作用，高职院校专业群建设产出的成效主要通过以下两个方面加以呈现，即人才培养与社会服务。

一是关于人才培养维度。高等职业教育以培养高素质技术技能人才和劳动者为己任，在供给侧结构性改革的背景下，专业群应从区域和行业需求分析出发，科学准确地制定和实施专业群人才培养方案，依托"优势专业 + 特色专业 + 品牌专业"，打造协同生态系统，致力于推动教育链、人才链和产业链、创新链的有机衔接。因此，是否从产业发展角度来研究和谋划专业群建设，以及行业企业用人需求的满足度和用人满意率，是评价高职院校专业群的重要标准。

二是关于社会服务维度。高职院校专业群要遵循"着力加快建设实体经济、科技创新、现代金融、人力资源协同发展的产业体系"，专业群建设的布局要紧贴产业发展，明确产业背景和服务领域，通过深化产教融合、校企合作，提升高职院校服务区域经济社会发展的能力。

# 第五章 基于应用研究的专业群建设建议与对策

为了确定上述关于高职院校专业群评价研究成果可能的用途，达到预定的研究目标，以下将分别基于专业群地域分布、专业群所属专业大类及专业群建设效益等方面等对全国高职院校专业群建设情况加以深度分析，同时基于个别高职院校的专业群建设案例对高职院校专业群建设情况加以深入探索，以期将理论研究成果发展成为实际运用的形式。

## 第一节 基于地域划分的高职院校专业群建设研究

为科学反映我国不同区域的高职院校专业群建设状况，为教育行政主管部门和高职院校制定院校及专业发展政策提供理论依据，根据相关文件精神，研究将我国（不含港澳台）的经济区域划分为东部、中部、西部和东北部四大地区，其中，东部包括北京、天津、河北、上海、江苏、浙江、福建、山东、广东和海南；中部包括山西、安徽、江西、河南、湖北和湖南；西部包括内蒙古、广西、重庆、四川、贵州、云南、西藏（缺数据）、陕西、甘肃、青海、宁夏和新疆；东北部包括辽宁、吉林和黑龙江。基于前文高职院校专业群评价指数研究结果，计算出全国高职院校专业群评价指数地域分布，如图5-1所示。研究发现：①从专业群评价指数看，东部地区高职院校专业群评价指数整体高于中部、西部和东北部。具体而言，专业群建设质量评价指数平均值较高的省是浙江、湖南、山东、江苏、河南、天津、广东等，较低的是山西、北京、黑龙江、贵州、云南等。②从专业群评价指数分布差异看，东部地区高职院校评价指数分布差异较大，中部、西部和东北部院校评价指数分布较集中，说明院校差异较东部略小。③东部和中部地区专业群建设质量评价指数平均得分要高于西部和东北部，尤其是建设产出得分东部地区优势明显，如图5-2所示。

进一步加以分析得出，为实现产教深度融合，专业群与产业群高度对接，已经成为高职教育研究的重要方向。专业群与产业群的协同发展具有双向互动的关系，即强调两者通过联合、统筹、协调相互协作，完成某一目标，促进共同发展，进而实现双赢。因此，东部地区高职院校专业群评价指数整体高于中部、西部和东北部，

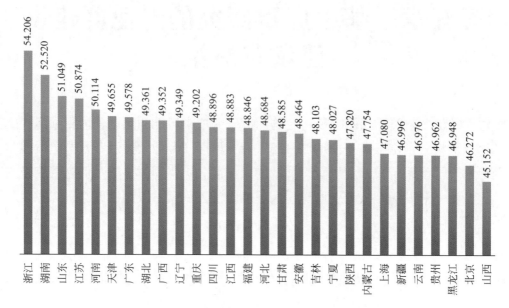

图 5-1　全国高职院校专业群评价指数地域分布

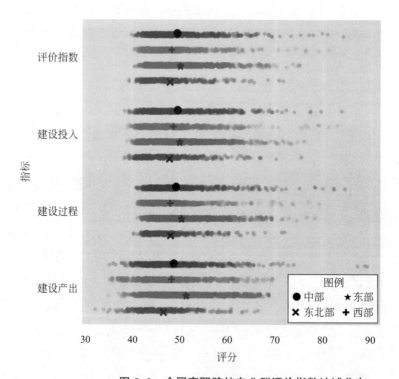

图 5-2　全国高职院校专业群评价指数地域分布

全国高职院校
专业群评价指数
地域分布

也进一步凸显东部地区良好的区位优势,以及较好的产业基础及较具竞争力的产业结构保持经济总量的领先优势。然而,运用可持续发展的观点分析不同区域的产业发展状况发现,由于不同地区环境状况、资源禀赋等不同,使得不同区域形成不同的产业结构,东部区域的加快发展也面临着若干客观存在的问题,包括日益突出的资源环境约束矛盾,土地、能源、劳动力等生产要素供给日趋紧迫,产业升级压力的增大,企业商务成本的居高不下等,都迫使东部产业结构的调整和升级,完成从规模扩张向结构提升的快速转变,而这一系列问题较其他区域相比表现得更为明显,或许成为东部地区高职院校评价指数分布差异较大,中部、西部和东北部院校评价指数分布较集中的可能原因。

# 第二节　基于所属专业大类的高职院校专业群建设研究

为进一步确定高职院校专业群评价研究成果可能的用途,接下来拟对全国高职院校专业群所属专业大类情况加以分析。如图 5-3 所示,按照全国高职院校专业群所属专业大类平均建设质量评价指数得分相对较高的分别是水利大类、轻工纺织大类、能源动力与材料大类、医药卫生大类等,得分相对较低的是公共管理与服务大类、公安与司法大类、旅游大类等;专业群建设质量得分较高且专业群建设数量相对较大的专业大类有装备制造大类、交通运输大类和医药卫生大类等。

其中,教育与体育大类专业群建设质量评价得分相对最高,平均 70.6 分;其次是水利大类、公安与司法大类、医药卫生大类等;省部级专业群中,得分相对较高的是水利大类、轻工纺织大类、医药卫生大类和交通运输大类等;地市级专业群得分相对较高的是土木建筑大类、文化艺术大类和医药卫生大类;从专业大类的角度看,装备制造大类、医药卫生大类、财经商贸大类和电子与信息大类专业群的得分在各个级别的得分较为均匀,说明这几类专业群建设质量稳定,差异不大,如图 5-4 所示。

进一步分析可以看出,山东省的水利大类专业群的建设质量评分相对最高,其次是重庆市的医药卫生大类、河南省的水利大类;从各省专业群建设质量特色来看,福建、广东省的轻工纺织大类专业群较为突出,广西壮族自治区较突出的是水利大类,湖南省较为突出的是交通运输大类,云南省较为突出的是能源动力与材料大类等;而浙江省多个专业大类的专业群建设质量得分都相对较高并且均衡,值得更进一步关注,如图 5-5 所示。

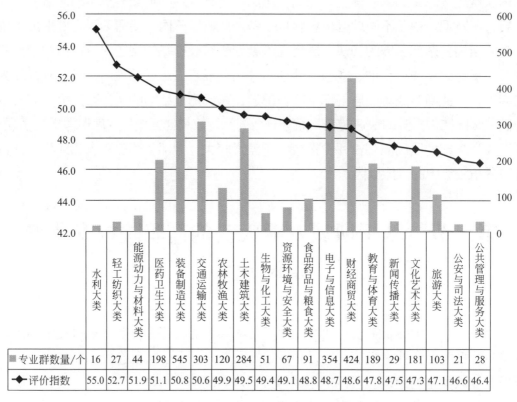

| | 水利大类 | 轻工纺织大类 | 能源动力与材料大类 | 医药卫生大类 | 装备制造大类 | 交通运输大类 | 农林牧渔大类 | 土木建筑大类 | 生物与化工大类 | 资源环境与安全大类 | 食品药品与粮食大类 | 电子与信息大类 | 财经商贸大类 | 教育与体育大类 | 新闻传播大类 | 文化艺术大类 | 旅游大类 | 公安与司法大类 | 公共管理与服务大类 |
|---|---|---|---|---|---|---|---|---|---|---|---|---|---|---|---|---|---|---|---|
| ■专业群数量/个 | 16 | 27 | 44 | 198 | 545 | 303 | 120 | 284 | 51 | 67 | 91 | 354 | 424 | 189 | 29 | 181 | 103 | 21 | 28 |
| ◆评价指数 | 55.0 | 52.7 | 51.9 | 51.1 | 50.8 | 50.6 | 49.9 | 49.5 | 49.4 | 49.1 | 48.8 | 48.7 | 48.6 | 47.8 | 47.5 | 47.3 | 47.1 | 46.6 | 46.4 |

图 5-3　全国专业群所属专业大类分析

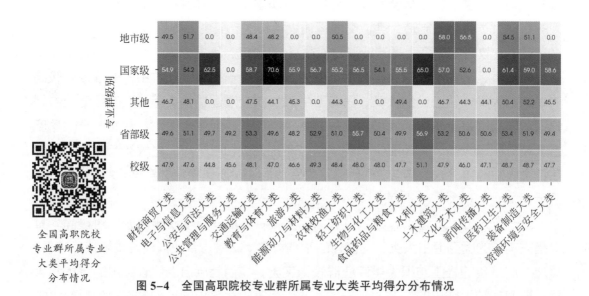

全国高职院校
专业群所属专业
大类平均得分
分布情况

图 5-4　全国高职院校专业群所属专业大类平均得分分布情况

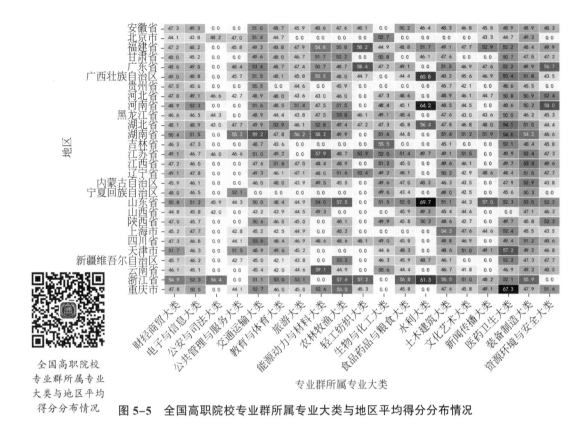

全国高职院校专业群所属专业大类与地区平均得分分布情况

**图 5-5　全国高职院校专业群所属专业大类与地区平均得分分布情况**

# 第三节　基于效益分析的高职院校专业群建设研究

为发挥典型示范引领作用，接下来拟使用高职院校专业群"建设产出评价得分"除以"建设投入评价得分"计算出"专业群建设产出投入得分比"，与此同时，结合高职院校专业群评价指数可以对"专业群建设效益"进行分析，如图5-6所示，可以看出，浙江省是综合建设效益相对较好的省份，其次，综合建设效益相对较好的还有江苏、广东等省份；值得注意的是，虽然湖南、山东和河南等省份专业群建设评价得分相对较高，但专业群建设产出投入比相对较低，说明这些省份在专业群建设过程中需要提升建群效率；然而，北京和上海是另外一种情况，属于专业群建设产出投入比较好，但其专业群建设质量评价得分却不高；最后一种情形是山西、贵州和黑龙江属于专业群建设产出投入比相对较低，同时专业群建设质量评价得分同样相对较低的省份。

就高职院校专业群所属专业大类分析结果来看，轻工纺织大类、装备制造大类、能源动力与材料大类和交通运输大类是专业群建设产出投入比较好且专业群建设质量评价指数得分相对较高的专业大类；水利大类和医药卫生大类是属于专业群建设产出投入比相对较低，但专业群建设质量评价指数得分相对较高的专业大类；而教育与体育大类和公安与司法大类的专业群建设产出投入比相对较低且专业群建设质量评价得分也较低，如图 5-7 所示。

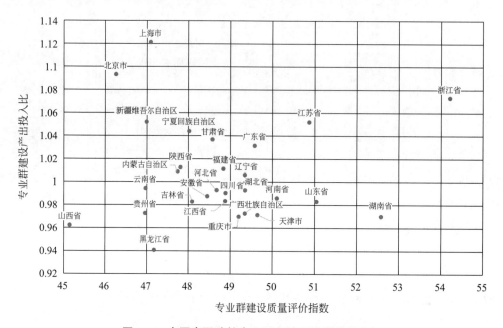

图 5-6 全国高职院校专业群各地区建设效益分析

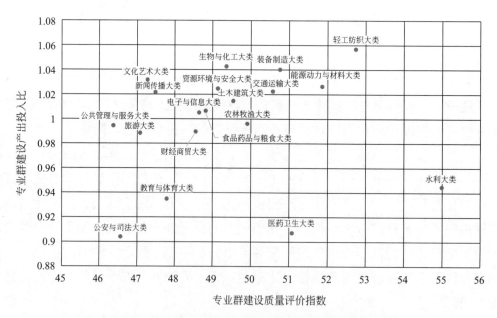

图 5-7 全国高职院校专业群所属专业大类建设效益分析

# 第四节　基于案例分析的高职院校专业群建设研究

案例研究方法是实地研究的一种方法，是研究者选择一个或几个场景为对象，系统地收集数据和资料，进行深入地研究，用以探讨某一现象在实际生活环境下的状况。适合当现象与实际环境边界不清而且不容易区分，或者研究者无法设计准确、直接又具系统性控制的变量的时候，回答"如何改变""为什么变成这样"及"结果如何"等研究问题。同时包含了特有的设计逻辑、特定的资料搜集和独特的资料分析方法。接下来，本节将运用案例研究方法，一方面，对专业群建设质量评价得分较好、专业群建设投入与建设产出之比相对较高的高职院校专业群；另一方面对具有典型特点的装备制造大类专业群建设案例进行深入分析，以期使高职院校能够更加清楚地把握专业群建设投入、过程和产出等方面的细节与重要因素，有助于高职院校对相似的案例进行相应的分析、判断与借鉴。

## 一、浙江金融职业学院金融管理专业群：高质量社会服务推动专业群建设取得良好成效

浙江金融职业学院金融管理专业群属于国家级专业群，该专业群通过专业群建设质量模型评价得分见表 5–1，可以看出，总体建设质量评价指数为 68.970 分（评价指数是绝对评价得分，得分范围 0 ~ 100 分），标准得分 3.332 [ 标准得分表示相对评价得分情况，标准得分大于 0 说明评价高于平均水平，小于 0 说明评价低于平均水平，计算公式同式（3–1）]，标准得分大于 3，说明该专业群综合建设评价在全国 3084 个专业群中较高。从二级指标标准得分上看，都大于 0，说明该专业群整体高于全国平均水平。其中，"课程建设"评价得分为 86.358 分，标准得分为 3.897分，参考该专业群在国家级专业群建设方案中的建设内容及举措中可以看到，该专业群通过"构建书证融通的专业群课程体系，校企共建优质数字化教学资源"和"融入金融行业新技术、新业务、新规范，推动教材、教法创新"等举措，在课程建设上取得了较好的成效。另外，"实习实训"通过"融入金融行业资源要素，校企共建开放共享的校内外实践基地"举措、"社会服务"通过"着力产业转型升级与金融教育培训，提供高质量社会服务"举措都取得了专业群建设的较好成效。

表5-1　浙江金融职业学院金融管理专业群建设质量评分分析

| 项目 | 一级指标<br>（得分）<br>（标准得分） | 二级指标 | 二级指标得分 | 标准得分 | 建设内容及举措<br>（详见案例） |
|---|---|---|---|---|---|
| 评价指数<br>（68.970）<br>（3.332） | 建设投入<br>（71.618）<br>（3.490） | 教学资源 | 73.079 | 3.873 | — |
| | | 组织特征 | 83.049 | 2.446 | — |
| | | 群负责人 | 69.068 | 1.400 | — |
| | 建设过程<br>（66.346）<br>（2.876） | 师资建设 | 53.583 | 0.508 | — |
| | | 课程建设 | 86.358 | 3.897 | — |
| | | 实习实训 | 65.573 | 2.011 | — |
| | 建设产出<br>（57.065）<br>（1.070） | 社会服务 | 62.031 | 1.333 | — |
| | | 学生发展 | 49.606 | 0.031 | — |
| | | 学生就业 | 54.464 | 0.387 | — |

## （一）建设基础

浙江金融职业学院金融管理专业群由金融管理、国际金融、农村金融、互联网金融、信用管理五个专业组成，其中，金融管理专业是国家首批示范校重点专业和省级优势专业，国际金融是省中外合作示范与省级特色专业，农村金融专业是省级特色专业，信用管理是校级特色专业，2016年新设的互联网金融专业是重点校品牌专业。专业群建设成果丰厚，成效突出，为金融行业培养输送了大批优秀的技术技能型应用人才，形成了全国高职金融类专业建设的品牌与特色优势。

### 1. 优势特色

（1）金融人才培养的品牌优势。浙江金融职业学院的考生第一志愿报考率100%、录取分数居同类高职院校第一、毕业生就业率98%以上、就业起薪高，社会认可度高。累计培养了一大批杰出校友，100余名校友成为省级分行行长及以上领导，5000余人成为支行副行长以上干部，被誉为"行长摇篮"。学生在历年全国大学生银行业务技能国赛中均获一等奖，彰显了"金融黄埔军校"的人才培养品牌。

（2）专业内涵建设的引领优势。浙江金融职业学院主持金融管理、互联网金融、农村金融3个国家专业教学标准的修订与制定工作，引领全国金融职业教育标准建设工作。"高职金融专业国家级数字化教学资源研发与应用"等3项教学改革项目获得国家级教学成果二等奖，主持教育部互联网金融行业人才需求预测暨专业设置指导报告，引领全国金融类职业院校人才培养改革。建有金融管理专业核心课程国家级教学团队1个；主持金融专业、金融专业升级改进、互联网金融专业3个国家教学资源库建设项目；拥有"现代金融概论"等国家精品资源共享课 5 门；建设"金融服务礼仪"等省级精品在线开放课程 4 门；主编《金融基础》等"十二五"职业教育国家规划教材 9 本，引领金融专业国家级教学资源开发建设。

（3）助力地方金融发展的地位优势。拥有国家社科基金项目 2 项、国家博士后科学基金 1 项；《对"十三五"期间浙江省地方金融业发展的若干建议》等 3 份研究报告获省领导批示，引领高职院校金融理论与应用研究。输送了 3 万余名优秀经济金融人才，依托金苑培训中心、中国邮政储蓄银行培训基地等校企合作培训服务机构，年均培训 1 万人天次，成为输送高素质金融从业人员、助推地方金融产业转型升级发展的人才培养培训首选基地。

**2. 机遇与挑战**

（1）数字普惠金融创新发展为专业群建设提供了新动能，对教师专业能力提升提出了新挑战，专业群根据数字普惠金融创新发展的要求，调整专业群岗位面向。服务国家乡村振兴战略，新增驻农综合服务、小额信贷等人才培养方向；服务浙江数字经济"一号工程"，新增服务金融机构和新型互联网企业的数据营销、智能风控等人才培养方向；服务"一带一路"建设，优化国际结算和外汇交易等人才培养规格；服务信用浙江建设，优化征信专员和信用评级等人才培养规格。契合人才培养方向、优化人才培养规格的诉求为专业群建设提供新动能，对校内外专兼职教师专业能力提出更高的要求。教师不仅要具备持续强劲的学习创新能力，更要时刻关注最新科技动态发展和应用对金融业务的渗透与改造，对专业群"双元共享"双师型教学队伍建设提出新挑战。

（2）大数据、人工智能、区块链等先进技术在金融领域的广泛应用，对金融人才培养提出了新要求，对学生职业能力提出了新挑战。以人工智能为主的新技术对金融行业带来的智能化、个性化、精细化影响，对金融从业人员的职业素养提出更高要求。专业群培养的人才需要契合金融业态变化对职业能力提出的新诉求，具备对大数据、人工智能等先进技术熟练应用的素养。这为专业群人才培养目标定位进行供给侧结构性改革提供了机遇，也给专业群学生综合业务素质、岗位迁移、前瞻思维以及创新学习等职业能力培养带来新挑战。

（3）"互联网 +"在教育领域的深度应用，为金融人才培养提供了新模式，对金融专业教学有效性与针对性提出了新挑战。"互联网 +"在教育领域的深度应用，使人人、时时、处处的泛在学习模式成为现实；移动互联网、大数据、人工智能技术的发展，使线上线下、虚拟现实教学成为可能，为多样化、差异化、个性化的人才培养提供了技术支撑，"云物大智"为专业群人才培养提供新模式。如何充分利用移动互联网的优势，探索全程"双元"育人，开展"以学生为中心"教学，成为专业群教学模式创新的新挑战。

## （二）组群逻辑

### 1. 专业群与产业（链）的对应性

金融业作为现代服务业的核心，对支持实体企业和其他服务行业发展具有重要作用。《服务业创新发展大纲（2017—2025年）》指出要"大力发展普惠金融，鼓励发展科技金融、绿色金融，规范发展互联网金融"，"推动金融机构数字化转型，探索区块链等金融新技术研究应用"，"积极稳妥推进金融产品和服务模式创新，有效防范和化解金融风险"。国家战略规划的推进实施及现代金融产业的创新发展，离不开专业人才队伍建设。为更好地服务"一带一路"企业走出去，服务乡村振兴战略，服务小微企业，对接浙江万亿金融产业发展布局，适应"人工智能+"金融服务金融人才培养提出的新要求，金融管理专业群面向现代金融服务业，立足数字普惠金融等产业高端，构建以"数字金融+普惠金融"融合共生的专业群，提升人才培养质量，提高金融服务精度与广度。

### 2. 专业群人才培养定位

面对"互联网+"时代金融服务模式的变革对金融教育提出的新要求，专业群坚持产教融合、校企合作，工学结合、知行合一，培养思想政治坚定、德技并修、全面发展，适应现代金融产业发展和服务实体经济需要，具备相应素质要求、知识要求和技术技能要求，面向金融机构、类金融机构和互联网金融企业一线的高素质技术技能人才。依据《国民经济行业分类》，金融管理专业群人才培养定位面向货币金融服务业（66）的银行服务人员（4-05-01）、其他金融业（69）的金融服务人员（4-05-99）岗位群。其中金融管理专业主要面向金融机构一线柜员岗和客户经理岗，国际金融专业主要面向金融机构国际结算岗和外汇交易岗，农村金融专业主要面向村镇银行、农村合作金融机构小额信贷岗和驻农综合服务岗，互联网金融专业主要面向传统金融机构、新兴互联网金融企业数据营销和智能风控等业务岗，信用管理专业主要面向征信公司、融资担保公司等各种类金融机构征信专员岗和信用评级岗。

### 3. 群内专业的逻辑性

金融管理专业群基于大数据与普惠金融服务需求，以金融管理专业为核心，与国际金融、农村金融、互联网金融、信用管理等专业组成职业岗位紧密结合的专业群，五个专业共享教学资源，打造精于技能、专于岗位、深于业务的金融产业生力军。专业群五个专业共同面向现代金融服务业，专业之间具有经济金融、互联网金融与人工智能等相同的基础知识要求，具有能沟通、懂礼仪、服务意识强等相同的职业素养要求。专业群五个专业之间具有人才培养的差异化定位。金融管理专业聚焦金融机构一线，培养精操作、善理财的金融工匠人才；国际金融专业服务"一带一路"建设，培养外语精通、国际业务娴熟的国际金融人才；农村金融专业响应"乡村振兴"战略，培养扎根农村、服务"三农"的小微金融人才；互联网金融专业瞄准"数字化、智能化应用"，培养精通互联网信息技术、熟悉新金融产品创新的金融科技人才；信用管理专业专注社会信用体系与良好信用生态环境建设，培养能从事征信与信用评级的信用管理人才，如图 5-8 所示。

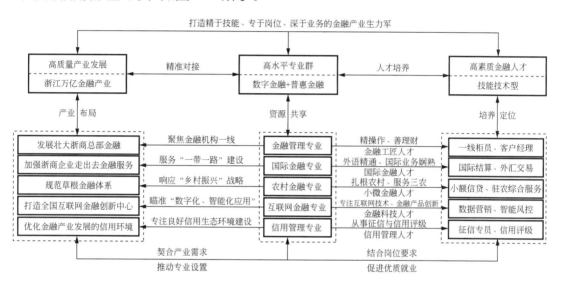

**图 5-8　金融管理专业群组群逻辑图**

## （三）建设内容与实施举措

### 1. 校企共建产业二级学院，创新"双元共享、知行合一"的专业群人才培养模式

（1）专业群与金融机构合作，成立数字普惠金融产业二级学院。专业群契合数字普惠金融和浙江万亿金融产业发展的人才需求，以产教融合为主线，以现代学徒制人才培养为抓手，基于一流技能型、复合型、精英型金融人才培养目标定位，以高水平、结构化教师教学创新团队为依托，重构课程体系，改革教学方法，打造高水平实践教学基地，推进国际化交流与合作，制订全程双元式人才培养评价体系。专业群从人才培养与社会服务的双重视角，与金融优势企业共建数字普惠金融产业二级学院，建立校企合作新型战略伙伴关系，打造集人才培养、科学研究、社会服务于一体的育人平台，形成"双元共享、知行合一"的专业群人才培养模式。

（2）基于"德技并修、知行合一"的人才培养目标定位，实施"双元共享"育人模式。①校企共同打造教师教学创新团队。金融管理专业群三分之一以上师资来自金融企业和校内教师组成一支知识结构合理、业务结构多元、年龄与职称结构呈正态分布的高水平、结构化教师教学创新团队。②校企共建共享数字化教学资源。金融管理专业群根据五个专业对应的职业岗位，以工作任务和职业能力为划分依据，重构专业群课程体系，共同开发对接金融职业岗位标准的数字化教学资源，将岗位工作场景转化为数字化模拟应用场景，解决实践教学难题。③校企共建共享"行校一体"实践教学基地。通过建设"校中行"、与紧密型合作企业共建"企中校"校企合作模式，共建集金融业务实训教学、金融企业真实服务、企业员工职业培训与行业企业技术服务功能为一体的实践教学基地，实现学生在工作中学习，在学习中工作。④校企共同实施以学习者为中心的教学方法改革。校内专业教师与校外兼职教师共同承担课程教学任务，以学习者为中心，开展基于金融机构各项业务工作过程的"做中学、学中做"教学改革，实现产业要素与专业知识的有机结合，提升教学效果，提高教学质量。⑤校企双元评价学习者学习成效。依托高水平、结构化教师教学创新团队，校企共同开展对学生、企业员工业务知识掌握度、培训目标达成度、岗位职业能力提升度的全方位评价，提高学习者的职业素养和专业能力，共同培养适应金融行业发展需要的产业生力军。在全面实施"双元共享、知行合一"的金融管理专业群人才培养基础上，研制金融管理专业群教学标准，形成在全国可借鉴的模式。研制金融管理专业群职教本科专业标准，探索开展本科招生试点工作，形成可供推广的金融管理专业群职教本科专业标准范式，如图 5-9 所示。

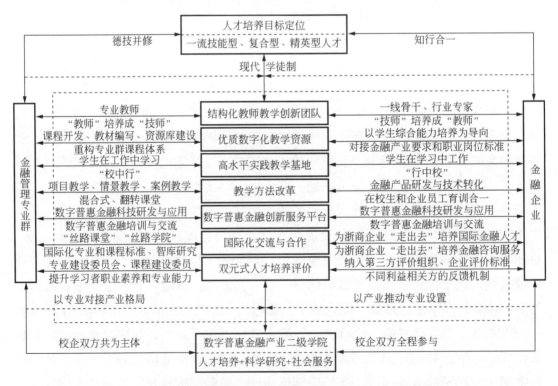

**图 5-9 金融管理专业群"双元共享、知行合一"人才培养模式**

## 2. 构建书证融通的专业群课程体系，校企共建优质数字化教学资源

（1）书证融通，构建多层次、互通式的专业群课程体系。对接国家学分银行，开展"1+X"试点工作，以金融产业需求、企业岗位要求和职业技能等级标准为依据，在岗位职业能力分析的基础上，按照"专业群共享课程 + 专业特色课程 + 岗位能力迁移课程 + 证书培训课程"的架构，系统设计专业群课程体系，培养学生综合素质，使毕业生在获得学历证书的同时即可获得两、三本职业技能等级证书。专业群共享课程以促进学生掌握专业基础知识、提升学生综合职业素养、培养与训练学生创新精神、创新意识、创新创业能力为目标，设置经济学基础、金融基础、金融科技概论、金融职业技能、金融服务礼仪、金融服务营销、人工智能概论、创新创业指导等 8 门专业群共享课程。专业特色课程是专业群内体现各专业人才培养特色设置的专业核心课程，其中，金融管理专业主要包括银行产品、商业银行风险防范与案例分析、银行会计实务、商业银行综合柜台业务、个人理财等课程；农村金融专业主要包括"三农"经济、农村金融基础、小额信贷实务、农商银行柜台业务、农村金融风险与合规等课程；国际金融专业主要包括国际金融实务、外汇交易实务等课程；互联网金融专业主要包括大数据金融、互联网金融支付、网络借贷与众筹、互联网金融产品运营、互联网金融法律法规；信用管理专业主要包括征信理论与实务、信用数据处理、信用评级、信用管理实务、信用风险管理等课程。岗位能力迁移课程是为了满足学生职业岗位多样化选择以及获得多个职业技能等级证书需要，实现群内五个专业岗位群的互融互通，提升专业人才岗位迁移能力而设置，每个专业提供 3 门岗位迁移课程供群内其他专业学生选择。其中，金融管理专业提供银行产品、商业银行综合柜台业务、商业银行风险防范与案例分析课程；农村金融专业提供"三农"经济、小额信贷实务、农村金融风险与合规课程；国际金融专业提供国际结算操作、外汇交易实务课程；互联网金融专业提供互联网金融支付、网络借贷与众筹、互联网金融产品运营课程；信用管理专业提供征信理论与实务、信用管理实务、信用评级课程。证书培训课程对接职业技能等级证书，满足学生考证需要，对专业课程未涵盖的内容或需要特别强化的实训而设置，职业技能等级证书培训课程也可以作为社会人员职业技能等级考证培训选用，如图 5-10 所示。

（2）以学生综合能力培养为导向，校企共建优质数字化教学资源。从产业需求视角，面向金融企业典型工作任务和业务流程开展顶层设计，将金融行业领域的新技术、新业务、新规范和金融职业技能等级证书培训内容有机融入课程教学内容，开发专业群课程标准。升级金融专业、互联网金融专业国家教学资源库，校企共同开发 20 门优质数字化课程与教学资源，资源类型包括课程标准、电子教材、电子教案、教学课件、教学录像、课堂实训、习题试卷、企业案例、动画视频、参考资料、虚

拟仿真等，将金融产业新变化转化为数字化教学资源新要素，有效满足学习者的泛在学习需求。

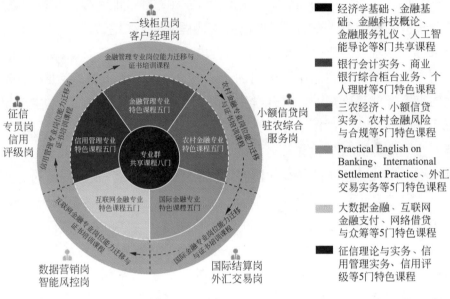

图 5-10　金融管理专业群书证融通，多层次、互通式课程体系结构图

### 3. 融入金融行业新技术、新业务、新规范，推动教材、教法创新

（1）融入金融行业新业务、新规范、新技术，校企双元合作开发编写专业群规划教材、新形态教材、专业群特色教材。与大中型商业银行、地方中小商业银行等金融机构合作，依托高水平、结构化教师教学创新团队，校企共同开发专业群课程的金融特色教材，主编出版规划教材、新形态教材。在教材建设中融入移动支付、智慧柜台、超级柜员机、微信银行、人民币跨境支付、电子商业汇票、网络借贷等金融行业新业务、新规范、新技术。针对商业银行综合柜台业务、小额信贷实务、互联网金融营销等典型工作任务特色鲜明的课程开发工作手册式教材，突出工作任务导向。针对互联网金融基础、国际金融实务等内容更新频率高、案例运用广泛的课程开发活页式教材，及时补充行业新规与热点素材。适应互联网＋职业教育发展需求，开发基于金融专业、互联网金融国家级专业教学资源库平台、中国大学MOOC平台、新金融业务虚拟仿真实训平台的数字化课程配套教材。

（2）专业课程教学内容对接金融制度、产品创新与业务流程，系统进行教学活动设计。对接专业群人才培养目标定位，校企合作设计课程体系，将课程内容与金融行业职业标准对接，教学过程与金融业务流程对接，以学生为中心，对接金融制度、产品创新和业务流程，完成金融基础、互联网金融、金融职业技能、金融服务礼仪、金融服务营销、人工智能概论等专业群共享课程，以及商业银行综合柜台业务、小额信贷实务、国际金融实务、互联网金融法律法规、征信理论与实务等专业特色课程的教学活动设计，一两项职业技能等级证书培训课程的教学活动设计，提高教材教案一体化程度，并运用于教学实践。强化学生主体作用，调动学生积极性，将教学活动的中心由"教"转变为"学"，引导学生养成严谨专注、敬业专业、精益求精和追求卓越的品质。

（3）激发学习者学习主动性、有效性，开展多类型教学教法的创新运用。以金融专业、互联网金融国家级专业教学资源库、中国大学 MOOC 等为平台，运用虚拟现实、大数据、云计算、人工智能等现代信息技术，围绕"教、学、训、赛"等实际教学活动重组教学资源，将金融管理专业群面向的岗位工作场景转化为数字化模拟应用场景，采用线上线下混合式教学、项目教学、情景教学、案例教学等多种教法，推广实时互动、翻转课堂、移动学习等信息化教学模式，促进自主、泛在、个性化学习。建设智能化的课程教学与实训管理系统，采集和分析教学过程行为数据。

**4. 建立大师和名师工作室，打造高水平、结构化教师教学创新团队**

（1）引进与培养联动，构建"顶尖专家学者、双专业带头人、双师教师"三位一体高水平、结构化教师教学创新团队。依托浙江省级"双师型"教师培养培训基地，制订金融管理专业群"双师"资质标准。以"青蓝工程"师徒制为抓手，强化新教师的入职培训和职业融入。依托金融国培、省培和校培，对专业教师开展素养与能力提升培训。教师每年至少 1 个月在企业或实训基地实训，以 5 年为一周期开展全员轮训，建立教师校企轮训"学分银行"。教师到企业挂职锻炼，将"教师"培养成"技师"。完善企业员工与骨干教师兼职兼薪制度，兼职教师和兼职员工均挂牌管理，校企教师双向流动，教师队伍专兼合作常态化。确立兼职教师聘任和管理考核标准，提升兼职教师教育教学能力，培育职业导师和行业名师。兼职教师到学校挂职，将"技师"培养成"教师"。与金融机构、金融科技企业合作，柔性引进企业行业领军人才、大师名匠、高技能人才，不断激发专业教师成长动力，教师年龄与职称结构方面符合正态分布规律，打造"顶尖专家学者、双专业带头人、双师教师"的"三位一体"的高水平、结构化教师教学创新团队。

（2）以指导、实战、培训与孵化为途径，全面提升教师队伍创新能力与社会服务能力。建设倪晓英茶艺服务礼仪国家级技能大师工作室及"30 秒蒙面点钞"吉尼斯世界纪录创造者、"大行工匠"卓敏静为代表的行业杰出技能大师工作室和杰出校友工作室，发挥示范引领作用，共同指导金融企业新产品研发、技术成果转化与应用、流程改造，提升专业教师实战能力。以"千人大金融智库"中"会科研、能服务"教师队伍建设为抓手，培养胜任企业咨询和行业智库的教学名师及行业有权威、国际有影响的专业群带头人，承担行业企业科技攻关项目，提高专业群社会服务水平。

探索建立规模小、资源轻、反馈快的创新型教师团队孵化机制，提高教师创新创业能力。对接国家级、省市级及行业学生创新创业竞赛，鼓励企业深度参与、师生共建、创意驱动。为教师提供金融专业融入性创业导师培训，将教师培养成"导师"，提升教师辅导学生竞赛与创业水平。设立创新创业特色容错机制和灵活的绩效考核机制，校企合作设立专项资金，为教师团队技术、产品、服务等创新及成果转化、推广应用等提供项目激励和成果奖励。

（3）协作分工组建模块化师资队伍，引领全国高职金融类专业教师队伍发展。全面落实《新时代高校教师职业行为十项准则》，融入学校尚德、精业、爱生的教风，强调政治素养、行为规范、学术道德等要求，培养有理想信念、有道德情操、有扎实知识、有仁爱之心的好老师，打造"四有"高素质师资队伍。专业群分工协作，组建模块化师资队伍，多个教师同上一门课，将人才培养工作做实、做细、做深。依托学校"丝路课堂"和"丝路学院"平台，组织教师海外研修，提高教师国际化视野，打造双语教师。当前数字普惠金融创新发展、金融新业态不断涌现，高职长学制人才培养、金融专业群学生扩招、"1+X"项目实施，对教师提出全新要求。专业群对标以上开拓性工作，全面提升专兼职教师专业基础知识水平、行业前沿知识水平、金融产品设计研发能力和技术应用转化能力。依托教育部金融行业指导委员会，设计金融专业群教师能力提升方案，通过认证、培训、交流、轮训等形式，带动全国特别是中西部地区教师能力提升，引领全国金融类专业教师队伍发展。

**5. 融入金融行业资源要素，校企共建开放共享的校内外实践基地**

（1）校企共建共享高水平校内实训基地，让学生在工作中学习。①引行入校，建设"校中行"。依托浙商银行总部客服中心，银行师傅一对一指导，校内学生以"准员工"身份从事银行电话客服与产品营销工作，在工作中学习，在真实业务处理过程中提高沟通能力与营销能力。②金融行业全要素融入，与优势金融特色企业合作改建外汇业务综合实训中心、货币鉴别实训室、金苑信贷中心、现代柜员实训中心等校内实训基地；新建金苑智慧银行、金融科技创新实验室、智能信用评估中心等校内实训场所，建设校内浸润式金融企业职业场景，开展存贷款、结算、智慧网点客户服务、大数据金融营销、智能风控等典型金融业务操作练习，寓劳动教育、工匠精神传承、学生职业能力培养于一体，提升学生职业素养。③依托校内实训基地，专业教师开展以工作任务导向的教学模式改革创新实证研究。与优势特色金融企业共建校内培训中心，对接金融职业技能等级证书试点工作，开展银行员工培训与校内学生考证培训，申报设立金融职业技能等级证书考核点，与培训评价组织联合开展证书考核工作。

（2）校企共建共享紧密型校外实习基地，让学生在学习中工作。①与紧密型合作企业共建"企中校"。与杭州联合银行共建"联合菁华学徒班",校银联动,工学结合,培养村镇银行现代学徒;与杭州有数金服等共建"数字信用学徒班",校企协同,知行合一,培养信用数据经理现代学徒。学生在学习中工作,提升职业意识与职业能力,实现学校、企业共育金融人才的培养目标。②在满足学生认识实习、跟岗实习、顶岗实习等实践功能需求基础上,依托数字普惠金融产业二级学院平台,拓展校外实习基地"产学研培"四位一体功效,实现"产学结合、工学结合、教研结合、研培结合、学研结合",发挥实习基地协同创新效应。③创新校外实习基地实践教学管理模式,建立和完善实习基地的质量监控、评价和反馈体系,加强实习实践的过程管理,强化对行业指导教师、合作企业的监督与考核,保障学生的实习效果。

### 6. 聚焦金融科技,打造金融技术技能创新服务平台

(1)校政行企共建共享,组建数字普惠金融技术技能研发团队。依托学校万亿金融产业协同创新中心,构建数字普惠金融科技研发团队。金融管理、国际金融专业联合金融优势企业、浙江省地方金融监督管理局等金融机构组建地方金融产品研发团队;互联网金融专业联合杭州有数金融服务有限公司(清华长三角研究院)等企业建设互联网与大数据金融研发团队;农村金融专业联合浙江省信用联社等金融机构,组建小微金融研发团队;信用管理专业联合浙江省发改委信用办、华夏邓白氏商业信息咨询公司等组建信用指标体系构建研发团队,政校行企共建共享研发成果。

(2)建设技术技能创新服务平台,开发移动客户端和PC端平台服务功能建设浙江省数字普惠金融技术技能创新服务平台,开发平台PC端,逐年完成企业评级信息公示查询模块建设、技术论坛信息发布与报名模块、企业培训课程、咨询服务推广模块、打造行业资讯与新闻研报发布模块等功能模块建设。开发平台移动客户端,选择平台(iOS或者Android)开发一款App,构建移动App的任务,确定App服务功能,分年度完成App中的技术论坛信息发布与报名、企业评级信息公示查询、行业咨询与新闻研报发布等模块建设。

(3)发挥研发团队智力优势,开展金融产品和信用产品研发,做强科技金融研发团队,在浙江省金融办指导下,开展校地合作,服务浙江科技金融创新,为浙江省地方金融机构数字化转型升级提供指导。做优小微金融和地方金融产品研发团队,联合大数据、人工智能企业,为浙江省地方金融机构构建金融风控模型、研发金融产品。做优信用指标体系研发团队,开发拥有独立知识产权的大数据信用评估指标体系,服务长三角中小微企业转型升级。

### 7. 着力产业转型升级与金融教育培训,提供高质量社会服务

(1)推动创新产品应用,服务金融产业转型升级。开展大数据信用评级应用与

推广工作，实现信用评估指标体系的成果转化，与资信评估机构深度合作，为浙江省中小企业提供信用评级服务，助力良好信用生态环境建设。承接浙江省人力资源行业协会的浙江省人力资源行业星级评定项目，每年完成20家国家级人力资源企业的星级评定任务，在全国人力资源博览会进行技术推广；每年发布人力资源上市公司深度分析报告，为人力资源企业提供参考咨询。依托AI金融工作室、互联网金融综合实训中心等产教融合载体，合作研发基于人工智能的金融应用产品。

（2）开展金融师资与行业员工培训，提升社会服务品牌。依托中国农业银行培训中心等培训基地，提供金融业务、金融管理等专项培训服务，助推金融行业员工业务能力及转岗能力提升。以"区域金融创新与普惠金融发展"等论坛为载体，开展系列研讨交流活动，为金融从业人员提供前沿理论与实务指导。建设金融科技创业导师培训基地、金融管理专业群"双师"教师培养培训基地，开发培训资源包，开展中高职财经类专业师资培训，提升专业教师的教育教学能力、专业能力。开展金融教育精准扶贫，引领中西部金融教育发展；通过选派扶贫干部，助推中西部地区金融教育发展，提升对口帮扶地区教育质量。

（3）金融知识进社区、进农村，提升社会大众金融风险防范能力。通过学生暑期社会实践活动，师生共同开展面向社区的投资理财风险防范宣讲，引导大众理性投资，防范金融风险。借助根植于全省乡村的丰收驿站、便民驿站，开展金融知识"三下乡"活动，对农村地区扶贫对象进行金融知识培训和理财意识培养，实施金融"精准扶贫"，支持乡村振兴。

**8. 深度融入"一带一路"建设，提升金融管理专业群国际化水平**

（1）面向外资企业与"走出去"中资企业培养国际金融人才，为"一带一路"建设提供人才支持。依托国际金融专业省示范性中外合作办学项目，深化金融管理专业群与澳大利亚阳光海岸大学等国外院校的合作，在引入外方课程、教材、师资等先进教育教学资源的基础上，中澳联合开发双语国际金融专业标准和课程标准，开发 International Settlement Practice（国际结算操作）、Banking and Monetary Policy（货币银行学）等双语课程的课件、习题、案例、教材、视频等教学资源，提升中澳联合人才培养质量，面向外资企业与"走出去"中资企业输送能从事国际结算、外汇交易等业务操作的国际金融人才。依托学校设立的"丝路课堂""浙金院丝路学院"，以服务浙江万亿金融产业产学研协同创新中心为载体，在东盟、中东欧等地区为"走出去"中资企业员工提供金融科技领域的业务和技术技能培训，为"一带一路"建设共同培养可双向交流的金融人才。

（2）推进互联网金融专业课程资源国际化应用，为"一带一路"国家职业教育提供中国方案，发挥专业群优势地位及国家教学资源库平台的资源共享与辐射功能，面向东南亚、中东欧等"一带一路"国家高校，开发双语版互联网金融专业标准和课程标准。开发国际版金融科技培训包，建设互联网金融专业国际化课程资源，并推进课程资源的国际化应用，扩大专业群的国际影响力，提供职业教育发展的中国方案。

（3）面向"一带一路"国家开展智库研究及国际交流活动，为"一带一路"建设提供金融咨询服务，依托学校捷克研究中心，开展中东欧人民币国际化、中资银行服务中东欧企业、信用体系建设国际化等辐射"一带一路"国家的智库研究。与国外高校开展教学科研、学生交流等合作，促进教研成果、金融文化的传播交流。与义乌丝路新区管委会开展政校企合作，进行丝路金融文化、区域性跨境金融结算、贸易融资等专题研究，为浙商企业走出去提供金融咨询服务。

**9. 强化质量保证体系和动力机制建设，为专业群可持续发展提供机制保障**

（1）推进专业群教学诊改工作，强化专业群人才培养内部质量保证。通过完善金融管理专业群内专业的诊改目标链与标准链，将专业建设与学校常态的教学诊改工作进行有机结合。依托学校智能校园和教学质量诊改平台，利用大数据、人工智能等技术手段，构建以专业、课程、教师、学生为对象的大数据管理中心与教学质量监控体系，优化教学质量监控机制。将教学质量形成的过程数据、结果数据及时载入系统，集成教学数据分析、教学过程管理等功能。将有关信息分别反馈给不同主体对象，以调节和改进教学管理或教学活动，提高人才培养质量。借助学校与企业双元主体，分析评判人才培养效果及培养目标的达成度，发现存在的不足，开展周期性诊断与改进，确保专业人才培养契合金融产业发展需要，形成专业群可持续发展的内部质量保证。

（2）开展第三方社会评价，强化专业群人才培养的外部质量保障。与金融行业协会、专业第三方评价组织合作，推进专业群办学质量监测与人才培养质量评价，完善学生成长跟踪评价、毕业生跟踪反馈、用人单位满意度调研等反馈机制，深化专业群建设外部质量保障。校企共建专业建设委员会、课程建设委员会，对金融行业协会、专业第三方评价组织反馈的问题进行科学分析，完善专业群人才培养管理机制，保障人才培养质量满足行业需求。

（3）激发改革创新动力，强化专业群建设管理的机制保障。依托数字普惠金融产业二级学院，进一步整合和集聚"政校企行"资源，为专业群可持续发展提供人、财、物保障。完善专业群内部管理体系，进一步简化相关管理流程，建立动态、开放、灵活的管理机制，以适应现代教学管理提倡的"柔性化""服务化""人本化"的需求，为师生改革创新提供环境支撑。建立健全项目绩效考核评价和激励机制，激发教师从事教学改革、技术研发、政策咨询服务的积极性与主动性，为专业群改革创新提供内生动力。对接高水平专业群建设目标，制订严格的绩效考核评价制度，确保高水平专业群建设项目顺利完成。

## 二、杭州职业技术学院电梯工程技术专业群：多举措提升师生技术技能创新能力，提高专业群建设产出绩效

杭州职业技术学院电梯工程技术专业群属于国家级专业群，该专业群通过专业群建设质量模型评价得分（见表 5-2）可以看出，总体建设质量评价指数为 54.795分（评价指数是绝对评价得分，得分范围 0 ~ 100 分），标准得分 0.921 [ 标准得分表示相对评价得分情况，标准得分大于 0 说明评价高于平均水平，小于 0 说明评价低于平均水平，计算公式同式（3-1）]，说明该专业群综合建设评价处在全国 3084个专业群的中等偏上水平。但从一级指标评价得分上看，建设产出明显高于建设投入，说明该专业群投入产出效能比较高，该专业群的建设是具有一定特色的。具体来看，"建设产出"的二级指标标准得分都大于 1.3，说明该专业群建设产出明显高于全国平均水平。其中，"社会服务"评价得分为 79.540 分，标准得分为 3.164 分，说明专业群建设产出的社会服务成效较高，社会服务成效较高主要体现在"专利授权数量"上，说明专业群的成果转化成效较好，体现了较高的服务发展水平；另外"学生发展"主要体现在"学生技能大赛获奖数量"得分较高；"学生就业"主要体现在"起薪线"得分较高，说明专业群在人才培养上取得了很好的效果，企业认可度高。通过该专业群在国家级专业群建设方案中的建设内容及举措中可以看到，该专业群以"建载体、创机制"为举措，打造技术技能创新平台。聚焦电梯产业转型升级和公共安全需求，以加强应用研究、集成创新和成果转化为抓手，建设"四中心一平台"，打造电梯工程技术专业群技术技能创新载体。建立行企校创新资源协同供给机制，构建多层次、多渠道、高水平的创新资源集聚模式。以技能大师工作站为引领，重点建设大师工作站和学生创新中心，全面提升师生技术技能创新能力等举措提高专业群建设产出绩效。

### （一）建设基础

#### 1. 优势与特色

（1）行企校深度融合，体制机制全国一流。电梯工程技术专业群四大专业隶属特种设备学院、友嘉机电学院两大"产教融合特色明显、行业资源集聚度高"产业学院，构建了理事会领导下的院长负责制等一系列校企协同育人机制，运行已经超

过 10 年，效果显著。浙江省特种设备科学研究院及其下属企业、友嘉集团在杭州 12 家企业的相关部门成建制迁入学校，与市场高度接轨的产教融合型基地相继建立，实践能力超强的一线技师队伍常驻学校，源自典型岗位的教学资源全面融入。"特种方案"和"友嘉模式"得到领导高度赞扬，吸引了全国 800 多所高职院校来校交流考察。

表 5-2　杭州职业技术学院电梯工程技术专业群建设质量评分分析

| 项目 | 一级指标<br>（得分）<br>（标准得分） | 二级指标 | 二级指标得分 | 标准得分 | 建设内容及举措<br>（详见案例） |
|---|---|---|---|---|---|
| 评价指数<br>（54.795）<br>（0.921） | 建设投入<br>（53.096）<br>（0.579） | 教学资源 | 46.326 | −0.479 | — |
| | | 组织特征 | 47.887 | −0.128 | — |
| | | 群负责人 | 76.993 | 1.984 | — |
| | 建设过程<br>（56.479）<br>（1.207） | 师资建设 | 54.833 | 0.652 | — |
| | | 课程建设 | 51.334 | 0.216 | — |
| | | 实习实训 | 42.240 | −0.876 | — |
| | 建设产出<br>（71.503）<br>（3.118） | 社会服务 | 79.540 | 3.164 | — |
| | | 学生发展 | 61.973 | 1.345 | — |
| | | 学生就业 | 64.852 | 1.328 | — |

（2）育人成果丰硕，人才培养全国一流。电梯工程技术专业群构建了学历教育、从业资格培训、技能等级培训、检验员培训和管理员培训五大人才培养培训体系，打造了电梯专业人才培养的"杭职坐标"；全球电梯三巨头（美国奥的斯、瑞士迅达、芬兰通力）齐聚杭职，打破了电梯行业常见的互不协同布点的壁垒；全球前十大电梯企业中国区负责人现场考察学校人才培养工作；中国特种设备检验协会把杭职院的电梯人才培训体系向全国推广；全国兄弟院校的电梯专业学生来校培训，连续三年开展全国电梯专业师资能力提升班；电梯专业学生在大二就被企业抢订一空，在国内电梯行业内，形成了"电梯人才培养看杭职"的行业共识。

（3）设施设备先进，实训条件全国一流。电梯工程技术专业群与合作企业共建、共享、共管"一中心五基地"：国家电梯产品质量监督检验中心、杭州市公共实训基地、友嘉集团华东区数控精密加工基地、浙江省特科院电梯培训基地、奥的斯电梯华东区实训基地、杭州市 96333 电梯故障数据综合实训基地，设备总值超 9000 万元，年电梯培训 3 万人次，收入 1300 多万元；是全国首个集电梯制造、型式试验、安装、调试、维保、大修、改造及故障数据分析处理的生产性实训基地；是中国特种设备检验协会指定的全国电梯检验员培训考证基地及检验员、检验师能力提升基地。

（4）资源整合能力强，产学研用平台行业一流。整合省特科院行业资源优势和杭州职业技术学院技能人才培养优势，建立集技能培养与考核认证于一体的电梯人才培训认证中心（发证大厅整体迁入学校）。整合中国计量大学、国家电梯产品质量监督检验中心（浙江）研发资源，共建省内唯一的电梯评估与改造应用技术协同创新中心。杭州职业技术学院是浙江省特种设备安全与节能协会唯一高校副理事长单位，其电梯行业分中心秘书处常驻校内。与杭州市特种设备应急处置中心（96333）共建杭州电梯大数据中心，共享电梯故障案例数据，培养具有电梯故障分析、数据处理能力的复合型人才。

（5）双师互融度高，师资队伍素质行业一流。专业群与浙江省特科院、友嘉集团共建共享专家团队；现有专任教师 52 名，高级职称教师占比超过 50%，全国技术能手 1 名，浙江省首席技师 1 名，拥有 3 年以上企业工作经历的教师超过 70%；同时拥有 42 名来自企业一线的技师常驻学校（其中 3 名兼职教师曾荣获全国职业技能大赛育人标兵称号），平均从业年限超过 15 年。

（6）创新能力突出，社会服务全国一流。首创"校校企精准扶贫班"，得到省委领导批示、国家乡村振兴局（原"国务院扶贫开发领导小组办公室"）的肯定，被教育部评为"十二五"高校扶贫典型案例。开展南非留学生电梯技能培养项目，被南非工业总署誉为"中国最好的技能培训基地"，助力国内企业成功布局非洲。投资 2000 万元，建成全国首家特种设备安全科普教育基地，填补了特种设备科普教育的空白。主持和参与制定《电梯安装维修工国家职业技能标准》（编写组长单位）等技术规范及标准 5 项。完成了 G20 杭州峰会的电梯安全评估及保障任务，成功中标百万级的政府电梯安全隐患排查工程，协助企业完成了 500 台电梯评估改造。先后 4 次承办国家、省、市电梯技能竞赛，成为浙江省一类技能竞赛指定承办单位。

**2. 机遇与挑战**

（1）面临的机遇。①国家高度关注电梯安全。截至 2018 年年底，我国电梯保有量 628 万台，每天有 20 亿人次使用电梯。"出门第一步，回家最后一程"，电梯安全使用与百姓幸福生活息息相关。近年来电梯事故频发，引发社会高度关注。电梯进入老龄化时代，大量电梯进入"生命后期"，电梯故障困人事件频发，据 96333 电梯应急处置平台统计，仅杭州 2018 年共受理 67331 件，电梯应急处置共 13883 起，其中困人故障 7584 起，设备故障 6299 起，解救被困人员总计 15312 人，隐患数字触目惊心，严重影响百姓日常生活，关乎社会和谐，引发全国高度关注。基于此，国务院办公厅出台《关于加强电梯质量安全工作的意见》（国办发〔2018〕8 号），明确指出："强化维保人员职业教育，推进电梯企业开展维保人员培训考核，提高维保人员专业素质和技术能力"。②我国电梯产业基础雄厚。我国电梯整机、零部件的产量居全球第一。据中国电梯协会统计，2019 年，全国与电梯产业相关的企业达到15000 家，电梯从业人员超过 120 万人，全国电梯行业的年产值约 3000 亿元人民币，已经成为区域经济发展的支柱产业，带来了巨大的社会与经济效益。我国电梯保有量位居全球第一，已成为全球最大电梯消费市场，国外前十大电梯公司均在我国设立制造工厂及技术研发中心，带来了先进的技术和设备，培养了大量的研发人才，其技术外溢提高了我国企业技术水平。我国已经成为全球电梯制造、研发中心。③电梯产业发展纳入国家战略。随着"国家新型城镇化""中国制造 2025"国家战略的实施，我国城镇化建设不断推进，制造能力持续提升。电梯作为城镇化建设中的必需设备，每年以 15% 的速度增长，设备制造水平不断向发达国家靠近。"国家新型城镇化战略""中国制造 2025"中分别提出"提升城市公共服务水平""推进新型城市建设""推进智慧城市建设""加强和创新城市社会治理""实现制造强国目标"等国家战略。在 2018 年和 2019 年的《政府工作报告》中分别指出："有序推进城中村、老旧小区改造，完善配套设施，鼓励有条件的加装电梯。""要大力进行改造提升，支持加装电梯，健全无障碍通道等生活服务设施。"加装电梯从鼓励到支持，电梯行业发展被提到了前所未有的高度。

（2）存在的挑战。①电梯技术技能人才培养与产业发展需求存在结构性矛盾。主要体现在两方面：一是全国制造产量排名前五的电梯企业有四家在浙江建厂，但仍处于中低端，高端电梯仍依赖国外进口，急需一批熟悉电梯产品结构、具备高端智能制造能力的技术技能人才，以提升我国电梯制造的国际竞争力。二是电梯产业正由生产型制造向服务型制造转型，电梯的维保、维修、改造、加装和基于物联网的电梯故障自诊断及监管越来越受到政府的重视。行业急需具备电梯维修技能，同时掌握物联网技术、人工智能技术及大数据分析能力的复合型、创新型的电梯人才，来服务电梯"按需维保"的发展趋势。②电梯"绝对安全"的高要求和服务"从传统制造、生产型制造向高端制造、服务型制造提升"的高标准，为电梯专业群建设带来了前所未有的重大挑战。电梯属于特种设备，安全备受关注，受《中华人民共和国特种设备安全法》监管。由于电梯行业的特殊性，行业、企业和学校之间往往各自为政，无法形成合力。行业由于资源法规性垄断，进取心相对较弱；生产企业往往重视产销，无暇顾及人才培养；学校由于资源匮乏，无法真正做好人才培养和技术研发。如何整合三方资源优势，推进电梯产业高素质技术技能人才培养，已成为刻不容缓的行业时代命题。

## （二）组群逻辑

### 1. 以链建群，专业群与电梯产业链精准对接

（1）分析产业链，找准岗位群。调研电梯产业链典型企业，分析电梯全生命周期上下游环节，从电梯设计、电梯零部件生产、整梯制造、自动生产线维护、电梯装调、电梯维修保养、电梯检验、电梯评估、电梯升级改造、电梯物联网设备装调维护、基于电梯大数据的智慧监管等环节中，择取具有高职人才类型特征的岗位群，如图 5-11 所示。

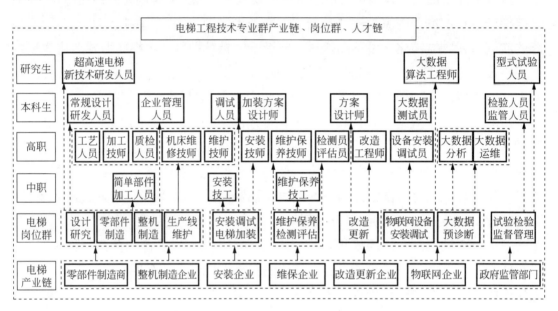

**图 5-11　基于电梯产业链的岗位群和人才链示意图**

（2）组建专业群，重构课程体系。针对电梯生产制造、售后服务和智能物联三个电梯产业重点领域，以"岗位描述、任务分析、能力定位、课程固化"为依据，组建以电梯工程技术专业为龙头，以机械设计与制造、工业机器人技术、机电一体化技术三个专业为骨干的电梯专业群；以电梯这一典型特种机电设备为载体，重构专业之间的逻辑关系和专业群课程体系，适时动态调整专业，实现专业群人才培养供给侧和电梯产业需求侧动态匹配。

### 2. 定位精准，专业群人才培养与电梯产业需求高度融合

服务电梯产业转型升级和保障电梯公共安全，精准对接电梯三大领域，培养电梯产业发展急需的复合型技术技能人才。一是围绕电梯生产制造领域，重点建设机械设计与制造、工业机器人技术专业，培养掌握复杂电梯零部件制造技术、自动生产线维护能力的高素质技术技能人才，提升电梯整机、零部件制造能力；二是围绕电梯售后服务领域，重点建设电梯工程技术专业，培养掌握电梯安装、维保、改造

等岗位要求的复合型电梯技术技能人才，保障电梯使用公共安全；三是围绕电梯智能物联领域，重点建设机电一体化技术专业，深化传感器应用、物联网设备装调与应用，实现电梯智慧监管、故障预判，助力电梯产业转型升级。随着大数据技术应用的推广，发展大数据技术与应用专业，培养掌握电梯大数据处理分析能力的电梯数据人才，推动电梯产业融入智慧城市建设。电梯工程技术专业群重构如图 5-12 所示。

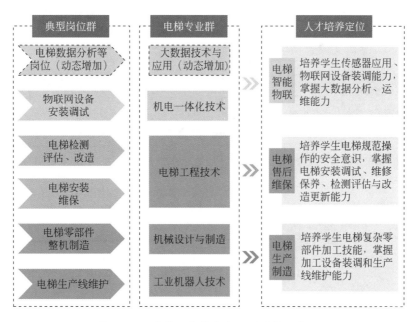

**图 5-12　电梯工程技术专业群重构示意图**

### 3. 逻辑合理，群内专业相互依存度高，典型特征突出

专业群聚焦电梯产业，所辖 4 个专业相互依存度高，具有"职业岗位相继，技术领域相近，专业基础相通，教学资源相融"的典型特征，如图 5-13 所示。一是各专业对应的目标岗位和技术要求，均围绕电梯上下游产业发展，并以电梯为教学载体；二是依据"底层通用、中层共享、高阶分立、模块互选"重构电梯专业群课程体系，建设电梯专业群教学资源库，各专业均能高度共享基础课程及课程资源；三是各专业均能围绕电梯产业集聚教学资源，构建的生产性实训基地、组建的双师队伍能在群内实现高度共享，各专业能紧贴电梯产业发展，协同开展科技创新与社会服务。

## （三）建设内容与实施举措

### 1. 以"重复合、强供给"为目标，推进人才培养模式改革

强化类型教育思维，将思政教育、劳动教育、特种设备安全教育、工匠精神融

入课程体系，以强化复合型人才配套供给能力为宗旨，精准对接产业，实现电梯专业群人才培养定位和专业群结构"双调整、同优化"；推进基于"1+X"证书制度的电梯工程技术专业群复合型人才培养模式改革，强化高素质技术技能人才供给侧结构性改革。多线程并行推进具有岗位特色的人才培养模式改革和教学方法改革，完善现代学徒制人才培养模式改革，提升学徒培养质量；构建拔尖人才培养机制，提升学生创新能力；联合知名电梯企业及电梯专业院校共建全国电梯人才培养联盟，推进电梯人才培养与产业需求动态匹配。

图 5-13　电梯工程技术专业群典型特征示意图

（1）精准对接产业，构建基于电梯产业链的专业群建设发展机制，对接电梯产业链上的相互关联岗位群，建构能够实现跨界整合、协同发展、互通共享的电梯工程技术专业群。紧贴电梯产业由生产型制造向服务型制造转型的发展趋势，围绕基于智能制造的电梯零部件敏捷化生产、物联网的电梯故障智能诊断、电梯按需维保以及老旧小区加装电梯等新业态的出现，结合产业链岗位内涵变化，适时调整人才培养定位，同频完善教学内容。根据电梯产业链所衍生出新的岗位群，适时扩大专业群外延，调整专业群结构，适时增设大数据应用与技术等专业，确保专业群人才链动态匹配电梯产业链的变化。

（2）重构课程体系，推进专业群人才培养模式改革按照"专业设置与产业需求对接、课程内容与职业标准对接、教学过程与生产过程对接"的三个对接原则，围绕电梯产业智能制造、自动化装备、工程服务和智慧监管四大方向10个岗位，构建"底层通用、中层共享、高阶分立、模块互选"的专业群课程体系，包含素质平台课程、专业基础课程的共享课程与多个教学模块，如图5-14所示。每个专业方向设置一个必选模块和一个高阶可选模块，学生在完成必选模块后可以选取本方向高阶模块或者另三个方向的必选模块中的一个进行学习。学生在完成两个模块的学习并考取技能等级证书后即可从事相应的岗位工作。

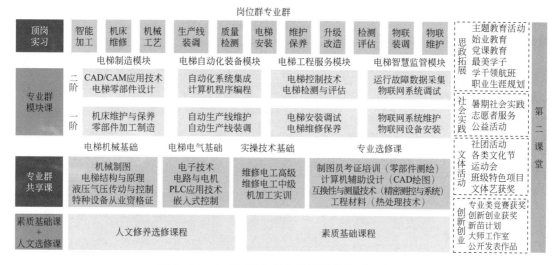

**图 5-14　电梯工程技术专业群课程体系示意图**

（3）梳理逻辑架构，试点基于"1+X"证书制度的人才培养模式改革。依托电梯专业在全国同类专业领头羊地位和区域电梯产业集聚的背景优势，分三步推进基于"1+X"证书制度人才培养模式改革：第一，在目前具有股份制特征的电梯培训（实训）基地的基础上，联合浙江省特科院、奥的斯电梯华东区培训中心和杭州西奥大学（隶属杭州西奥电梯有限公司），构建电梯四大方向多个模块职业技能的"能力认证证书"，通过认证后的模块，与学历教育部分课程的学分互认互换。第二，基于前期编制的《电梯安装维修工国家职业技能标准》《全国高职电梯专业实践教学条件建设标准》等标准，联合中国特种设备安全与节能协会、中国电梯协会等行业组织，推动教育领域的电梯职业技能等级证书标准编制，争取列入教育部职业技能等级证书管理目录。第三，参与成立由行业牵头、教育部认可的职业技能培训鉴定组织，率先开展基于"1+X"证书制度的人才培养模式改革。

（4）创新组织形式，优化拔尖人才培养实施路径。组建教师创新团队，创新机电工程实践创新班、金蓝领班等"卓越班"组织形式，采用导师制，实施拔尖人才个性化培养。教学内容方面，将教师创新团队的科研项目和技术服务项目分解、凝练、派生，设计成为学生创新能力培养的驱动项目，以导师制形式指导学生开展创新实践活动；教学组织方面，以学生创新中心为载体，在专业群大二学生中遴选一批综合能力强的学生组成"卓越班"，以创新能力递进培养为轴线，实施难度等级不同的三级项目化教学，学生从完成简单项目开始，逐渐掌握完成项目所需的各项技能，到最终完成一个较为复杂的项目，实现技术能力由单一到综合，创新能力由微创新到设计型创新的教学目标；教学评价方面，建立学生自评、教师评价及市场认可度（成果转化）相结合的多元评价体系，确保评价的客观性，并从专利申请和授权、论文发表、参与大学生科技创新项目、技能学科竞赛获奖、参与导师项目数量与质量、获奖学金等方面健全评价指标体系，量化评价拔尖学生的实践创新能力。

### 2. 以"开放、共享"为重点，强化课程教学资源建设

以电梯专业国家教学资源库建设为契机，建设适应电梯产业转型升级需求和学习型社会需求的专业群教学资源库，全力打造两大特色教学资源中心（电梯安全风险教学资源中心、国际教学资源中心），如图 5-15 所示。建立行企校课程教学资源协同共建机制、课程教学资源共享机制与教学资源库动态管理机制，确保电梯教学素材取之于行业企业，用之于人才培养。

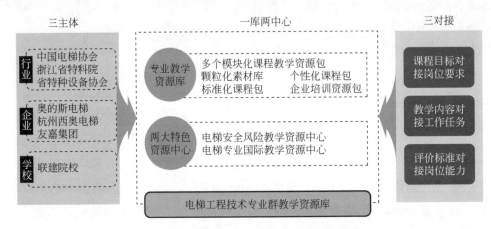

图 5-15　电梯工程技术专业群教学资源库建设示意图

（1）整合各方资源，完善专业群国家级教学资源库建设。以国家教学资源库建设为契机，以覆盖电梯领域知识为建设基础，汇集国内电梯行业、企业及高校专家力量开发优质资源。基于资源库"能学、辅教"的基本定位，按照"颗粒化资源、结构化课程、系统化设计"的组织建构逻辑，搭建开放型共享共用资源库平台。以电梯工程技术专业群教学内容与课程体系改革为前提，以结构化、模块化的课程建设为骨架，以颗粒化的资源建设为基础，面向用户需求建设行业资源、专业资源、课程资源、颗粒化资源与职业培训资源，助力电梯专业教学改革。在此基础上，扩大教学资源库专业种类，契合专业群课程体系重构需要，建设包含多个模块化课程教学资源包的电梯工程技术专业群教学资源库，满足群内学生、教师、百万扩招多层次生源及电梯企业员工等多元使用主体的需求。

（2）聚焦产业特点，建设两大特色资源中心。基于电梯作为特种设备的高安全需求特性，立足电梯人才培养"绝对安全"要求，以培养学生安全规范意识、提升职业素养为目的，建设电梯安全风险教学资源中心。把电梯领域所有风险点提炼成教学资料，依托 VR 技术开发安全意识教学内容，培养学生电梯岗位特需的"四不伤害"职业素养。根据国内知名电梯企业、企业家的发展历程，依托不同年代典型

电梯零部件、照片、影像资料组成文化教育素材，体现电梯人注重安全的规范意识和努力奋进的拼搏精神。围绕"全国十大电梯即全球十大电梯"这一产业实际，建设国际教学资源中心。紧扣东南亚、非洲电梯行业发展及对人才的需求，与奥的斯等跨国企业、南非工业署等国外机构合作，深入开展国际交流与合作，围绕国际行业标准制定、留学生培养、多语种课程建设等方面，建设具有国际水平的电梯工程技术专业群国际教学资源中心。

（3）发挥高地优势，构建课程教学资源共建共享机制。发挥我校国内电梯行业人才培养高地的优势，积极对接电梯企业的技术转型升级，将企业资源、学校技术开发及科研成果转化成教学资源，建立资源库共建共享制度。充分运用需求导向、应用激励策略，鼓励院校、企业及机构积极建设新的优质资源充实资源库，把资源库使用融入参与建设学校专业教学全过程。学校利用资源库等教学资源为学生构建立体化教学空间，丰富教学资源。企业利用教学资源库对员工开展技术技能提升培训，拓宽企业员工学习提升路径。省特科院利用教学资源库对电梯行业从业人员开展行业最新标准的推广和电梯技能等级认证考前培训，提升电梯行业人员整体素质。建立教学资源库动态管理机制，确保电梯工程技术专业群教学资源库资源年更新比例不低于10%。

### 3. 以"课堂革命"为导向，推进教材与教法改革

重组教学内容，联合电梯产业主流企业，紧贴国家标准，突出高安全性特征，开发满足育训结合的新型活页式、工作手册式教材。重塑实施路径，积极采用项目教学法等方法，推进基于小班化的多形态教法改革。改革教学时空，实现"井道就是教室、教室就是井道"，推动课堂革命，如图5-16所示。

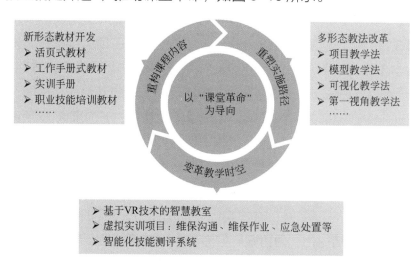

**图5-16　以"课堂革命"为导向的教学教法改革示意图**

（1）重组教学内容，开发育训结合的新形态教材。依托学校产教融合基地教育功能和培训功能融合度高的特点，分三步建设新形态教材。第一，依托电梯职业教育电梯教材研究基地，开发电梯工程技术专业群新形态教材。将教材、课堂、国家教学资源库三者融合，实现线上线下相结合。第二，联合奥的斯全球培训教材开发团队，开发维保工艺手册、评估改造报告、电梯事故分析报告、电梯大数据分析报告的新型活页式、工作手册式教材。紧贴电梯国家标准、技术规范，编写与电梯产业升级结合紧密的实训手册，以解决现有教材中电梯术语不规范、标准应用不突出的问题。第三,发挥前期主持开发《电梯安装维修工国家职业技能培训教程》的优势，推进教育领域的电梯职业技能培训教材编制工作。力争到 2023 年年底，完成专业群所有核心课程新形态教材建设。

（2）重塑实施路径，推进基于小班化的多形态教学方法改革。依托多个企业培训中心，根据企业设备实战性强的特点，全面推进小班化教学。基于几大模块的技能证书引领，采用"理实小班化"与"技能项目化"的教学方法，实践教学中一个教室不超过 12 人，每个井道不超过 6 人。提高每个学生单位时间的个体指导度和学习实效性。采用模型教学法，利用模型设备演示以及讲解安全案例，提高学生对安全事故的感性认识；采用可视化教学法，解决井道教学时由于空间狭小无法容纳多名学生同时观看实操的问题；采用第一视角教学法，提高学生实践操作的复盘能力，提高井道设备的教学效率。

（3）变革教学时空，推进智慧课堂建设。针对电梯工程技术专业群专业共享课程理论与实践深度融合的特点，推进基于 VR 技术的专业共享课程智慧课堂的建设，解决专业共享课程理论教学和实践教学的空间阻隔、电梯实践教学中高损耗与高风险、未满 18 周岁学生不能下井道实践等教学难题，实现从理论教学到实践操作的软着陆。建成智能化技能测评系统，记录学生课堂学习各项关键数据，生成学习指导意见帮助学生提高学习效率，合作企业在系统中建立考核题库，实现教考分离，考核测试结果成为电梯企业用人的重要依据。通过与奥的斯合作，共同开发电梯虚拟井道，实现学生在电梯井道实训前，完成沉浸式虚拟井道实训教学活动。通过虚拟岗位设置，学生在虚拟角色扮演中完成实训任务，更加清晰了解特种设备电梯工程实施过程中的法律界线及操作安全要求，开展"维保沟通""维保作业""应急处置"等虚拟实训项目，提高学生法律素养、技术能力、安全意识；开展超高楼层、高速电梯等无法利用真实实训设备完成的虚拟实训，推进前沿技术实训学习，拓展学生眼界。

**4. 以"双师型、结构化"为旨归，打造高水平教师队伍**

以"四有"标准为基石，定期开展师德师风专项学习。依托三类平台，增强教师队伍"善教学、会实操、能研究"的复合型能力；实施专项工程，打造三支精干队伍；建立"三共"机制，提升行企校协同育人水平，如图 5-17 所示。培养省级以上专业（群）带头人 3 名、全国有影响力专家型教学能手 2 名、骨干教师 30 名。从企业聘请 4 名绝技绝艺的技术能手作为兼职专业带头人，聘请 2 名境外专家指导专业国际化建设。建设期内，建成一支家认可或国家级水平的教师教学创新团队。

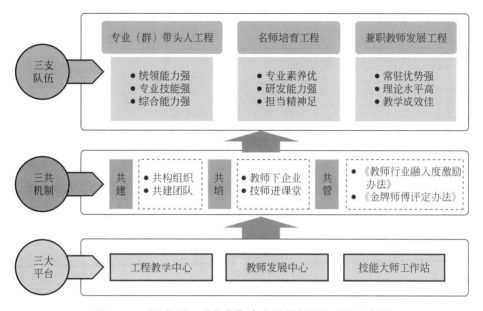

图 5-17　"双师型、结构化"高水平教师队伍建设示意图

（1）依托三类平台，提升教师队伍复合型能力。围绕高职类型特征，全力打造具有卓越教学能力、岗位实战能力和技术研发能力的复合型师资队伍。依托教师发展中心、工程教学中心、技能大师工作站等平台，探索教师分工协作模块化教学模式，提升教师队伍课程教学资源创新能力和课堂实践能力；依托友嘉精密制造中心、奥的斯华东区培训中心、杭州西奥大学等产教融合型企业培训中心、双师培训基地，按照"学生会的，老师首先要强"的要求，提升教师面向企业实际岗位的实操水平；依托国家电梯中心（浙江）、机电工程创新中心等科研平台，以企业技改项目为抓手，提升教师立地式研发能力。

（2）打造三支队伍，提升双师队伍整体素质。按照结构化培养需要，构建教师队伍培养培训体系，从专业（群）带头人、骨干教师和兼职教师三个维度分类培养，明确各类队伍的培养定位，围绕岗位职责和发展需要，错峰实施企业经历工程，有针对性地提升师资队伍能力，提高团队结构化水平。①实施"名专业带头人工程"，提升"头雁"引领能力。遴选一批技能突出、综合能力强的专业带头人，实施"名专业带头人培养工程"，培养具有统领能力的专业群带头人和专业带头人。围绕领军人物，推进创新团队建设。通过国内外访问学习、领军能力研修、全国行业委员会兼职锻炼等途径，提高教学能力、科研水平、行业地位，扩大国际视野。建立校企双带头人机制，每个专业在原有1名校内专业带头人的基础上，再聘任1名行业内绝技绝艺技术能手作为兼职专业带头人，参与人才培养模式改革、课程体系构建等专业建设工作，共建大师工作室（站），共同开展企业技改服务活动。②实施"名师培育工程"，提升骨干教师担当能力。依托学校名师培育工程，立足专业特长和职业兴趣，实施"目标明确、路径清晰、举措有力"的骨干教师职业生涯规划。选派15名骨干教师赴国外考察学习先进的职业教育思想和课程建设方法，开拓国际化视野，提升其专业素养和教学科研能力。派驻4名骨干教师到国家、省市行业法规标准部门及省市试验中心挂职锻炼，深层次掌握行业政策、了解制订导向，汇聚行业资源。遴选30名技术骨干到高端制造企业技术部门参与新技术、新材料、新工艺的研发，提高技术研发能力和将企业岗位要素转化为教学资源的能力。充分发挥骨干教师队伍在教学改革中的中坚作用，鼓励骨干教师全面参与示范课堂、在线课程和资源库建设，做到"人人有项目、个个能担当"。③发挥常驻优势，打造一支教学能力强的企业兼职教师队伍。发挥电梯工程技术专业群大批企业技师常驻学校的天然优势，建立覆盖电梯产业链的专业兼职教师资源库，建设一支"水平高、能力强、教学优"的兼职教师队伍。通过学历教育提高其理论水平，鼓励并支持常驻教师考取教师资格证，提升教学水平。制订《企业兼职教师教学能力认证标准》，定期开展TTT培训（Training the Trainer to Train，企业培训师培训），提升企业技术人员课堂教学能力。制订《电梯工程技术专业群常驻学校兼职教师管理办法》，完善对企业技师教学实效的考核，对教学优秀的教师，通过企业捐建的"电梯教育基金"给予奖励。建设期内，兼职教师承担的专业课学时比例达到30%以上。

（3）构建"三共"机制，提升行企校师资协同育人水平。完善理事会领导下的院长负责制，增设由教学副院长分管的校企师资管理办公室，构建行企校师资队伍"共建、共培、共管"机制，统筹校企双方人力资源培养、管理、考核、评价等工作。发挥浙江省特种设备科学研究院、友嘉集团、奥的斯全球培训中心和杭州容安特种设备职业技能培训有限公司一线技师常驻学校的优势，制订"教师下企业，技师进课堂"规划。实施教师企业、行业经历工程，制订专业教师下企业激励制度，落实5年一周期的全员下企业锻炼6个月制度，做到"一师一岗"（每位教师联系对接一个企业典型岗位）、"一师多案"（每位教师承担多项企业生产实践项目与技术攻关）；建立《教师行业融入度激励办法》，对担任国家行指委、专指委职务以及入选企业专家库的教师给予奖励与政策支持。制订《金牌师傅评定办法》等激励办法，提升一线技术师傅参与教学的积极性。

### 5. 以"融产教、通育训"为抓手，打造高水平实践教学基地

围绕电梯产业链，构建符合专业群人才培养的实习实训基地，重点打造两大实训平台（专业群共享型实训平台和产教融合型实训平台），构建两大机制（基于育训结合的实践教学模块构建机制和基于"供需协调、共建共享"的资源融通机制），夯实专业群岗位基础能力，强化基于能力证书的岗位技能实训，提升学生可持续发展能力，如图 5-18 所示。

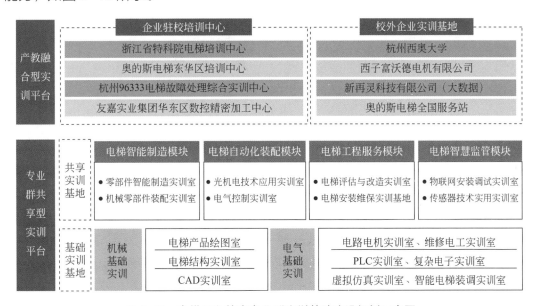

**图 5-18　电梯工程技术专业群实训基地建设规划示意图**

（1）紧扣共建共享要求，构建专业群共享实训平台。针对专业群岗位能力需求，建设"宽基础""精方向"的共享基础实训基地及共享专业实训基地。以电梯设备为载体，融入专业群共享基础实训模块，重点建设电梯结构实训室、智能电梯装调实训室等公共基础实训室，夯实专业群内学生的机械、电气操作技能，注重培养学生规范意识及劳动精神，提高学生可持续发展能力。基于电梯工程技术专业群岗位技能模块化培养路径，结合"1+X"证书能力考核要求，围绕电梯智能制造、电气生产线装备、工程服务、智慧监管方向，建设共享专业实训室，实现基地建设和课程建设同频联动；构建学生个人"1+X"能力考核档案库，实现"1+X"证书能力考核的标准化与智能化。

（2）夯实育训结合基础，建立产教融合型实训平台。引入企业资金和行业资源，建立包含电梯企业员工培训、学校学生培养和行业技术推广功能的具有"股份制特征"的产教融合型实训平台。依托行企校合作优势，与省特科院、奥的斯、友嘉集团、杭州 96333 等建立校内产教融合型实训中心，完成电梯工程技术专业群学生专业实训，同时面向社会开放。发挥"学校教育力""行业资源力"和"企业市场力"优势，

提高实训基地社会服务能力和盈利能力，促进产教融合型基地的良性更迭完善。与杭州西奥电梯、友嘉集团、西子富沃德等公司建立校外顶岗习实训基地，实现学生真实岗位能力的锻炼，增强学生的岗位实战能力，实现学校学生和企业员工的无缝对接。

（3）聚焦协同育人模式，完善实践教学资源共建共融机制。①深化基于"1+X"证书制度的育训结合实践模块构建与运行机制。在满足学历教育人才培养的基础上，面向社会电梯产业人员开放专业群模块课程。重组课程内容，对不同的实践教学对象，以教学周为单位，构建体现不同能力水平的实践教学模块，并根据培训需求不同，对教学模块进行逻辑组合，构建基于技能等级证书模块的育训结合实践模块，图5-19示例了电梯装调维保能力培训模块。社会人员可根据自身职业发展需求和公司人才结构需求选取模块课程作为培训内容，在完成模块课程学习后可参加与模块课程相对应的职业技能等级认证。通过认证的培训人员可从事电梯产业链上相应的工作岗位。②以《股份制实训基地建设与管理办法》等制度建设为主要抓手，完善成本共担、收益共享的实践资源投入与分配管理机制。在保证人才培养公益性的同时，切实保障企业利益需求，促进企业全过程参与人才培养。推动人才培养按照市场规律和市场需求进行动态调整，增强行业企业在人力资源、设备资源及实训资源投入意愿度，提高校企合作育人的深度和可持续性。整合学校办学资源和专业群课程资源，将专业群学生实训课程体系和企业员工技能培训课程相互衔接，提高对企业的服务能力，打造"以小利换大义"的利益共享互通机制。

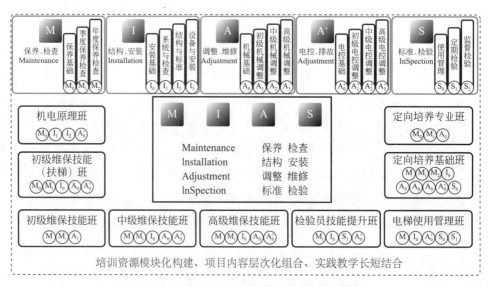

**图5-19 电梯装调维保能力培训模块示意图**

## 6. 以"建载体、创机制"为举措，打造技术技能创新平台

聚焦电梯产业转型升级和公共安全需求，以加强应用研究、集成创新和成果转

化为抓手，建设"四中心一平台"，打造电梯工程技术专业群技术技能创新载体。建立行企校创新资源协同供给机制，构建多层次、多渠道、高水平的创新资源集聚模式；以技能大师工作站为引领，重点建设大师工作站和学生创新中心，全面提升师生技术技能创新能力。

（1）构建"四中心一平台"，打造技术技能服务载体。按照"布局合理、链条完整、功能互补、服务有力"的要求，打造具有中国高职特色的电梯工程技术专业群技术技能创新平台体系，如图 5-20 所示。①完善国家电梯中心（浙江）功能，为电梯安全与节能减排提供检验检测和技术咨询，服务电梯企业新产品开发，参与行业标准修订，力争主持或参与修订标准 6 项；②完善"电梯评估与改造应用技术协同创新中心"，完成电梯评估与改造技术研究专项 10 项，年完成电梯评估 500 台以上，年协助企业改造、加装电梯 200 台以上；③新建"电梯大数据处理中心"，向政府监管部门提交 4 份以上关于电梯制造、使用、维保、监管和管理的建议报告；④新建"电梯零部件智能制造中心"，通过自主研发和联合攻关，解决电梯行业技术难题 10 项，为长期依赖进口的电梯三大件（曳引机、门机、控制系统）国产化提供技术支持；⑤依托与德国莱茵 TÜV 集团合作，参与电梯安全认证平台建设，力争服务 20 家以上区域电梯制造企业完成第三方安全认证，为电梯企业拓展国际市场尤其欧盟市场提供有力技术支撑。

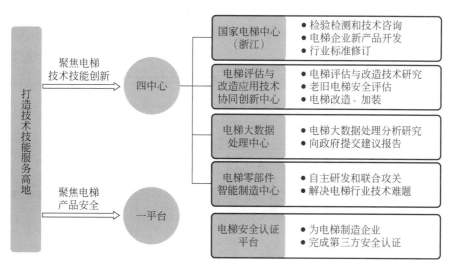

**图 5-20　电梯工程技术专业群技术技能服务高地建设示意图**

（2）构建多元协同机制，集聚技术技能创新资源。发挥校企共同体优势，凝聚多方的技术技能创新资源，多方协同突破电梯行业技术难题。整合电梯产业链资源，实施技术、人才、资源的协同供给，打破以往"单一技术易解，集成技术难破"的技术创新瓶颈。在各大创新平台中心的基础上，联合电梯龙头企业奥的斯、省特科院、杭州 96333 部门共同组建技术应用与服务联盟，构建产学研合作委员会，定期收集和发布电梯行业技改课题。发挥学校地处全国前十工业园区和全省最大的高教园区的"双园区"优势，联合企业研究院和本科高校研究所，协同攻关技术难题；联合电梯协会，依托企业对接政府部门，通过横向众筹和纵向拨款，筹集技改项目种子资金，为技术技能创新提供经费保障。

（3）聚焦创新能力培养，提升师生技术技能创新动力。充分发挥技能大师工作站的技术技能创新引领能力，全力建设郭伟刚绿色制造技术、金新锋电梯安全风险评估、孟伟维修电工、潘贵平电梯安装维修工等大师工作站，提升教师技术创新能力。建立约 15 个学生创新中心，采用导师制形式培养学生创新意识，提升学生创新能力。构建项目研发合作组，让教师、学生跟企业技术专家无缝对接，共同参加企业生产实践与技术攻关，丰富教师与学生的工程实践经验，提升整体实践能力。建立健全创新激励机制，制订《电梯评估与改造应用技术协同创新中心科技创新奖励办法》等激励性文件，鼓励教师协同开展与行业企业需求紧密相关的课题研究、技术开发、产品研发和成果转化。

**7. 以"提能力、保安全"为支点，提升服务发展水平**

联合省特科院，紧贴市场需求开展技能培训，提升行业技能水平。面向城市公共安全，开展安全教育，普及安全知识，提高公众防范风险意识和应急处置能力。服务国家战略，扩大精准扶贫电梯人才培养联盟范围，完善扶贫资金等资源集聚机制，电梯工程技术专业群社会服务能力建设如图 5-21 所示。

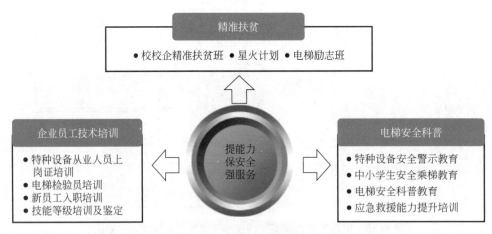

**图 5-21 电梯工程技术专业群社会服务能力建设示意图**

（1）立足技能培训，促进行业从业人员技能提升。利用电梯行业培训资源的集聚优势，开发涵盖学习、练习、考试三个环节的电梯培训信息化平台，把培训中心打造成为国内外知名的电梯技能培训平台，涵盖职工培训、国内特种设备作业人员考试、电梯企业的入职岗前和在职技能提升培训及全国电梯检验员培训和检验师能力提升等项目。按照产业发展动态，适时调整培训内容与评价标准，促进电梯从业人员能力提升。联合开展各类培训及鉴定 16 万人次，培训收入达 1 亿元。

（2）面向城市公共安全，构建电梯安全教育公益平台。依托特种设备学院海宁尖山校区（全国首家特种设备安全科普教育基地），面向大中小学生、政府公务人员、企业高管和党校学员，运用新媒体、大数据和人机互动技术，开展特种设备安全警示教育、特种设备专业知识普及等科普教育活动；通过体验 VR 仿真电梯下坠、扶梯逆转、应急救援等项目，提高公众防范风险意识和应急处置能力。积极推进"电梯安全进校园""电梯安全进社区"等公益活动，提高公众电梯使用安全意识，建设期内完成特种设备安全科普教育 6 万人次。

（3）服务国家战略，打造精准扶贫"星火计划"等品牌项目。依托电梯人才培养教育资源优势，扩大精准扶贫电梯人才培养联盟范围，集聚扶贫资源，服务国家战略。继续在全国范围开展"星火计划""校校企精准扶贫班""电励志班"等多种形式精准扶贫项目。深化与黔东南民族职业技术学院、兰州职业技术学院、新疆轻工职业技术学院、漯河职业技术学院等西部院校建立的对口支援关系，建立旨在服务深度贫困地区学生技能脱贫的"校校企"培训平台。依托电梯人才培养教育资源和企业合作优势，在建设期内接收对口院校学生 200 名，学生毕业后到国内十大电梯企业就业。同时与各地扶贫帮扶机构开展合作，接收当地贫困学生，培养学生电梯职业技能，并在完成培训后帮助其就职于电梯企业，实现精准扶贫。

**8. 以"促交流、转产能"为契机，打造电梯职业教育国际化品牌**

成立包括行企校在内的"一带一路"沿线国家电梯职业教育合作联盟。制订电梯国际化培训标准，打造援外培训品牌。依托中非职业教育合作联盟，培训境外留学生。筹建"多语种电梯工程技术专业群资源库"，搭建国际电梯学习和交流线上平台，助力企业"海外布局"。加大"走出去、请进来"力度，通过教师出国研修、学生访学、国际交流等项目，提升师生国际化视野。电梯工程技术专业群国际化建设如图 5-22 所示。

（1）建设"鲁班工坊"，提升专业群建设国际化水平紧扣"一带一路"倡议，建设鲁班工坊，依此搭建交流合作平台。依托金砖国家技能大赛国际联盟，成立包括电梯企业、行业协会、学校等在内的"一带一路"沿线国家电梯职业教育合作联盟，完善电梯职业教育合作联盟体制机制，推进联盟中电梯企业走向国际市场。深化中非职业教育合作联盟内涵建设，推动中非职业教育务实合作，积极承办高等职业教育类国际性会议，建设期内至少承办 1 项高水平的国际会议。搭建国际电梯科研合作平台，促进电梯关键技术交流与合作。依托中非职业教育合作联盟，培育和形成具有持续影响力和体现学校特色的项目，进一步提升专业群国际化水平和国际影响力，累计培养留学生 150 人以上。

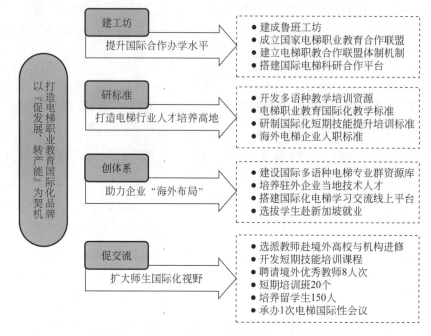

**图 5-22　电梯工程技术专业群国际化建设示意图**

（2）研制电梯专业群国际化培训标准，打造电梯行业人才培养高地。依托美国机械工程师协会制订的 ASME（American Society of Mechanical Engineers，ASME）及欧洲标准化管理委员会制订的 EN81 两大国际通用电梯制造安全标准，开发多语种教学培训资源，匹配留学生来源地的电梯安全标准。与奥的斯、通力、迅达等国际一流电梯企业合作，联合中国特种设备检验协会，引入发达国家电梯从业人员行业培训、学徒制等项目，制订国际化短期技能提升培训标准，为国内外从业人员技能提升提供培训平台。基于友嘉集团校企合作优势，校企共同制订多轴加工、机床智能化与健康管理方面的国际化培训标准，助力友嘉集团全球化战略实施。充分发挥电梯工程技术专业群国际教育的资源集聚优势，建立中国特色鲜明、国际优势明显的电梯职业教育国际化教学标准。

（3）完善国际化培养体系，助力企业"海外布局"。依托国家级教学资源库建设优势，筹建"国际多语种电梯工程技术专业群资源库"，搭建国际化电梯学习和交流线上平台。与国外学校或承揽海外工程的企业深度合作，为"走出去"的电梯企业开展技术技能培训。同时，根据海外国情、经济发展需求和电梯行业的发展，依托鲁班工坊，培养适合当地电梯行业及产业更新升级需要的人才，助力企业"海外布局"。依托海外分校，在海外开展电梯人才培训。对发达国家电梯产业人才开展技能

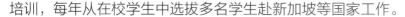

培训，每年从在校学生中选拔多名学生赴新加坡等国家工作。

（4）加大"走出去、请进来"力度，扩大师生国际化视野。选派专业负责人和优秀骨干教师到境外著名高校或科研机构进修培训或合作研究，学习了解国际先进的职教理念和职业资格标准，借鉴发达国家电梯学徒制高技能人才培养经验和教学资源，聘请境外优秀教师 8 人次，充实国际化教学师资团队，提高专业群建设国际化水平。开发面向境外学生的短期技能培训课程和职业启蒙项目，吸引国（境）外学生到我校交流学习，积极拓展学生赴境外高校学习与交流，提升学生国际化视野。建设期内完成师生访学、国际交流项目 20 项。

### 9. 以"建保障、可持续"为重点，构建专业群良性循环发展机制

强化组织保障，构建多方协同管理机制，适时以群建院。强化资源整合，构建各方资源共建共享机制，推动协同单位为专业群建设提供符合优质教学资源。强化自我造血功能，通过技术技能服务、社会服务等途径，构建社会资源反哺专业群建设机制。强化诊改建设，完善质控机制，构建质量保障体系。

（1）强化组织保障，构建多方协同管理机制。由自动化专业、分管科研的副校长出任专业群负责人。充分发挥其校内资源及综合协调能力，推进校内外师资、基地、设备协同管理，解决群内专业在师资与实训资源交叉使用、课程与项目协同开发中的步调不一致的问题。在理事会领导下的院长负责制框架下，完善现有二级学院层面的校企工作委员会，适时实施专业群人才培养定位动态调整、电梯行业发展和产业技术进步的专业群结构同步优化工作，确保专业群聚焦电梯产业。适时以群建院，完善群内各专业协调管理机制，构建专业群发展平台，为专业群发展提供组织保障。

（2）强化资源整合，构建各方资源共建共享机制。构建电梯工程技术专业群学校、行业和企业三方资源投入机制，依托校企共同体，推动协同单位为专业群建设提供符合电梯产业要求的最新设备、最强师资和最优资源。学校层面，将专业群投入优先列入学校年度经费预算，专业群所在二级学院年度预算基础系数高于全校平均值；行业层面，浙江省特种设备科学研究院投入不少于 1000 万元设备建设各类技术技能创新平台；企业层面，友嘉集团等企业投入不少于 1000 万元设备（企业准捐赠）建设各类产教融合型实训基地。依托深度合作撬动行业企业的人力资源和设备资源等投入，为电梯工程技术专业群建设提供保障。

（3）强化自我造血，构建社会资源反哺专业群建设机制。充分发挥专业群人才培养、社会公益、技能培训和技术研发等职能，构建"开放共享、循环运行"的资源反哺机制，提升专业群可持续发展的韧劲。依托电梯协会与电梯人才培养联盟，发挥学校在国内电梯人才培养领域的高地作用，吸引社会机构和企业积极投身"电梯教育基金"。依托杭州市公共实训基地、国家电梯中心（浙江）等具有一定社会

公益功能的技术技能平台，通过承担政府购买服务项目，汲取政府财政投入；依托产教融合型实训基地，以《股份制实训基地建设与管理办法》等制度建设为主要抓手，加大社会培训服务能力，提升社会培训服务收入，实现实训资源与市场同步更新；以电梯评估与改造应用技术协同创新中心等为平台，加大技术技能创新服务力度，承接各类项目，提高横向收入，反哺专业建设。

（4）强化诊改建设，构建专业群建设质量保障体系。建立行业、企业和学校组成的电梯工程技术专业群建设质量诊改工作小组，结合专业群建设、课程资源建设、教材与教法改革、创新团队建设等方面的改革，排查育人过程中存在的问题，以问题为导向，持续开展教学诊断与改进。建立电梯工程技术专业群质量年报制度，定期对专业群建设"回头看"。完善毕业生跟踪与回访机制，适时调整专业群人才培养质量关键指标，倒逼专业群人才培养模式改革。构建符合电梯产业转型升级所需的人才评价体系，以学生作品为载体，以职业知识、职业技能与职业素养为评价核心，实现过程考核和结果考核相结合的人才评价体系。

# 三、能源动力与材料大类案例分析

接下来，拟选择同属于能源动力与材料大类的国家级高水平专业群武汉电力职业技术学院的发电厂及电力系统专业群和顺德职业技术学院的制冷与空调技术专业群。通过案例分析得出，两个专业群建设质量评价指数分别为 57.383 和 56.073 分（评价指数是绝对评价得分，得分范围 0 ～ 100 分），标准得分分别为 1.361 和 1.139（标准得分表示相对评价得分情况），标准得分大于 0 说明评价高于平均水平，小于 0 说明评价低于平均水平，计算公式同式（3-1），说明这两个专业群的综合建设质量处在全国所有专业群的中等偏上水平，在能源动力与材料大类处于较高水平。且从专业群评价一级指标得分上来看，这两个专业群的建设产出情况明显高于建设投入，说明投入产出效能较高（见表 5-3 和表 5-4）。

与此同时，也可以看出这两个专业群各自具备不同的特点，从"建设产出"的二级指标标准得分上来看，武汉电力职业技术学院的发电厂及电力系统专业群的产出效果主要体现在"社会服务"，标准得分为 3.419 分，明显高于全国平均水平。"社会服务"得分高说明专业群建设产出的社会服务成效较高，通过案例分析发现，该专业群社会服务成效较高主要体现在"社会培训服务量"上，体现出该专业群较高的服务发展水平。顺德职业技术学院的制冷与空调技术专业群的产出效果则主要体现在"社会服务"和"学生发展"方面，标准得分分别为 2.609 和 2.602 分，也明显高于全国平均水平。"社会服务"成效主要体现在"科研专利授权数量"方面，说明该专业群的研究产出成果转化成效较好，体现了较高的服务发展水平；同时专业群"学生发展"成效主要体现在"学生技能大赛获奖情况（包括国家级和省级层面）"以及"创新创业大赛获奖数量"方面，说明该专业群在人才培养方面取得了较好的效果，学生技能提升和创新能力培养具有较好成效。

表5-3　武汉电力职业技术学院（发电厂及电力系统专业群）建设质量评分分析

| 项目 | 一级指标（得分）（标准得分） | 二级指标 | 二级指标得分 | 标准得分 | 建设内容及举措（详见案例） |
|---|---|---|---|---|---|
| 评价指数（57.383）（1.361） | 建设投入（57.831）（1.323） | 教学资源 | 54.213 | 0.804 | — |
| | | 组织特征 | 61.299 | 0.854 | — |
| | | 群负责人 | 57.343 | 0.537 | — |
| | 建设过程（56.939）（1.285） | 师资建设 | 44.791 | −0.508 | — |
| | | 课程建设 | 50.188 | 0.096 | — |
| | | 实习实训 | 57.898 | 1.061 | — |
| | 建设产出（71.777）（3.157） | 社会服务 | 81.975 | 3.419 | — |
| | | 学生发展 | 63.146 | 1.470 | — |
| | | 学生就业 | 60.009 | 0.889 | — |

表5-4　顺德职业技术学院（制冷与空调技术专业群）建设质量评分分析

| 项目 | 一级指标（得分）（标准得分） | 二级指标 | 二级指标得分 | 标准得分 | 建设内容及举措（详见案例） |
|---|---|---|---|---|---|
| 评价指数（56.073）（1.139） | 建设投入（55.913）（1.021） | 教学资源 | 69.325 | 3.262 | — |
| | | 组织特征 | 44.659 | −0.364 | — |
| | | 群负责人 | 76.993 | 1.984 | — |
| | 建设过程（56.231）（1.165） | 师资建设 | 48.913 | −0.032 | — |
| | | 课程建设 | 47.447 | −0.192 | — |
| | | 实习实训 | 58.271 | 1.108 | — |
| | 建设产出（68.764）（2.729） | 社会服务 | 74.230 | 2.609 | — |
| | | 学生发展 | 73.798 | 2.602 | — |
| | | 学生就业 | 64.744 | 1.318 | — |

## （一）发电厂及电力系统专业群

### 1.建设基础

"发电厂及电力系统"专业群由发电厂及电力系统（530101）、供用电技术（530102）、火电厂集控运行（530204）、水电站机电设备与自动化（530106）和风电系统运行与维护（530302）5个专业组成。核心专业"发电厂及电力系统"创办于1953年，先后获得省级重点、省级品牌和国家骨干专业称号。除2018年新开设的风电专业外，群内其余4个专业均获得过省级及以上专业称号。专业群有在校生1925人，2018级新生报到率94.08%，2018届毕业生初次就业率97.23%，就业对口率90.68%。专业群有专任教师总数128人，在完成学历教育教学工作的同时，面向行业企业开展职业培训，年培训量近10万人天。

（1）专业建设有职教引领力。①学院是全国电力职业教育教学指导委员会（以下简称电力行指委）电力系统专委会主任单位。一直引领"发电厂及电力系统"的专业建设。组织编写了专业各类教学标准，2017年牵头组织全国15家电力职业院校共同开展"发电厂及电力系统"专业诊改工作，开创了全国高职高专横向专业诊改工作的先河。专业群建有全国电力师资培训基地，先后面向全国电力类高职院校开展了"全球能源互联网""内部质量保证体系诊改"等新技术、新理念培训10余期。2016年、2017年连续两年主办"全国高职院校学生变电运行技术技能竞赛"，并为全体参赛院校免费提供自主研发的变电站仿真系统。②学院紧跟产业布局，对接产业高端实力领先。学院对接国家"全球能源互联网"战略，布局特高压、智能电网和清洁能源技术领域，拥有全球唯一的特高压带电作业实训基地、自主开发了国内唯一的1000kV特高压变电站仿真实训系统；成立了智能电网研究室，建立了国内领先的智能电网二次实训室和智能变电站实训室，主持建设了国家级专业资源库中智能电网课程资源，并开展了对企业员工和兄弟院校的相关培训。

（2）师资队伍有行业影响力。①拥有行业影响力的带头人。专业群带头人余建华教授在电力职教领域颇具影响力，是全国电力行指委电力系统专委会秘书长和省级技能名师工作室主持人，是国家电网有限公司（以下简称"国网公司"）《1000kV交流架空输电线路运行规程》《±800kV直流架空输电线路检修规范》等技术规范的主要起草人，拥有2项国家发明专利和5项实用新型专利，主编《分布式发电与微电网技术及应用》等3部教材，发表论文13篇。②拥有"双师双能"师资队伍。专业群专兼教师队伍整体水平较高。群内有省级教学团队2个，省级技能名师工作室2个，教学研究团队3个。专任教师中，有"国网公司专业领军人才"2名，"国网湖北公司专业领军人才"、专家人才4名。群内"双师"素质教师占比较高，"双能"教师占比超过 60%；建立了一个有 2000 余名兼职教师的师资库，囊括了国网湖北公司各级各类专家人才。专业群还聘请 16 名行业内知名专家为"楚天技能名师"，参与专业教学和培训工作。③拥有务实落地的各类成果。近五年，专业群教师积极参与各类教科研项目研究，发表 EI 检索论文 9 篇，编写"十二五"国家规划教材 11 本，授权发明专利 11 项，主持、参与编写国家级专业教学标准和顶岗实习标准 5 个，完成省级及以上教学改革成果 16 项。参加教学技能竞赛，共获得国家级奖项 5 个。培训的企业员工参加各级各类竞赛获奖 18 项，支撑学院获得"2018 年全国电力行业技能人才培育突出贡献奖"。

（3）产教融合有独特先天优势。①企业办学的属性赋予专业群产教融合的天然优势。学院的主办单位是国网湖北公司，其上级单位是在世界 500 强中名列前茅的国网公司，具有电力行业技术的领先优势。学院同时是国网湖北公司的技术培训中心，具有贯彻企业技术标准、制订培训规范和推广新技术的使命。"校企一体、教培一体"的办学模式使专业群获得了大量的优势资源，建有 5 个投资千万元、"适度超前现场"的生产性实训基地，为实现产教融合奠定了坚实基础。②湖北电网区位优势赋予专业群发展无可比拟的条件。湖北电网是我国西电东送、南北互供的重要平台，属于典型的特高压交直流混联大电网，其电源结构丰富，水电、火电、风电、分布式电源等多种结构并存，群内各专业均能找到国内主流电力企业进行合作。湖北电网也是电力技术创新的高地，先后投产我国的第一条 500kV 交流、500kV 直流线路和我国第一条特高压交流线路，为专业群对接产业高端提供了便利条件。

（4）教培资源有"共融"特色。发挥企业办学特色，初步建立了贯穿技能人才终身的教育培训资源体系，建设了一批对接电力行业标准和企业岗位规范、既能用于学历教育，又能用于职业培训的教学资源。主持国家级专业教学资源库建设项目 1 个，编制课程标准 126 个，开发国家级精品资源共享课 2 门、省级精品课程 7 门，省级教学案例库 1 门，教师自建网络云平台课程 85 门，校企联合开发企业员工培训案例 118 个，题库 93 个，国网公司网络大学课件 2092 个。自主开发电力仿真系统 20 套，涵盖变电站、火电厂、生物质电厂、水电站等类型，其中 1000kV 特高压变电仿真系统为国际首创。

（5）社会服务有突出业绩。2017 年、2018 年连续两年担纲编写中国电力行业人才年度发展报告，承接国网公司、国网湖北公司高水平研究课题 30 项，参与国网公司企业标准编写工作。发挥资源优势，为国网湖北公司等企业开展变电运维、配电检修、输电线路、继电保护、电力营销、集控运行等岗位技能培训，专业群年培训量近 10 万人天；2018 年完成鉴定量达 8956 人次。近 5 年，专业群承接湖北省人社厅下达的援疆培训任务 2 期，共 1005 人天；深度参与了湖北省政府扶贫办光伏扶贫培训项目开发与实施。同时，依托 2 个协同创新中心，先后为国网公司、国网湖北公司、华中科技大学、水电开发公司等企事业单位提供集项目研究、成果转化、科技攻关为一体的产学研技术服务 26 项，实现横向技术服务收入 787.06 万元。

**2. 组群逻辑**

（1）组建背景。①国家电力产业结构调整需要建设支撑服务产业链发展的电力类专业群。当前，全球能源战略正发生着巨大的变革，以全球能源互联网和清洁能源替代为代表的新理念和新技术已逐步融入电力行业各个领域，传统电力工业正进入技术升级、转型发展的新阶段。与此同时，国务院印发了《"十三五"国家战略性新兴产业发展规划》，明确将新能源与节能环保产业纳入支柱产业范畴，这也为电力产业变革指明了方向。在此背景下，传统的、单一的专业设置已无法满足电力产业转型升级带来的新挑战，必须组建服务电力产业发展、对接职业岗位群的"发电厂及电力系统"专业群，实现人才培养供给侧和产业需求侧结构要素的全方位融合。②电力企业战略转型需要建设与其目标相适应的现代职业教育专业群。在能源革命的背景下，国网公司提出了建成具有中国特色国际领先的能源互联网企业的战略目标，这必然会推动电力产业的巨大变革，也需要我们主动适应新技术发展，改造升级传统专业，按照企业发展需求，开发与其相关的创新平台、示范项目、培训基地和课程，打造一流的电力技术技能人才培养高地。群内人才培养需紧跟产业技术升级，为企业的战略转型提供技术技能人才支撑，开发与人才培养相适应的教学资源。③湖北经济社会发展需要建设可培养复合型高技能电力人才的特色专业群。湖北是国家实现"中部崛起"战略的重要支点，根据《湖北省国民经济和社会发展"十三五"规划》，未来湖北将在国家中部地区率先实现小康，这对湖北经济高质量发展提出了明确目标，也对湖北电力发展提出了具体要求。作为国家电力体制改革的试点省份，湖北电力产业链的显著变化必将带来电力企业类型和层次的不断增加，必须紧跟产业发展趋势，在优化专业结构的同时，设置多元化的专业方向，以培养胜任多岗位任务要求的复合型技术技能人才，满足湖北电力企业多样化的人才需求。

（2）组建思路。主动适应电力工业转型升级和湖北区域经济发展，根据覆盖湖北电网所有发电类型和所有电压等级的思路，按照专业基础相通、技术领域相近、职业岗位相关、教学资源共享的原则，以服务电力产业链中发、变、输、配四个环节的发电厂及电力系统专业为核心，向上链接服务发、变环节的火电厂集控运行、水电站机电设备与自动化技术和风电系统运行与维护 3 个专业，向下链接服务变、配、用环节的供用电技术专业，形成覆盖电力产业发、变、输、配、用五个环节的专业群，如图 5-23 所示。

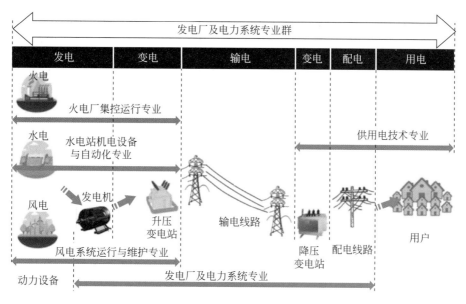

**图 5-23　发电厂及电力系统专业群组与电力产业链关系图**

（3）组建依据。①专业群内各专业技术领域相近在高等职业教育（专科）专业目录中，发电厂及电力系统、供用电技术、火电厂集控运行、水电站机电设备与自动化技术、风电系统运行与维护 5 个专业均属于能源动力与材料大类，各专业技术领域非常相近，有《电工技术》《电子技术》《电机技术》《电气设备》等 6 门专业课程相通。组群后可以构建共享平台课程、师资和基地，如图 5-24 所示。②专业群内各专业职业岗位相关群内发电厂及电力系统、供用电技术、火电厂集控运行、水电站机电设备与自动化技术、风电系统运行与维护五个专业主要培养电气值班员、变配电运行值班员、变电设备检修工、集控值班员、水轮发电机组值班员、风力发电运维值班员以及相关企业运维检修等职业岗位群的高素质技术技能人才，覆盖电力产业链中的发、变、输、配、用各领域，具有相近的岗位面向与服务面向，可共享校内外实训基地、合作企业和就业单位。

（4）培养定位。发电厂及电力系统专业群定位于培养具有国际视野及创新意识，适应清洁能源、智能电网等新技术发展，服务电力生产一线的电力工匠。毕业时达到岗位胜任能力的中级水平，毕业三年后，达到岗位胜任能力的高级水平。

（5）组建效益。①多岗位适应型人才培养达成度提升，专业群的组建有利于通过专业师资、课程场地的共建共享，提升复合型人才培养的有效性。例如，火电厂集控运行岗位要求综合掌握火电厂汽机、锅炉和电气三大系统的运行技术。组建专业群后，在发电厂及电力系统专业的辐射带领下，提升了电气部分技能培养效果，解决了原来火电厂集控运行专业人才培养中汽机、锅炉强而电气系统弱的顽疾，从而有效提升复合型人才培养目标的达成度。②不同生源个性化发展需求得以满足专业群的组建，有利于推动课程体系变革，按照分层分类的原则搭建课程超市，为学生按照兴趣和需求进行学习课程选择提供了方案，使学生在校获得多个"1+X"证书、面向多个岗位就业成为可能。同时，课程超市＋柔性学分制改革为社会人员就读高职提供通道和便利，使社会人员的学历提升和就业培训更加灵活、更加省时、更能满足其个性需求，有助于更好地履行学历教育和职业培训这两个职能。③各专业实力整体增强集群效应凸显，专业群的组建有利于充分发挥群内各专业的特色优势，实现优势互补，实力倍增。群内发电厂及电力系统专业依托主办单位国网湖北公司，建立了完备的职业培训课程体系和资源开发体系，具有超强的社会服务能力；水电站机电设备与自动化技术专业，拥有应用技术研发和成果转化的丰富经验。组群后既可以充分发挥各自的辐射能力和带头引领作用，有效提升专业群的整体实力，也有利于形成跨专业师资队伍的集群优势，承接更大规模、跨专业的科研和技术服务项目，提升技术服务能力。④专业群教培资源融合共享有效利用，专业群的组建有利于教学资源的整合和共享，避免出现资源重叠或重复建设的现象。通过将原本分散在各专业的仿真教学资源整合成一个电力技术虚拟仿真中心，既能提高资源利用率，降低管理成本，也能极大增强仿真中心的实力。同时，跨专业教学团队的组建，也可以有效沟通不同专业教学资源状况，促进教学资源的有效共享，更有利于发挥专业集群、资源集成的优势，整体提升专业水平。

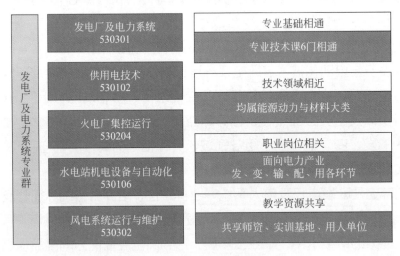

图 5-24　专业群组群逻辑图

**3. 建设内容与实施举措**

（1）创新人才培养模式。以服务电力产业发展、对接电力企业职业岗位群为宗旨，创新"一双四全"专业群人才培养模式，着力构建"两面向、三层次"专业群课程体系、"三课堂、三考核"素质教育体系和"四步衔接"双创教育体系，为服务电力产业升级和企业发展提供人才支撑。旨在创新"一双四全"专业群人才培养模式，推行学分制，开展"1+X"证书制度试点，广泛开展校企双元培养，构建完善"两面向、三层次"专业群课程体系、"三课堂、三考核"素质教育体系和"四步衔接"双创教育体系。

① 创新"一双四全"的专业群人才培养模式。根据产业链发展的特点和要求，深入剖析职业岗位群的特点，以适应多岗位复合型技术技能人才为专业群人才培养目标，依托校企合作办学平台，构建"一双四全"专业群人才培养模式，如图 5-25 所示。其中，"一"是指聚焦一条主线，即聚焦"培养胜任电力职业岗位群多岗位任务要求的高素质复合型技术技能人才"这条主线。"双"是指校企双元培养，指学校与电力企业深融合作，通过共建共培的"双师双能"教师队伍、共融共享的教培资源、"三场合一"的实践教学基地和共管共促的责任机制，有效落实"双主体"协同育人，并同步实现培养对象的"双面向"、培养地点的"双场所"和培养效果的"双认证"。"四"是指能力四层递进，针对学习对象的不同能力基础和学习需求，结合"1+X"证书书证融通的要求，构建贯穿电力复合型技术技能人才终身的课程体系，实现培养对象从专业基本能力—专业综合能力—岗位适应能力—岗位胜任能力的逐级提升。其中前三项由学历教育完成，岗位胜任能力主要由职业培训完成，统筹规划，实现"育训一体"。"全"是指素养全程贯穿，是指将电力企业的安全意识、创新意识和工匠精神等核心素养贯穿于高素质复合型技术技能人才培养全过程。

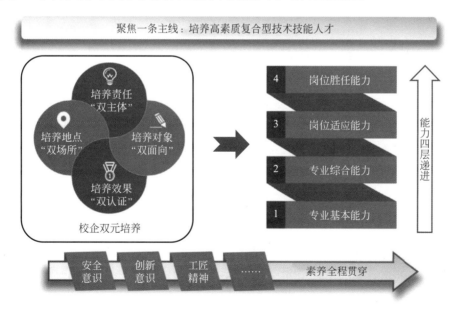

**图 5-25　"一双四全"人才培养模式示意图**

② 构建"两面向、三层次"专业群课程体系。成立由电力行业专家、专业群带头人、

各专业带头人、各专业负责人、专业骨干教师等组成的专业群建设委员会。通过对电力行业内企业的充分调研，详细分析专业群所面向的职业岗位群的能力需求，分析各岗位所需的通用知识和技能，以"产教融合、书证融通、学分互认、自主选课"为原则，构建"两面向、三层次"的"发电厂及电力系统"专业群课程体系，如图5-26所示。

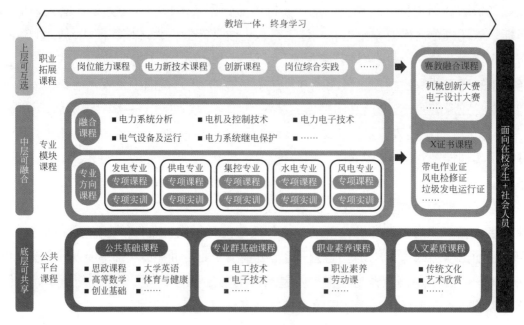

图 5-26　专业群课程体系示意图

其中，"两面向"是指面向在校学生和社会人员，遵循"专业基本能力—专业综合能力—岗位适应能力—岗位胜任能力"逐层递进逻辑，体现"教培一体"，终身学习的理念。在校生除达到毕业要求获得毕业证书外，也可根据自身情况选择技能等级证书所对应的课程学习，通过考核取得相应的证书。社会人员也能根据自身需要，通过自选课程体系内特定课程进行学习，学习成绩达到考核标准，即获得相应证书。"三层次"是指将教学活动与电力生产实践紧密结合，构建"底层可共享、中层可融合、上层可互选"的专业群课程体系。底层可共享：该层处于课程体系的底层，为公共平台课，是专业群各专业均需开设的公共课程，包括公共基础课程、专业群基础课程、职业素养课程和人文素质课程。课程主要按模块化课程设计，根据专业群中某专业在同一门课程中的知识、能力和素质目标差异，适当划分课程模块，通过不同模块的组合，满足共享学习的实际需求。中层可融合是指该层处于课程体系的中层，包括专业群融合课程和各专业方向课程。可融合课程是指除去专业群公共平台课程外，两个及以上专业交叉的专业课程。方向课程包括各专业的专项课程和专项实训。

上层可互选是指该层处于课程体系的上层，包括可以跨专业自主选择的职业拓展课、专业群相关岗位能力课程、电力新技术课程、创新课程和岗位综合实践等，构成资源丰富的课程超市。学习者可以自主选择该层课程进行学习，通过考核取得相应的学分。

③ 搭建"三课堂、三考核"的素质教育体系。对照学院"七位一体"的素质教育体系，结合专业群特色，构建"三课堂（主课堂、课外活动、社会大课堂）、三考核（实施课程考核、操行评定和素质活动）"的专业群特色素质教育体系，使素质培养贯穿人才培养全过程。发挥第一课堂主渠道作用，结合课程思政和职业精神培养，引导学生树立工匠精神；发挥第二课堂（课外活动）主阵地作用，通过社团、体育、创新创业、心理辅导等活动促进学生德智体美劳全面发展；发挥第三课堂（社会大课堂）主载体作用，通过组织学生到国网客服中心等单位进行暑期社会实践，帮助学生提前了解行业和岗位，更好地做好迎接职业生涯的准备。实施"三考核"，在公共课程及专业课程中将职业素养等素质要求纳入课程考核；在操行评定中将学生在校日常行为纳入考核；实行素质活动积分制，将社团活动、竞赛活动或社会实践折合相应积分计入个人成绩档案，促进学生综合素质的提高，如图 5-27 所示。

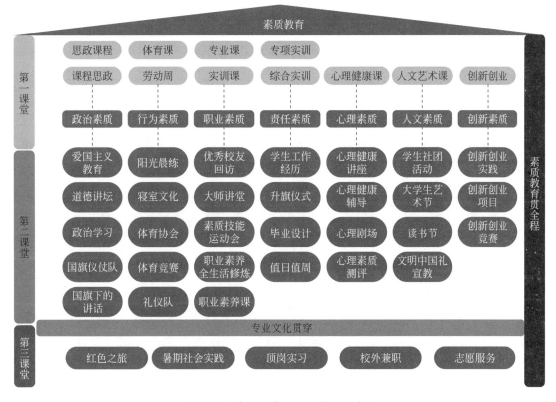

**图 5-27　专业群素质教育体系示意图**

④ 构建"四步衔接"的双创教育体系。将学生的创新意识培养和创新思维养成融入教育教学全过程，构建"创意启蒙—创新实践—项目训练—创业孵化""四步衔接"的双创教育体系，如图 5-28 所示。在启蒙阶段，将创业基础课程列入人才培养方案，开设"创新创业基础"必修课，启发创新思维，培养创新意识。在实践阶段，将创新教育融入专业课程，并开设"创新实践"必修课，提升学生创新意识和创新能力。在训练阶段，由五六名学生组成的项目小组，实施包括"创意—市场需求调研—项目策划"创业训练全过程，培养学生的创新创业实践能力。在孵化阶段，遴选有市场前景的项目给予经费支持和专门指导，成立创业团队，纳入学院创业基地进行创业孵化，培养学生的经营管理能力的同时，为学生创业提供支撑和服务。

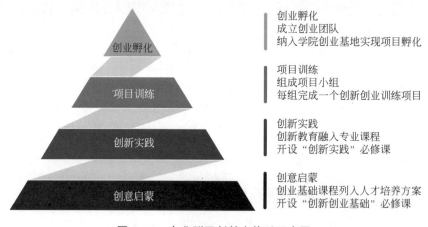

**图 5-28 专业群双创教育体系示意图**

（2）建设优质课程教学资源。统筹学历教育教学资源和电力企业培训资源，建立完善的课程资源建设及应用制度，组织专业教师和企业培训师团队，积极参与各级各类标准编写，持续推进专业群教学资源库和国家级专业教学资源库建设，合作开展在线开放课程建设，不断加强课程教学资源的推广和应用，为专业教学和职业培训提供优质的资源保障，旨在建立课程教学资源开发标准和建设应用制度。建设各级专业教学标准 5 个、顶岗实习标准 5 个、实训条件建设标准 5 个和课程标准 20 个。开展专业群教学资源库建设，持续更新建设国家级专业教学资源库 1 个，参与建设 2 个，新增 1 个，校企合作共同开发企业生产实际教学案例库 6 个。建成在线开放课程 20 门，其中省级 3 ~ 5 门，国家级 1 ~ 2 门。

① 建立课程资源开发标准和管理制度。建立课程教学资源开发标准，严把资源质量关。建立资源分级分类制度，保证资源的高效管理和调用。建立专业群及专业教学资源库和在线开放课程的建设应用制度，稳步提升课程教学资源的数量和质量，持续应用推广资源库和在线开放课程。

② 主持或参与各级各类标准建设项目。根据国家有关部委关于标准制订、修订工作的相关要求，主持或参与国家级专业教学标准 5 项、顶岗实习标准 5 项、实训条件建设标准 5 项，积极参与行业技术标准的编写。根据行业技术标准和岗位规范更新情况，及时更新模块化专业群课程标准 20 个。积极发挥各级各类标准在专业教学和职业培训中的指导作用。

③ 建设应用专业群教学资源库。持续推进学院主持的电力系统自动化技术国家级专业教学资源库建设，完成发电厂及电力系统、供用电技术 2 个国家级专业教学资源库的参建任务，建设完善火电厂集控运行专业省级教学资源库，力争申报国家级资源库。整合群内各专业教培资源，搭建专业群资源库；进一步丰富专业群教学资源类型，与国网公司和大型发电企业合作共同开发企业生产实际教学案例库 6 个。全面推广专业群资源库在职业院校和电力行业企业中的应用，引导教师和企业培训师从资源库中选用教学资源授课，鼓励学生和企业职工利用资源库开展自主学习。

④ 建设应用一批精品在线开放课程。按照体系化设计的原则，将《电工技术》《电机及控制技术》《用电营业管理》等 20 门专业课程进行解构和重构，由校企共同设计开发一批同时满足学历教育和培训需求的在线开放课程。学院联合国网公司、大型发电企业和其他电力类院校，对在线开放课程共同实施评估和认证，并与参建的电力企业共同维护管理，为有效开展线上线下"混合式"教学提供保障。

（3）推进教材与教法改革。发挥"教培一体"特色，对接专业群课程体系和企业职工能级评价体系，组织校企专家共同开发电力职教系列教材；通过融入课程思政和劳动教育元素、推行线上线下"混合式"教学模式等方式，全面开展项目化教学改革，为职教"金课"建设提供有力支撑。旨在开发基于岗位工作内容的教材 20 部，其中国家级规划教材 6～8 部，开发基于典型工作任务和实操工艺的工作手册式、新型活页式教材 14 部，开发双语教材 5 部，加强课程思政和劳动教育，推进落实线上线下混合式教学模式，完成课程项目化教学改革 20 门。信息化课堂教学全面推广。

① 建立完善管理制度。建立教材开发、选用、管理制度，对专业群内教材进行整体规划和系列设计，制订新形态一体化、活页式和工作手册式教材的编写规范和标准，建立教材审核和动态更新机制。制订教法改革管理、项目化教学实施细则和考核评价等制度，完善教师信息化教学能力测评制度，推动教法改革工作有序进行。

② 开发电力职教系列教材。按照教育部对教材开发与建设工作的最新要求，结合专业群课程体系和电力企业职工技能能级评价体系建设实际，持续推进"教培一体"特色鲜明的电力职教系列教材开发，如图 5-29 所示，重点开发基于岗位工作内容、典型工作任务和实操工艺的工作手册式、活页式教材，以及融入电力企业新

标准和新能源发电、特高压交直流输电等新工艺、新技术的一体化教材，并配套开发相关数字资源。根据电力行业产业发展和升级的情况，对教材进行动态更新。

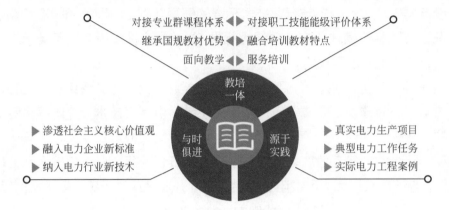

图 5-29 "教培一体"新型教材开发思路

③ 创新教学模式方法。课程思政、劳动教育贯穿教学全过程。针对电力行业岗位职业素养的要求，在专业群核心课程标准中明确课程思政的具体内容，并在教学组织及评价考核等教学环节全面实施。完善劳动教育课程教学、考核与评价机制，充分利用劳动主题的课堂教学平台，在课堂开展以弘扬劳动精神为主旨的教育教学活动，与电力行业劳动模范、国网公司领军人才面对面，让学生接受思想上的熏陶、实现行为上的改变。实施线上线下"混合式"教学。建立基于专业群资源库的网络学习空间，保障线上线下教学的有效结合。线上以在线开放课程为载体，为在校生、企业在岗员工、转岗就业人员等不同用户群体提供泛在学习环境和个性化学习定制服务。线下以模块化课程为依托，广泛采用项目化教学法、任务驱动法、案例教学法，培养学习者的专业能力，提升学习者电力安全意识、规范意识和创新意识。深化项目化教学改革，对专业群核心课程实施项目化改造。以职业岗位能力培养为主线，遵循学生认知发展规律，以项目为载体，将教学内容组织为若干综合性项目。课上以学生为中心，教师引导学生完成项目，课下为学生设置并行项目，由学生自主完成，强化学生认知水平和技能水平。教学环节围绕项目由浅入深、能力递进式开展，逐渐扩大知识面，加深知识难度，让学生在做中学，在学中做，边做边学。广泛应用信息化教学手段。依托智慧教室和智慧实训室，借助网络学习空间，充分运用翻转课堂、SPOC（Small Private Online Courses，小规模限制性在线课程）、MOOC（Massive Open Online Courses，大规模在线开放课程）、虚拟仿真软件等信息化手段，从教学资源的信息化，逐步扩展到学情分析、教学互动、评价考核等教学过程的信息化。利用大数据、5G 等先进技术，实现教学决策数据化、评价反馈即时化、交流互动立体化、资源推送智能化、自主学习泛在化，满足学生个性化学习的需求。

（4）打造高水平教师教学创新团队。以提高教师教育教学能力和专业实践能力为目标，以"双师双能"教师队伍建设为抓手，实施专业群带头人和专业带头人、领军人才、骨干教师分层培养，积极培育高水平教学创新团队，为持续深化教育教学模式改革，促进优质教学资源开发，全面提高复合型技术技能人才培养质量提供强有力的师资支撑。旨在引进行业企业高端人才5名，建设专家工作站1个。引进并培育行业有权威、国内有影响的高水平专业群带头人2人、培育专业带头人5人。组建教学创新团队5个，培育国家级团队1个、省级团队2个。建立省级技能名师工作室3个。培育电力行业技术专家10人、电力行业教学名师1人、学院职教专家8人。新增教师企业实践流动站5个。教师在全国职业院校教师教学能力大赛中获奖。

① 落实专业群校企双带头人制度。发挥企业办学独特优势，按照专业方向从引聘的电力行业技术能手、首席技师和行业企业大师名匠中，培育校企专业群双带头人，并在国内外交流合作、学习深造、经费保障等方面创造条件，在全国性或行业性教学组织、团体中担任相关职务，全面提升其技术研发能力、专业群发展引领能力和行业影响力。加大群内各专业带头人培养力度，建立专业带头人考评制度，完善激励机制，加强校企双带头人在任期内的过程考核，实行动态管理。

② 加快专业群"领军人才"培养。依托校企共同建立的专家工作站和技能名师工作室，对接电力产业发展与不断升级需求，通过共同开展技艺传承、教育教学研究、产业技术攻关等活动，着力培育国家级教学团队、省级教学团队、行业技术专家、行业教学名师以及院级职教专家，打造一批对接产业发展、支撑高水平专业群建设的领军人才。

③ 加快"双师双能"教师培养。围绕"教培一体"的办学模式，推进双能教师培养。联合行业企业建立教师现场实践培训基地，落实教师深入企业挂职锻炼，提升实践能力。注重教师信息化教学技术运用，重点组织参加教学技能提升类培训。持续引进行业企业兼职教师，为其提供高职教育理论、教育教学能力培训，鼓励与校内教师联合开发课程标准、建设课程资源、实施模块化教学，联合组队参加教师教学能力大赛。落实"1+X"证书制度要求，开展针对教师的职业技能等级培训。发挥好全国"电力技术类'双师型'教师培养培训基地"作用，围绕双师教师培养开发一批品牌服务项目。

④ 打造教师教学创新团队。根据专业群复合型技术技能人才的培养需求，打破专业界限，建设由电力行业、相关企业和专业教师共同组成的发电厂及电力系统、供用电技术等专业教学创新团队，推动教学模式和人才培养模式改革，实现人才培养质量的持续提升。推进落实"1+X"证书书证融通，结合教育教学改革新要求，

按照"分工协作、专兼结合"的原则,校企联合组建"电工技术"等结构化教学团队,共同梳理各任务模块中的知识点、技能点,开发模块化课程、实施项目化教学。

（5）建设实践教学基地。整合校企培训教学资源,以"实习现场就是培训现场、培训现场就是生产现场"的建设理念,完善实践教学基地管理机制,建设一批设施设备共通、技能项目一致、安全标准统一、校企文化融合的"三场合一"实践教学基地,有效支撑学生实训教学、企业员工培训、"1+X"证书培训考核和高端技能人才培养。旨在校企合作建设校内实训基地23个,其中建设校内平台型实践教学基地5个、"教培一体"型实践教学基地13个、新技术型实践教学基地5个。新增校外实训基地5个。建设省级产教融合实训基地1个。制订校内实训基地运营配套管理办法,完善实训基地标准化管理体系,如图5–30所示。

① 统一实践教学基地管理机制。发挥企业办学优势,将企业实训基地先进的管理理念融入实践教学基地管理中,建立专业群基地建设管理机制,统筹群内基地建设,合理调配企业和专业群内"项目库""课程库""师资库"资源,实现企业与专业群内资源共享。建立实践教学基地对外共享机制,提高基地利用率。健全实践教学基地标准化管理体系。加强实训教学环节文化建设,将企业文化精神、安全标准统一引入实践教学基地管理中,使"三场合一"理念深入人心,营造浓郁的文化氛围。

② 打造平台型实践教学基地。整合现有实训资源,以专业群公共专业课程为导向,以集约化、共享性、高效率为目标,建设覆盖整个专业群的虚拟仿真、工业控制技术应用、电工电子、CAD技术及创新设计、金工实习等平台型实践教学基地。建设、升级和改造电力技术虚拟仿真实训中心、工业控制技术应用实训基地、创新设计及实训教学基地等相关实训场地,为"垃圾焚烧发电运行与维护"等职业技能等级证书取证培训工作创造条件。

③ 建设"教培一体"实践教学基地。根据电力企业的人才培训需求,与企业开展紧密合作,建设既满足学生实训教学,又符合职工培训和岗位能级评价的"教培一体"实践教学基地。基地设备均和生产现场设备保持一致,还原现场工作环境,在完成实训教学的同时,开展电力运检、电网营销、配网运维、继电保护、无人机巡检、火电厂集控运行、风力发电等工种的培训和能级评价工作,全面提升校企合作育人水平。

④ 建设新技术实践教学基地。紧跟能源行业发展热点,围绕电力行业转型发展中新技术的应用,依托现代信息技术,采用"大云物移智链"等高科技手段,建设智慧校园综合能源典型示范项目、电力通信5G无线实训室、信息安全攻防实训室、能源环保技术实训基地等一批新技术型实践教学基地。将电力企业所使用的新技能、新技术、新设备在基地中重现,引入实训教学课堂,培养符合企业需要、适应行业

发展的高端技术技能人才。

⑤ 校企共建校外实训基地。加强与电力产业链上下游企业的紧密联系，深化校企合作领域，发挥专业群整体优势，积极拓展合作范围，依托企业设备、技术和人才资源，开发共享校外实训基地 5 个。将凤凰山输变电实训基地打造成业内知名的"产教融合实训基地"，与武汉大学、华中科技大学、湖北工业大学等高校紧密合作，共享实训基地，共建"卓越工程师"培养基地。

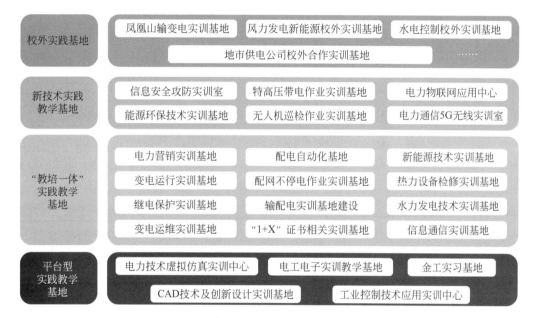

**图 5-30　专业群实践教学基地结构示意图**

（6）搭建技术技能平台。聚焦电力行业发展方向，依托电力科创服务中心的管理运作机制，校企共同打造电力技术协同创新中心、科技创新团队和大学生创新工坊；多渠道多维度提升科技创新团队的科研水平，在综合能源系统、泛在电力物联网和智慧电厂等技术领域发力，开展新技术研究、技术规范标准研制和技术服务等项目研究；促进电力成果产出，推进研究成果转化，服务电力企业的技术发展和电力创新人才的培育。旨在建设面向电力行业发展方向的电力技术协同创新中心 1 个，科技创新团队 5 个，大学生创新工坊 1 个。实现技术研发及技术服务项目年均到款额超 700 万元，研究成果推广应用率达 85%。获得行业内有影响力的科研及创新成果奖 4 项，主持或参与行业及以上技术技能规范 / 标准建设项目 8 项，公开发表论文 300 篇，专利授权 30 项，开发学生创新教育项目 20 项，培育省级及以上的学生创新竞赛项目 10 项。

① 丰富技术服务载体。聚焦电力行业前沿技术，服务企业发展，持续建设电力技术协同创新中心，面向综合能源系统、电力设备智能巡检技术、智慧电厂、新能

源技术等方向，引聘企业技术专家或创新人才，与企业共建智能电网技术、能源与环保技术等 5 个科技创新团队。科学有效管理团队，落实约束激励机制，保障团队可持续建设发展。创建大学生创新工坊，完善创新工坊基础建设和制度保障体系，满足创新实践项目的开展需求。

② 增强技术服务能力。依托校企合作平台，实现教师"走出去"，项目"引进来"。选派技术骨干参加新技术技能培训，并加入企业专家创新工作室，参与企业科技创新、产品研发等项目研究。加强行业企业调研，积极拓展技术服务领域，大力引进技术研发、技术规范标准研制和技术服务等项目，提增专业群技术服务的层次和水平。

③ 促进创新人才培育。将研究成果转化为学生创新教育项目，依托大学生创新工坊，持续推进创新教育项目开发，着力培养一批大学生创新能手，培育省级及以上的学生创新竞赛 10 项；将研究成果转化为技术技能培训资源，依托网络信息平台，实现资源共享，为企业培育创新型技术技能人才提供有力支撑。

（7）提升社会服务能力。发挥专业群资源丰富和技术积累的优势，紧贴电力企业和地方经济发展实际，通过建立职业培训体系，持续开展技术技能培训、职业等级鉴定、培训课题研究、行业新技术推广、技能竞赛及社区教育等多元服务，促进专业群服务发展能力的有效提升。旨在建设期内累计开展职业技能培训总量不少于50 万人次，培训服务总到款额不低于 5000 万元，技能鉴定总量不少于 5 万人次，打造出一系列行业知名的品牌培训项目。有效实施对接"乡村振兴"等国家发展战略的重点项目，累计培训农村电工不少于 2500 人次。建立面向社会的用电安全教育基地 1 个。

① 强化技能培训服务能力。围绕企业需求，设计开发培训项目，着力打造全而精准的企业员工职业技能培训体系。持续高质量开展电力营销、继电保护等优势培训项目。结合电力行业转型发展方向和国网公司发展战略，有序推进各类重点培训项目。关注特高压、带电作业、智慧能源、5G 在电力系统应用等电力行业的前沿技术，开发行业高端技术培训项目。打造一批深受行业企业认可的培训项目，不断提升行业企业员工队伍整体素质。

② 多渠道助力行业发展。积极承接政府、行业、企业主办的电力类职业技能大赛，协助国网湖北公司等企业打造"职工技能素质运动会"等竞赛品牌，以赛促培，提高行业人才队伍整体技能水平。探索实施电力行业线上技术技能培训模式，提升知识技能传递效率，形成线上线下共同开展、优势互补的培训新格局。有效发挥学院继电保护、电网运维等专业在培训师资、课程、基地等方面行业内领先的优势，协助本科高校培养理论实践双优的行业高端人才。

③ 发挥优势响应国家战略。积极响应国家"乡村振兴"战略，针对偏远地区农

村电工数量少、培训难的问题，通过定制培训方案，开展送培上门，开发核心技能自学资源包，扩大鉴定取证规范等方式，提升农村电工队伍整体技能水平。建立面向社会的用电安全教育基地，服务社区和中小学，提高群众安全用电意识。主动服务"一带一路"走出去的电力企业，利用专业群的技术、场地优势，开展涉外培训服务。

（8）深化国际交流与合作。以国际专业认证为抓手，开展国际通用的专业、课程标准建设；通过开拓海外合作院校、拓展合作办学项目，促进师生国际交流，提升双语师资队伍力量，培养具有国际视野和竞争力的复合型电力人才；服务"一带一路"国际能源合作，主动对接"走出去"电力企业，输出中国电力技术标准，提升专业群国际化人才培养水平。旨在建设国际通用的电力专业标准2个，开发双语课程7门，双语课程标准10门，与参与"一带一路"建设的电力企业共同开展订单式海外员工培训项目3个。积极选派专业骨干教师赴海外研修，专业骨干教师中双语师资比例达到50%。学生海外交流渠道通畅，招收长短期留学生30人。建成业内领先的电力国际教师培训中心。

① 开发国际电力职教标准与资源。开展国际通用的专业认证研究，制订国际通用的电力专业标准、课程体系、课程标准与涉外技术技能人才培训标准。围绕电力企业需求，与企业深度合作，共同开发专业群相关岗位的国际通用操作规范与技术标准。在专业群高水平教学资源的基础上，充分利用合作办学资源，开发国际可通用的课程标准10门。

② 培养国际化专业师资队伍。选派专业骨干教师赴境外学习职教新理念，打造一支具有国际视野、拥有外语交流能力、通晓国际规则的国际化师资队伍，提升教师国际化能力。积极承接"一带一路"电力人才培训项目，选派专业群骨干教师承担新能源技术、电力设备运行等涉外培训任务。利用学院高水平双语师资和业内领先的实践教学基地持续开展电力国际教师培训，为"一带一路"沿线国家培养电力专业教师。

③ 增进学生对外交流。拓展学生交流渠道，丰富各类长短期国际交流项目，进一步为学生搭建海外实践平台，助力其海外研修实习、获取国际通用电力资格证书以及参与国际竞赛，培养具有国际视野、通晓国际规则的复合型技术人才，如图5-31所示。有效发挥学院深耕电力行业的资源与技术优势，为"一带一路"沿线国家培养长短期留学生。

④ 服务电力企业走出去。响应"一带一路"倡议，主动对接"走出去"的中国电力企业，根据企业需求定制人才培养方案、课程体系，输出中国电力技术标准，为企业订单化培养紧缺的电力建设与运行技术人才，为企业境外项目的顺利实施提供培训支撑。

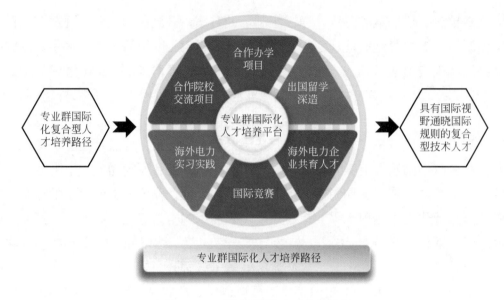

**图 5-31　专业群国际化人才培养路径**

（9）优化可持续发展保障机制。坚持党对"双高"建设的全面领导，基于可持续发展理念，健全制度体系，落实校企"双元"培养机制，完善人才培养质量标准和评价机制，形成专业群与产业群紧密对接、协同发展的工作格局。旨在专业群组织机构健全，制度执行有力，基于内部质量保证体系的专业群教学诊改常态化开展，企业和第三方机构共同参与的人才培养评价机制导向清晰，专业群建设发展保障机制日渐完善。

① 健全组织保障。坚持党对"双高"建设的全面领导，成立"双高"建设领导小组，统筹项目建设的组织协调，人、财、物保障及检查监督；成立"双高"建设工作小组，制订专业群发展规划及相关规章制度，分解专业群建设任务，监督各项建设任务落实。发挥湖北电力职业教育集团优势，在专业群人才培养、技术创新、社会服务、就业创业等方面深度开展校企合作；发挥学院理事会和院级专业建设委员会的重要作用，及时跟踪产业群动态和发展方向，对接产业需求，动态调整专业群内专业，推进专业群与产业协调发展、深度融合。

② 完善制度保障。落实学院"双高"建设各项管理制度，制订专业群建设配套管理办法和实施细则，完善机制建设，保障专业群建设和运行有序高效。严格执行学院财务管理和相关内控制度，科学编制专业群建设资金预算，严格资金监管，加强审计监督，确保专款专用。完善校企合作双元培养长效机制，制订《专业群双元培养实施方案》，为校企合作深度参与专业群人才培养提供保障。创新跨专业教学组织管理机制，组建跨专业教学团队，完善师资调配机制，为专业群提供优质师资队伍保障。认真落实《学分制管理办法》和《学分认定管理实施细则》，加强专业群内

跨专业选课的组织和管理,对接国家学分银行,推进学分互认,探索学分积累与转换、弹性学制、教学组织形式等方面的制度创新。

③ 强化质量保障。引进"双高"建设管理系统,实时监控项目建设的进度和质量。建立专业群质量标准体系和评价指标体系,定期开展专业群诊断改进,推动专业群人才培养质量持续提升。建立多元评价机制,按期发布专业群自我诊改报告,在年度教育质量报告中体现专业群建设和运行状况;建立第三方评价机制,围绕企业需求与毕业生胜任力匹配度开展用人单位满意度调查和毕业生跟踪调查,监控专业群人才培养质量;根据评价反馈及时调整改进,形成对接产业、动态调整、自我完善的专业群建设发展长效机制,持续推动专业群高质量发展。

**4. 建设成效**

(1)人才培养模式独具特色。"一双四全"专业群人才培养模式特色鲜明,对接"1+X"证书制度的学分银行运行顺畅,服务技术技能人才终身的"两面向、三层次"专业群课程体系成功构建,校企双元培养进一步深化,以柔性学分制为表现形式的复合型技术技能人才培养体系全面形成。

(2)教育培训资源优质丰富。专业群教学资源建设和应用制度健全,各类标准指导作用凸显。专业群教学资源库资源丰富,有效支撑学生个性化学习和复合型人才培养,建成国家级专业教学资源库和国家级精品在线开放课程。各类优质教学资源得到充分有效利用。

(3)教材教法改革成效显著。公开出版的电力职教系列教材广泛应用于专业教学和职业培训。教材内容满足人才培养的需求,教材形式适应教法改革的特点。以学习者为中心的教法改革全面铺开,形成标准统一、形式多元、特色鲜明的电力职业教育教学模式。

(4)教学创新团队成果丰硕。专业群师资队伍结构进一步优化,职业能力进一步提升,创新活力进一步激发,形成多个师德高尚、师风严谨,具有中国情怀和国际视野、工匠之心和技师之能的高水平教学创新团队,产出一批国家级的教科研成果。

(5)实践教学基地支撑强劲。实践教学基地管理制度完善,"三场合一"理念有效落实,深入人心。平台型基地资源配置优化,"教培一体"型基地功能设施完善,新技术型基地设备设施先进,校外实训基地充足,实训基地软硬件设施国内一流。

(6)技术服务能力大幅提升。校企共建的技术服务和创新创业教育基础设施完善,管理制度齐全,运作机制高效,创新团队科技攻关能力强,技术服务水平高,创新人才培育效果明显,技术创新服务能力在行业内得到高度认可。获得一批国家级专利授权和省级及以上学生双创成果。

（7）多元服务备受社会认可。企业办学、"教培一体"的优势充分彰显。服务行业企业员工的职业技能培训体系日渐完善。技术技能培训、职业技能鉴定等服务规模同类院校领先，服务质量持续提升，形成一批业内都认可的特色培训品牌，社会服务价值不断彰显。

（8）国际化人才培养水平有效提升。专业通过国际化认证，合作办学项目得以拓展，电力双语教学资源丰富，拥有电力企业的涉外订单培养项目。电力国际教师培训持续开展，国际通用的电力职教标准成功制订，国际化人才培养水平有效提升。

（9）可持续发展保障机制运行顺畅。专业群建设管理机制和配套制度健全，校企合作双元培养机制完善，专业群内部质量保证体系不断优化，诊断改进工作成效显著。对接产业、动态调整、自我完善的专业群发展机制有效运转，专业群建设和人才培养质量得到充分保障。

## （二）制冷与空调技术专业群

### 1. 建设基础

制冷与空调技术专业群以学校龙头专业制冷与空调技术专业为核心，联合电子信息工程技术补强制冷产品优化设计，联合电气自动化技术专业补强制冷工程智能控制，联合光伏发电技术与应用专业以新能源技术补强节能产品类型和工程服务，服务制冷产业从制冷产品制造业向制造技能升级和绿色节能综合服务业转型发展。其中，制冷与空调技术专业教育部首批教学改革试点专业、广东省示范性专业、国家示范（骨干）高职院校重点建设专业、广东省首批一类品牌专业、全国装备制造类品牌专业，电子信息工程技术专业与电气自动化技术专业则分别为广东省二类品牌建设专业与广东省一流校重点建设专业。

（1）产业背景雄厚，发展空间巨大。制冷是中国高度国际化的产业之一，产值占全球75%。位于大湾区腹地的顺德拥有以美的、格力、海信、科龙为代表的一大批知名企业，占全国行业总产值的40%以上。根据大湾区建设规划，制冷家电产业生产总值将在未来5年内突破1万亿元。近年来，制冷产业积极向以新能源、新技术和新工艺综合应用的绿色节能服务业转型。作为新能源技术的核心，光伏、节能照明等新能源装备制造业同样被大湾区列为战略新兴产业。广东省出台能源发展"十三五"规划，提出到2020年太阳能光伏发电装机规模达到600万千瓦，"十三五"期间单位GDP能耗下降17%以上。以制冷、光伏和节能照明技术为核心的绿色节能综合解决方案服务产业蓬勃发展，"十三五"以来，我国节能产业发展势头强劲，产值由2010年的2万亿元增长到2018年的7万亿元，年均增长率超过15%。本区域内汇集了美的、碧桂园两大世界 500 强企业，供给侧和需求侧的变化都为绿色节能产业的发展提供了极好的机遇。

（2）核心优势突出，集群效应明显。①服务产业高端。制冷与空调技术专业群（下称专业群）与美的、科龙、志高、格力等世界 500 强企业、行业领先企业深度合作，推动制冷产品制造业向节能综合服务业方向转型升级。②核心优势突出。专业群创新"政校企合作、产学研结合"模式，建立起了覆盖制冷空调产品价值链的研发、检测、工艺、售后"全流程"的系统性平台，建有国内领先水平的节能管理平台。获得行业企业共建投入超过 1300 万元，为 500 多家企业提供技术服务，项目经费累计 1600 多万元，获得 100 多件专利授权（其中 PCT 国际专利 6 件，发明专利 47 件），获省、厅级科技成果奖 16 项，为企业累计创造新增产值 20 多亿元。已建成的国内领先校园节能监管平台推动学校成为"全国节约型公共机构示范单位、全国公共机构能效领跑者和中古教育后勤协会能专会副主任单位（全国高职院校仅 2 所）"。依托正在建设的广东—亚琛工业 4.0 应用研究中心，将德国工业 4.0 先进理念、技术与佛山本地企业智能制造落地实践完美结合，高标准规划示范工厂、展示厅、技术实施与服务、员工培训、教育培养、国际项目合作研究六大功能，为正在转型的制造企业指明方向。专业群与全球最大燃气具制造公司广东万和新电器股份有限公司共建万和技术研究院，开发多能互补热水多能源系统，推动万和公司产品从燃气向太阳能、空气能等新能源领域的升级。

（3）办学积淀深厚，培养成效显著。作为全国机械职业教育教学指导委员会制冷空调类专业委员会主任委员单位，专业群探索出"平台为依托、项目为纽带、产科教融合"的人才培养机制，获得 2 项国家教学成果奖、6 项省级教学成果奖，将 1500 多个企业真实项目资源转化为教学案例，支撑建成国家级精品课程 4 门，牵头制订和修订了 2012 年版和 2018 年版全国高职《制冷与空调技术专业教学标准》。主持建成的国家级教学资源库 1 个，在支撑全国全部 82 个高职专业点人才培养的同时，清华大学、重庆大学、华南理工大学等本科院校和一大批中高职院校，以及美的、格力等龙头企业也将其作为网络课程学习平台和员工继续教育平台。迄今为止，专业群已为行业培养 3000 多名高技术技能人才，专业群学生参加技能大赛获国家级奖项 37 项，省级奖项 51 项，毕业生在港资企业大量就业并有多人入选"香港优才计划"。

（4）服务发展有力，国际声誉渐浓。专业群牵头完成了制冷国家专业教学标准建设，英文版被肯尼亚等国家采用。配合世界 500 强企业美的集团参与"一带一路"建设、"走出去"发展，专业群培养了包括中国、俄罗斯、泰国、缅甸、英国、德国、意大利等 40 多个国家近 3000 名技术人员。专业群不仅与芬兰 JAMK 应用技术大学联合开发国际版资源学习平台，还与南非开展留学生联合培养，以及与开利、大金、东芝、克莱沃等国际制冷领先公司建立了常态性的订单班人才联合培养。在"一带一路"节点甘肃培黎职业学院成立名师工作室，支持该校面向"一带一路"的国际化发展战略。专业群已为地方企业开展了超过 5000 人次的培训，为全国各单位开展机构节能培训超 3000 人次，举办了 11 届不同等级节能设备维修工的技能培训及鉴定，多次承办国家师资培训项目、广东省中职师资培训以及退伍军人及农民工培训，基于资源库平台协同兄弟院校开展线上线下培训 2 万余人 / 年，有力地服务了行业发展和社会发展。

**2. 组群逻辑**

（1）专业群对接产业链。以制冷与空调技术专业为核心，以光伏发电技术与应用、电气自动化技术、电子信息工程技术专业为支撑构建专业群，如图 5-32 所示。制冷与空调技术专业对应制冷产业，光伏发电技术与应用专业对应光伏照明等新能源产业，均包含产品设计、产品制造、工程应用、运营维保四个环节。电子信息工程技术和电气自动化技术专业为专业群提供了有力支持：常规产品在智能化控制技术支持下升级为多能源互补高效节能装备；传统产品制造在生产线自动化与信息化技术提升支持下升级为智能制造；产品工程应用环节在工程智慧化控制技术支持下升级为节能综合服务；设备运行在物联网、大数据和人工智能技术等新兴技术支持下升级为智能化的能源管理。专业集群发展，核心技术融合提升，支持绿色节能综合服务新产业发展。

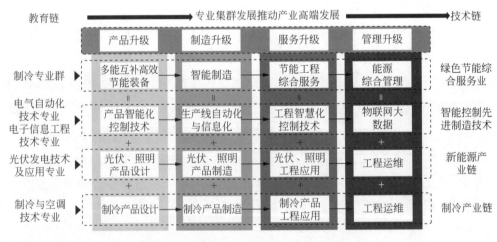

图 5-32 专业集群发展推动产业高端发展

（2）专业群人才培养定位。基于制冷制造业向绿色节能综合服务业转型升级需要，本专业群培养能够从事绿色节能综合服务相关的高效节能产品装备设计、智能制造、工程应用、运营维护等岗位的工作，以及在产业发展中新兴岗位工作的发展型、复合型、创新型技术技能人才。

（3）群内专业的逻辑性。专业群跨学院组建，以能源与汽车工程学院的制冷与空调技术专业为核心，同本学院的光伏发电技术与应用专业，以新能源技术补强节能产品类型和节能工程服务、智能制造学院的电子信息工程技术专业和电气自动化技术专业补强产品，优化设计和过程控制。这种组合是对传统制造业向以新能源、新技术、新工艺综合应用为核心的绿色节能综合服务业转型升级的创新适应举措。专业群共享了机械、电工电子、检测、控制、管理 5 个模块 18 门课程，1 个教学资源库、3 个工程技术中心、3 个实训平台、9 名专兼职教师。专业群将进一步以"1+X"证书制度建设、学分制改革、模块化课程建设、实训平台整合、教师组团教学和服务以及系列标准、制度、规范的建设，推进群内专业深度融合，共同满足产业转型升级的人才与技术服务需要。

### 3. 建设内容

（1）人才培养模式创新。围绕制冷产业产品升级和节能综合服务升级，聚焦制冷产业向以新能源、新工艺、新技术综合应用为核心的绿色节能综合服务产业转型升级，专业群将服务于粤港澳大湾区建设，创新"一标准、二主体、三对接、四融合、五途径"的人才培养模式，开发基于纵向贯通、横向融通的专业群资历证书标准，构建高水平的人才培养和技术创新平台，教学科研相结合，校企协同创新、协同育人，培养德技并修、复合型、创新型、发展型的社会主义时代新人。

①"一标准"即建立国际等效、纵向贯通、横向融通的专业资历证书标准。专业群将按照纵向贯通、横向融通并行的中国特色现代职业教育体系要求，在制冷专业已经构建的中高本衔接专业教学标准、高职阶段国家专业教学标准的基础上，联合中国制冷学会、协会和行业龙头企业，参照欧盟、新西兰、澳大利亚等国家和地区的资历框架等级标准，依据专业与产业、职业标准对接，通过专业结合产业、专业结合工作岗位准确定位人才培养规格和培养目标，开发制冷专业资历证书标准，实现普通教育、职业教育、培训及业绩之间的沟通和衔接，使该标准成为各级各类资历成果认证、积累与转换的共同参照依据，能够有效提高各级各类资历成果的可比性和转换性。基于培养服务产业生态链的复合型、创新型、发展型人才需求，开发专业群模块化课程体系，模块化课程包括专业群大类共享的基础模块、专业方向模块及能力拓展模块，同时对应不同层级的能力设置课程模块，专业群开发 100 个以上模块化课程。配合"1+X"证书制度建设和实施，课证融合，探索和实施弹性学分制、学分银行等学分制改革。资历证书开发和试行之后，要将证书标准向 50 所以上学校推广，涵盖中职、高职和技术应用本科，实现专业职教领域内的标准统一。

②"二主体"即在政府和行业指导下的高职院校与龙头骨干企业"双主体"协

同育人、协同创新。以美的集团、格兰仕集团等企业为主，校企建立多层次组织，建立两个培养主体（学校与行业企业）、两支培养队伍（专任教师与企业技术专家、能工巧匠）、两个培养阵地（学校与企业），共同完成专业人才培养。企业资源渗透作用于专业人才培养过程的各个环节，包括专业设置与调整、专业培养方案制订、课程教材开发与编写、专业技术技能教学、专业实训实践指导、教学与人才质量评价等方面。

③"三对接"：一是专业（群）动态调整机制，实现专业设置与行业需求的对接；二是实施项目导向的课程改革，实现教学内容与职业标准的对接；三是推进教学方法与手段改革，实现教学过程与生产过程对接。

④"四融合"即专业群建设和人才培养管理、产教、科教、文化"四融合"。管理融合：专业群（专业）建设和管理在遵循教育规律的同时引入企业项目管理经验，从质量管理、组织管理、人员管理和制度管理等方面进行融合，实现动态调整。根据企业管理经验，专业群全面推行"目标绩效管理"，行政管理和项目管理等相结合，参与项目的教师实施动态调整。专业群学生实施灵活的招生和培养机制，大群招生、分向培养。建立校企共建、校企合作、人才培养、专业群治理和团队管理等系列制度，以及校企协同育人、协同创新的综合解决方案。产教融合：紧密联合国家和地方制冷学会、协会，构建广泛的职教联盟，在此基础上和龙头企业通过平台和项目建立紧密的合作关系，吸引企业参与标准的制订、资源制作、人才培养、科技研发和质量评价，推动10家以上企业成为产教融合型企业，实现校企协同育人、协同创新。科教融合：以具有较高技术服务能力的教师团队建设为起点，要求专业教师首先要能解决企业某一领域的核心技术问题，其次是具有将科研项目资源转化为教学资源，最后是能够将知识和技能以真实或虚拟项目形式传授给学生，以此实现教学和科研相结合。文化融合：企业的价值观念、创业精神、经营理念、人际要素与学校文化进行融合，提升学生的职业素养。如将爱岗敬业、工匠精神、开拓创新等企业文化与校园文化融合，培养学生的职业素养。

⑤"五途径"。途径一：思政与专业课程相融合，实现技术技能人才的"德技并修"。以习近平新时代中国特色社会主义思想为指导，立德树人，依照习近平"四个引路人"等师德建设标准，重点建设以德立身、以德立学、以德施教的师德师风。坚持思政引领，以专业课程思政内容的深度挖掘为重点，挖掘专业知识点中的思政元素，以专业课程思政内容的课堂融入为关键，将社会主义核心价值观、优良品格、科学认识论与方法论等思政内容融入人才培养全过程，培养职业技能和职业精神高度融合、德技并修、守初心的社会主义时代新人。专业群20门专业核心课程中融入思政教育，每年开展至少10项专业培养和思政教育结合的活动。途径二：实施大群招生、分

流培养的专业群招生方式，培养技术技能人才的复合能力。复合型人才，即具备"多接口"，能够一专多能、"即插即用"，能准确把握各岗位工作能力间的联系和规律，拥有从多维度、多角度、多方面快速分析并解决工作岗位中出现问题的能力。途径三：平台作支撑，项目进课堂，培养技术技能人才的创新能力。集设计、制造、管理、经营、服务等环节于一体的新型制冷数字化工厂将替代一线操作员工的简单劳动，将生产线上的"螺丝钉"解放出来，变成产品的设计者和智能生产系统的管理者。这就要求员工不仅具有"战斗员"的埋头苦干精神，更要有灵活处理问题的创新能力。围绕绿色节能产业从产品制造向节能综合服务业转型升级需要，分析绿色节能产业岗位群职业能力和职业院校生源新变化。专业群将以"专业群 + 公司"模式构建"产品研发中心""工程服务中心"等系列技术创新平台，配合其他产教融合平台，以项目为纽带将最新技术、最新工艺、最新标准等带入学校和课堂。实施大学生研究计划（Student Research Program，SRP），鼓励学生加入不同层次级别的项目团队，按照企业真实需求，在真实项目环境中开展学习和项目研究，育训结合，实现"双创"能力的提升，实现工学结合、知行合一。途径四：制订专业灵活培养方案，培养技术技能人才的可持续发展能力。学生在总学分满足要求的前提下，修满 4 或 5 门某专业的核心模块课程学分即可授予该专业毕业证书，培养跨领域的复合型人才。探索学历证书和职业技能等级证书所体现的学习成果的认定、积累和转换等。以高水平平台为依托、以实战化项目为纽带，推行 SRP，真实项目"入脑、入心、入行"，建立创新型课程和培养体系，探索创新型技术技能人才培养。基于"1+X"证书开发 2 个以上专业的工程教育认证模块，开展职业技能测评及职业培训，培养发展型技术技能人才。途径五：探索基于第三方人才培养质量评估机制，保障高质量人才培养。以人才培养质量为核心，探索基于第三方的多种人才培养质量反馈评价机制。在专业群实施"1+X"考证，借助社会评价组织开展学生职业技能评价。引入基于世界技能大赛标准的人才培养综合评价机制，引进世界技能大赛技能培训测评平台，引入符合专业群人才技能培养目标的 3 个世界技能大赛赛项训练资源，建立人才职业技能培养全生命周期的质量评价体系，形成"评价—诊断—优化"的闭环教学诊改机制。

（2）课程教学资源建设。为适应国家资历框架建设，专业群将建设完善的、成体系的、与职业技能等级证书标准匹配的模块化课程体系，引入龙头企业资源，校企开发教学设备及配套资源，跨平台整合资源，推出一批具有国际影响力的高质量专业标准、课程标准、教学资源。

① 适应国家资历框架建设，构建课证融合的模块化课程体系。一是建立"底层共享、中层互选、高层拓展"的模块化课程体系，依据课程内容与职业标准对接、

职业教育与终身教育对接、学历证书与职业技能等级证书对接的原则，通过课程标准结合职业标准、"1+X"证书制度，构建课程体系，选取教学内容。根据岗位典型工作任务，结合职业技能证书，专业方向课程模块与专业核心课程模块和拓展课程模块一起，在学校公共课程基础上构建"平台 + 模块 + 拓展"专业课程体系。以"平台"保证专业群的基本规格和全面发展的共性要求，以"模块"和"拓展"实现不同专业间课程差异和学生个性化发展需求，实现个性化和系统化培养相结合，如图 5-33所示。

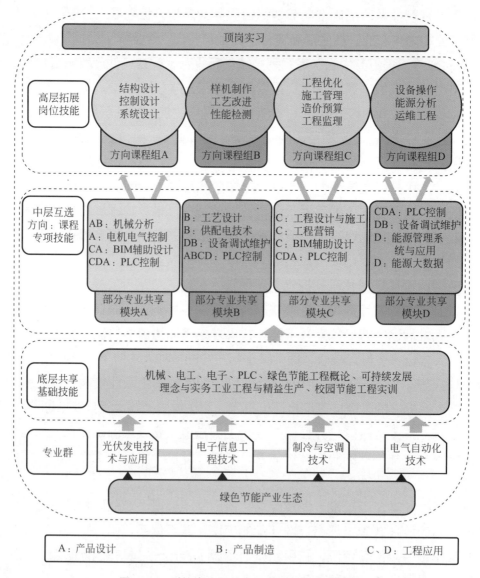

图 5-33　对接岗位群的专业群模块化课程体系

专业群依托已完成和正在进行中的大量科研、服务咨询项目构建起分层分类模块化课程资源，根据学生类型不同、个性及需求不同，选修不同模块，形成不同学分，并对接学分银行。项目拟建设 100 个课程模块，其中优化调整原国家级教学资源库中课程资源，形成 40 个课程模块，新建 18 门课程 60 个课程模块。模块内容和竞赛、"1+X"证书模块内容一致，做到课证融合。二是课程建设"四线合一"，自成体系、分阶递进。考虑学生发展和课程本身的特点，所构建的课程体系要覆盖四条主线：第一条是培养学生适应岗位需要的专业技能，满足专业发展需要；第二条是培养学生适应社会和竞争需要的双创能力，满足就业需要；第三条是思政入专业课程，培养学生正确的人生观、发展观，做到德技并修；第四条是美育入专业课程，推动学生深刻理解美育对职业可持续发展的重要意义。四条线的培养都自成体系，对学生的能力素质培养分阶递进，如图 5-34 所示。

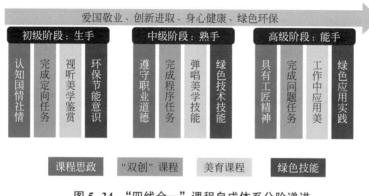

**图 5-34 "四线合一"课程自成体系分阶递进**

德技结合，"大思政"格局下的课程思政体系构建。重视对课程的整体设计，将思政教育渗透到专业课程中，形成课程思政案例 50 个，形成品牌化的思政学生活动 1 个，培养学生的专业技能和思想道德（含职业道德）素养。开发系列化的课程思政案例、教材，定期组织教学实践与观摩活动，提高教师的课程思政水平。优化课程教学评价机制，开发课程思政教学水平的评价指标。任务分层、能力递进的创新人才培养课程体系构建。按照不同的人才成长阶段，对应的学习任务分别为定向任务（指向明确的、单一的工作）、程序任务（指向明确的、多个单一任务的程序性工作）、问题任务（指向不明确的、充满变数的工作），构建双创课程模块 20 个，形成双创平台活动 1 个，实现人才创新能力的逐次进阶。通过基础技能实训、专项技能实训分别开发出系列的定向任务、程序任务，通过岗位技能实训开发出问题任务，并在顶岗实习的真实工作中予以反馈、改进。校园文化熏陶，课内、外结合，美育课程体系构建。以习近平同志"弘扬中华美育精神，让祖国青年一代身心都健康成长"的美育要求为指导，构建专业与美育教育结合的模块化课程体系，其中包含模块化课程 6 个，同时开展具有专业群特色的美育课内外活动，形成美育品牌活动 1 个。依托学校的节能实践平台等系列实践基地，开展劳动教育，形成课内美育教学（技能训练、素养提升）、课外劳动教育、文艺活动、校园文化熏陶等多渠道的美育教育体系，培养学生发现美、实践美、创造美的能力。理念宣传、技能培养结合，绿色技能培养课程体系构建。绿色技能涵盖绿色理念和解决绿色问题的技术技能。专业群将协同企业职业标准，及时引入企业绿色生产过程中涉及的节能、环保工艺、材料、规范、标准，引导学生自觉地形成绿色、环保意识并贯穿到教学、实训的各个环节，培养学生具备较强的绿色环保执行能力。引入国际通行的绿色、环保标准、企业环保管理体系 ISO 14000 等，形成必要的课程模块，开发出相应的工作任务，配套建设相应的节能、环保平台，并向广大师生、市民宣传推广绿色生活理念，科普绿色技术知识，助力节约型社会建设。专业群将开发 6 个以上的绿色技能模块课程，组成 1 门面向全校学生的绿色节能公选课（科普型），开设 1 门面向专业群学生的绿色节能专业技能课；面向全校、社区进行绿色环保理念宣讲20 场次。

② 适应行业技术变化，校企"双元"共同研制教学资源。对接职业标准，通过校企合作将行业新工艺、新技术、新规范转化为教学资源，共同研发具有国际职教水平的教学设备，依托自主研发教学设备。开发具有自主知识产权的配套教材以及相应数字资源，形成职教新标准、新规范。建设期间拟研发教学设备 3 套，开发配置资源形成自主知识产权 6 ~ 8 项。

③ 跨平台整合资源，持续推进国家级专业教学资源库的建设和应用推广。持续推进国家级专业教学资源库的建设和应用，逐步将群内各专业的课程资源纳入资源库内，进一步开发基于 AI 技术的学生能力测评、岗位能力匹配、学习资源推送、教学策略生成等功能，进一步发挥资源库的平台汇聚功能，将国内本专业群优质课程、本行业资源资讯、贯通融通的相关各方组织有机整合，形成专业群教学资源建设源源不断的动力。

④ 探索群资源认证标准与交易机制，构建资源持续建设机制。以原来主持建设的国家专业教学资源库为依托，开发跨平台共享技术，超星尔雅、雨课堂等课程平台，实现多平台资源共享、数据交换，构建资源持续建设、更新、共享机制。继续探索"发展导向、平台支撑、项目链接、教师转化、技术整合、共享推进"的资源持续建设路径，如图 5-35 所示，推动专业教学资源"供给侧"结构改革。按照学习者、教师等对资源的引用、点击、评论等数据形成对资源的综合评价认证标准和交易标准，破解资源的更新、共享难题，形成尊重知识、尊重产权、持续更新有保障的网络知识平台。

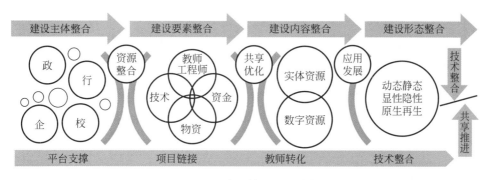

图 5-35　资源持续建设路径

（3）教材与教法改革。配合资历证书标准建设、人才培养模式创新和模块化课程建设，以学生职业能力培养为中心，课程内容及教法改革为目标，职业标准为基础，新技术融入为突破，行企校多元打造新形态教材。组建教学法研究团队，借鉴德国等先进教育教学理念，借助信息化手段，形成特色教与学文化、方法和手段。依据教学过程与工作过程对接，通过产教融合、工学结合践行"做学教合一"，探索以学习者为中心的虚实结合教学手段，推动课堂革命。

① 改革机制，建设系列价值引领、动态升级的教学标准体系与数字化教材。成立教材建设管理小组，建立教材选用与持续更新制度，教材更新同步产业升级。结合课程思政、劳动美育教育、双创能力和绿色技能培养，以"1+X"证书制度建设和实施为契机，针对专业群模块化共享课程，引入国家职业及行业最新标准，以职业能力培养为核心，邀请企业技术骨干参与和合作开发适应行动导向教学、满足生源变化需求、对接教学资源库升级的数字化教材。开发工作手册式、活页式特色校本教材 16 部，其中 5 部以上成为国家规范教材。配合美的集团公司、顺域集团公司国际化进程，打造 10 部行业双语培训教材，将双语教材推广到 3 个以上"一带一路"国家。

② 加强研究，形成适应职教改革新常态的特色教与学文化。借鉴德国职业教育行动导向教学法，组建教学法研究团队，开展本土化教学法研究和实践，探索专业群核心课程的组织学习方式，重构符合国情、校情、产业群的行动导向教学法，形成具有自身特色、可借鉴、可辐射的教与学文化。形成省级教学成果奖一两项，教学能力大赛省级以上获奖 3 人次。

③ 课堂革命，探索学习者中心的"虚实结合"教学手段。针对弹性学制和多元教学模式需要，结合 SRP 计划，将教学内容融入"互联网 +"，根据学生的个体学习需求，在传统实体课堂之外，建立虚拟课堂教学新模式，满足随时、随地、个性化定制学习活动，构建线上线下教学、培训新体系，推动课堂革命。建设学生"学习定制"平台，建立学生的私人学习领地。基于资源库平台，开发"需求阐述—基

础测试—专家指导—自主学习—评估领证"的定制学习模块,帮助学生建立自己的学习社区。构建评价、诊改和动态调整机制,保证教材内容紧跟产业发展、教法实施紧跟技术进步。推动学校的教学评价制度改革,构建"知识 + 技能 + 素质""过程 + 结果""线上 + 线下"三位一体全方位、全过程、多维度的考核评价方式。引入第三方评价体系,建设基于大数据的智能评价系统,记录学生学习全过程,运用大数据实施专业能力胜任力水平分析测评,提高学生学业水平。企业、学生、教师多类主体对教学资料和教学方法从适应性、新颖性等多个维度以及用户使用效果和接受程度来进行判断,并实施动态调整。形成省级教育教学研究课题 2 项。

(4)教师教学创新团队。坚持教师"四有"标准,秉承全面服务教师职业生涯发展理念,落实学校"尚贤"强师工程,构建"平台支撑、大师引领,系统规划、精准施策,多元协同、双向流动,兼收并蓄、国际发展"的教师教学创新团队建设模式,打造一支高水平、结构化的教师教学创新团队,丰富中国职教特色的教师教学创新团队建设理论和建设模式。

① 共建高水平师资培养平台,带动全国同类专业教师发展。依托专业现有的广东省名师工作室、国家技能大师工作室平台,引进行业大师名匠,联合构成专家团队,以师带徒形式全面培养教师的教学能力、实践能力以及技术服务能力,打造未来教学名师。与企业联合设立名师工作室企业工作站,实现校企专家团队、实践条件等资源的共建共享,共同打造行业技术技能大师。在现有省级职教名师工作室基础上获得国家职教名师工作室 1 个。依托培养平台培养国家级名师 1 名,省级教学名师 1 名,全国技术能手 1 名,校级教学名师一两名。通过线上线下混合培养模式,辐射更多教师。

② 深化"三结合"团队建设模式,打造专业群高水平双师队伍。构建专业群教学团队体系化能力建设方案,深入落实师德师风与教师能力同步发展的方针,深化"三结合"的教学团队建设模式,全面提升团队教师教学科研能力。制订教学团队 5 年完整培养体系,培养体系包括师德师风、教学能力、实践能力、科研能力 4 个培养模块。采取"通用培养 + 个性化培养"结合的方式进行培养,打造国家级教学创新团队 1 个。根据专业群教师岗位要求,分类分层制订教师发展具体目标。运用大数据技术,从多维度建立教师发展模型,做到精准规划、精准施策。落实教师每年 1 个月在企业或实训基地实训、5 年一周期的轮训,专业教师一人多证率在 90%以上。培引行业有权威、国际有影响的专业群带头人 1 人,培引在行业有一定影响的专业带头人 3 人。深化课程模块建设团队与科研团队、实践能力培养与企业项目开发、专任教师与兼职教师队伍"三结合"的教学创新团队建设模式,实现教学团队教学能力与服务能力融合提升,建设 4 个高水平的课程模块团队。制订满足专业

群建设发展需要、代表国内一流教学团队建设水平、具有专业特色的专、兼职教师遴选、培养、评价等细则，促进教师团队的协作精神，激发教师改革创新的活力，加速团队整体发展和教师个人成长。

③ 协同育人和创新，建立教学团队协作共同体。建立学校与企业、学校与学校之间教学团队协作共同体，推进校、企师资的融合度，增强校、校师资的共享度。落实学校的"一师一企"制度（即一名教师对接一个企业），深化专业群建立的"学、管、研、教四位一体"的教师企业实践培养方式（即教师同时作为先进技术学习者、学生实践管理者、企业研发工程师、员工培训教师），同时赋予企业兼职教师"四方面权力"（即专业建设、教学改革、质量评价、培训提升四方面的权力），实现校、企师资的双向流动。同时专业群与国内领先的其他高职院校相关专业教学团队在团队建设、人才培养、教学改革、职业技能等级证书培训考核等方面协同建设、协同创新。通过建设实现专任教师"一师一企"落实率100%，专业群与10所学校相关专业建立协作共同体。

④ 引进国际人才和理念，教学团队实现国际化。在德国职业教育行动导向教学法培训的基础上，进一步开展英国 BTEC（business and technology education council，英国商业与技术教育委员会）课程教学模式的培训。通过国内外培训学习，10 名教师获得德国职业教育行动导向教学法培训师资格，10 名教师具有双语课程开发及实施能力。引入一两名海外师资，共同构建国际化教学团队。

（5）实践教学基地建设。以泛在理念研究和构建覆盖制冷全产业链的实践教学体系，如图 5-36 所示，围绕顺德和粤港澳地区的制冷产品制造和绿色节能工程产业，校企以"五共同"（共建、共享、共用、共管、共发展）的原则共建实践教学基地，引入企业管理理念和制度建设云上的实训基地综合管理平台，对内进行管理、对外向全社会开放预约管理，探索实践基地内涵建设和管理机制，打破"校内外、课堂内外、教学与培训"的界限，让教师与工程师、学生与学员身份交融，将实践教学基地分布到校内外，涵盖实验实训中心、企业岗位和科研与检测机构，所有能进行专业相关实践活动的场所就是教学基地。结合学分学时认定制度，建立具有显著职教特色的一体化教学环境。

① 校企共建实践教学基地，实现全产业链全周期覆盖。依据如图 5-37 所示的架构建设，表 5-5 所示的实践教学体系，包括"产品设计、产品制造、工程应用、产品运维、课外竞赛、技术攻关、虚拟仿真"7 个功能模块，新增面积 1500 平方米以上，新增实践教学工位 200 个以上。

② 构建综合管理平台，实现实训基地智慧管理。结合 BIM 技术，构建云上的实训基地综合管理平台。实现"采购—录入—使用—养护（维修）—盘点（统计）—报废"

全生命周期跟踪管理，并通过数据可视化功能完成实训室设备的全过程监控和使用绩效统计。基地各功能区整合系统模块实现基地各功能区（以实训室为单位）的系统业务整合，完善实训基地"全程全网"特色，进一步提升基地的管理与服务能力，教学科研使用满意率达到90%以上。

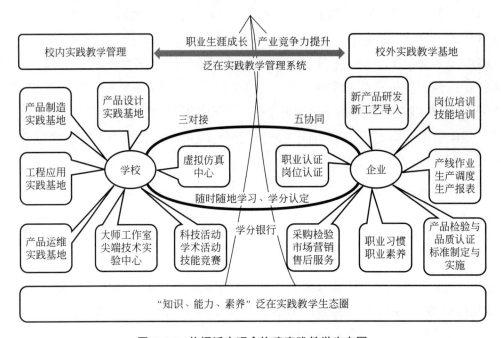

图 5-36　依据泛在理念构建实践教学生态圈

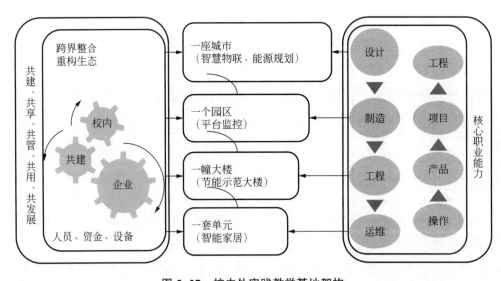

图 5-37　校内外实践教学基地架构

③ 加强实训基地内涵建设，实现以人为本和持续发展。打破校企边界，通过智慧云平台管理系统，向全社会开放预约管理和学分学时认定制度，随时随地学，随

时随地考核认定、核算学分，并衔接学分银行。扩大基地的影响力至全社会，从而提高教学基地的使用率至 80% 以上，满意率 90% 以上。课堂教学与企业培训功能合二为一，校企名师名匠在基地内共同育人，共同攻克技术难题，推动校企共建命运共同体。

表 5–5　实践教学基地建设内容

| 实训基地名称 | 功能 | 对应专业 | 合作企业 | 建设内容 | 岗位群 |
|---|---|---|---|---|---|
| 产品设计实训基地 | 1. 系统设计开发<br>2. 电控设计开发<br>3. 结构设计开发 | 1. 电子信息工程技术<br>2. 制冷与空调技术 | 1. 广东申菱空调设备有限公司<br>2. 顺特电气设备有限公司 | 1. 智慧实训室建设<br>2. 制冷设备电路板设计制作实训室建设<br>3. 校外实训基地建设 | 产品设计 |
| 产品制造实训基地 | 1. 产品制造工艺<br>2. 产品智能控制<br>3. 产品质量检测 | 1. 制冷与空调技术<br>2. 光伏发电技术及应用<br>3. 电子信息工程技术 | 1. 美的集团<br>2. 广东省产品质量监督检验研究院 | 1. 智能控制实训室建设<br>2. 先进制造技术实训室建设<br>3. 创新作品制作实训室建设<br>4. 校外实训基地建设 | 产品制造及检测 |
| 产品工程应用实训基地 | 1. 产品工程设计<br>2. 产品工程施工<br>3. 产品工程调试 | 1. 制冷与空调技术<br>2. 光伏发电技术及应用<br>3. 电气自动化技术 | 1. 美的中央空调公司<br>2. 顺域机电工程公司<br>3. 中山大学太阳能研究院 | 1. 节能示范基地建设（光伏电站、智能家居、机电安装、能源管理）<br>2. 工程应用技术培训基地建设<br>3. 虚拟仿真实训中心建设<br>4. 校外实训基地建设 | 综合工程设计与施工 |
| 产品运维实训基地 | 1. 产品运行操作<br>2. 产品维护检修<br>3. 产品维护保养 | 1. 制冷与空调技术<br>2. 电子信息工程技术<br>3. 光伏发电技术及应用<br>4. 电气自动化技术 | 1. 美的置业集团有限公司<br>2. 宁波美美家园电器服务有限公司<br>3. 蓝袖工匠营等 | 1. BIM 技术应用中心建设<br>2. 运维培训体系标准建设<br>3. 校外实训基地建设 | 设备运行维护保养 |

（6）技术技能平台建设。对接绿色节能科技发展趋势，以技术技能积累为纽带，建设集人才培养、团队建设、技术服务于一体，资源共享、机制灵活、产出高效的人才培养与技术创新平台，促进创新成果与核心技术产业化。

① 构建覆盖全产业链的技术技能平台，服务大企业高端发展，服务中小微企业个性发展，如图 5-38 所示，对接制冷产业链上下游企业，联合美的、格力、碧桂园等龙头企业，重点打造制冷产品研发中心、广东—亚琛工业 4.0 研究中心、BIM

工程设计中心和节能维保工程技术研究中心，建设"制冷空调节能技术""新能源节能技术""自动化系统集成节能技术""智慧物联网节能技术"4 个综合节能技术科技创新团队，构建面向"一个住宅、一栋建筑、一个园区、一座城市"节能综合解决方案的创新服务平台，以项目为纽带，在制冷产品设计优化、智能制造、工程应用和高效维保等方面形成系列方案、标准和制度，支撑地方产业高质量发展，提升社会服务水平。实现建设期内纵、横向经费到账 1000 万元以上。专业群牵头建立中小微企业服务技术技能平台，突破一批高效产品制造和绿色节能产业领域共性关键技术，共同开发技术和培训标准、教学资源，成为绿色节能技术技能集聚地，为中小企业的转型发展提供服务和支撑。服务覆盖区域 10% 以上的制造业中小微企业，实现建设期内创造经济效益超 1 亿元。

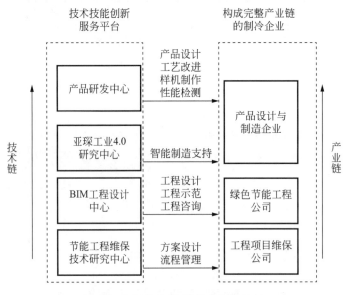

**图 5-38　技术创新服务平台架构图**

② 建设"专业群 + 公司"混合所有制公司，推动技术成果转化。联合广东高校科技成果转化中心和龙头企业，在学校资产管理公司下构建混合所有制的运行公司，对接新一代绿色节能技术产业需求，建立具有应用基础研究、工程技术开发、成果孵化转化和创新创业功能的成果转化服务平台，探索科技成果产业化新机制，探索建立成果完成人、转化人、投资人等多主体的收益分配机制，建设期内产业化中心实现规模化生产产品 10 个以上，产值 1 亿元以上。将生产项目进行教学资源转化，承担学生实训实习教学，并吸收毕业生为企业员工。

③ 与中国制冷学会、中国制冷空调工业协会合作共建广泛平台，辐射推动全国行业发展。开发、推广"经验积累与分享系统"，打造服务行业、地方、企业三个层面的技术技能创新服务平台矩阵，培养"一带一路"绿色节能技术本土人才，并输

出绿色节能标准和绿色节能工程示范。建设期内服务佛山企业 15 家以上，推广新技术、新工艺 15 个以上。

④ 建立院士、技能大师领衔的专家智库，形成高端技术人才聚集地。依托"广东省热泵工程技术研究中心"，联合清华大学、西安交通大学等联合组建院士工作站 1 个，进一步提高绿色节能技术群集聚度和配套供给服务能力，建设兼具绿色节能技术等重点科技攻关、工艺开发、技术推广、大师培育功能的技术平台，服务绿色节能行业高质量发展。同时汇聚一批绝技绝艺大师和能够改进产品工艺、解决生产难题的技能大师，成立绿色节能技术技能大师工作室，建成攻技术、带高徒、传绝技的专家"智库"，建设期内引培高水平专家 25 名，为企业解决难题 15 个以上，为绿色节能企业的创新研发提供服务。

（7）提升社会服务能力。构建完整的制冷产业综合创新服务体系，聚集粤港澳大湾区制冷产业资源优势，依托院士、技能大师工作室以及中国制冷学会协会等平台，整合高校、行业协会、科研机构技术资源形成合力，实现技能提升服务制冷产业转型升级、精准对接服务全民终身学习、阵地前移服务乡村振兴、师资提升服务湾区制冷专业全面发展、精准送教服务基层脱贫攻坚，全面提升专业群社会服务能力。

① 搭建全覆盖服务平台，为高质量技术研发和社会服务提供条件。线下搭建高水平的泛在实践教学基地和技术创新服务平台，线上基于资源库平台打造智慧化培训体系。基于"1+X"证书制度对标国际职业技能标准构建适需企业需求的培养标准和培训资源包，支持建设制冷专业资历证书标准，推进学历证书和职业技能等级证书体系的互通衔接，以此构建线上线下职业培训全覆盖平台。通过对接中国制冷学会、广东省太阳能协会等行业商协会平台，进一步整合、添加、完善、提升功能，形成产业人才技能提升常态化机制，服务制冷产业转型升级。

② 践行服务粤港澳大湾区，推进绿色节能职业技能提升和产业发展。以"专业群 + 公司"形式创建混合所有制的制冷服务中心，以培训、技术支持、中小微企业产业升级等为核心开展服务，实现企业、行业、社区服务全面落地开花，形成全面影响力。建设周期内面向社会非学历培训不少于 10000 人次，技术服务项目超100 项。针对下岗工人、转业军人及在册贫困人员开展学历提升、技能提升的专项培训。通过以需定项、以人定点、以用定课，创新培训模式，切实解决下岗工人、转业军人及贫困人员知识技能薄弱、就业渠道狭窄的困境。按照企业的用工需求，分层培养紧缺型人才、高技能人才和一般性劳动者，将培训与人才输送同企业和个人需求有机结合，实施定制培训、落地培训，使培训服务真正变成社会服务，将服务过程产生的科研发明等成果进行转让、推广、孵化以及产业升级。成立专业群校

友联盟，建立人才资源动态数据库，实现人力资源市场化运作。

③ 牵头推进全国制冷职教联盟建设，搭建全国协同育人和创新平台。在搭建综合服务平台、打造服务品牌的基础上，利用粤港澳大湾区制冷产业高度发达的地缘优势，联合中国制冷学会协会以及美的、格力等龙头企业，搭建制冷职教联盟和技术联盟，把服务辐射到全国并影响海外。利用广东省大学生校外实训基地，为全省和省外的中职、高职和本科制冷与暖通空调相关专业的学生提供综合实践指导服务。在已经成为中国制冷学会继续教育基地基础上，申请成为国家级培训基地，开展全国范围内制冷相关专业师资培训和教学创新能力提升培训。利用全国机械职业教育教学指导委员会（简称"行指委"）制冷空调专职委的身份，根据企业行业需求，指向性组织大学生技能比赛、知识竞赛、技术设计发明创新大赛等；利用制冷资源库平台，定期组织国内制冷职教同行开展社会服务能力提升经验交流座谈会，举办制冷服务博览会等。利用中国制冷学会、中国制冷空调工业协会的骨干成员地位，承办两会的重要活动，以争取更多的服务国内行业的机会，并以此为桥梁和纽带，开通国际交流合作渠道，争取国际制冷组织分工培训工作和国外职业院校的对口合作。

④ 上山下乡、帮扶助困，多管齐下丰富社会服务内涵。通过精准送教助力脱贫攻坚，通过技能提升教育阵地助力帮扶助困。通过专业师资培训平台助力制冷节能专业的全面发展，并通过绿色低碳理念的传播，逐步形成专业群服务乡村振兴的工作模式，促进全社会的绿色可持续发展。大力贯彻实施乡村振兴战略，基于学校节能中心的运营经验，在乡村中打造节能示范工程，将节能示范与技能提升阵地往乡村前移，全面推行绿色节能理念及提升农民工作技能，并通过对接相关行业行协会，促进农民工就业。通过工程示范、技能引入、对接产业，形成乡村节能振兴新模式，并通过复制和推广全面服务乡村节能振兴。建设期间构建社会服务品牌项目 3 项以上。依托技能大师工作室打造节能专业师资提升平台，向粤东粤西地区 20 ～ 30 所院校开放，并面向相对落后地区的中高职院校开放，遴选节能相关专业教师入站，全面提升落后地区职业院校的师资水平，提升专业群辐射作用。对口支援全国同类专业，通过联合培养、学生交换、互派师资，逐步实现教材、教法以及相关教学资源的全面同步。基于中国制冷学会、省太阳能协会以及美的、顺域等龙头企业资源的整合，实现落后地区生源的就业帮扶。基于师资提升、专业对接、就业帮扶，建立西部落后地区节能专业发展扶持计划，通过专业群的建设辐射带动节能类别专业的全面发展。实施"绿色细胞"工程，在原覆盖全校的节能监控中心基础上升级成绿色学校教育实践基地，制作绿色理念教育视频、绿色科技虚拟现实仿真平台等线上资源，开设公众号等新媒体宣传平台，建立以绿色节能环保为主题的宣传教育和技术服务综合方案。通过系列品牌活动，形成以墨子"节用"思想为引领的绿色校

园文化，并将此文化作为一个单细胞，通过一个基地（校内绿色节能平台）、一支队伍（绿色理念宣传和技术服务队）、一系列活动（文化艺术节、全国节能宣传周、科技节、大学生三下乡活动等），对接政府相关职能部门及服务项目，上山区、下社区、进学校、进家庭、进企业，将绿色理念、知识、技术、检修服务送下乡，开展绿色家庭、绿色社区、绿色学校的"绿色细胞工程"活动，助推城市绿色发展。开设社区教学活动点，送教进社区，实施暖心工程，进住宅小区进行空调健康使用及维护保养节能知识普及。通过"珠三角大湾区制冷服务中心"和"全国制冷同行交汇平台"，让众多参与者分享服务资源，实现企业之间分工合作、协调发展、互为服务对象的生态循环。

（8）国际交流与合作。依托广东—亚琛工业 4.0 应用研究中心，落实顺德职业技术学院、德国多特蒙德应用技术大学和德国海外商会（AHK）三方应用技术大学建设合作备忘录。构建中国制冷高职国际化教育联盟、构建国际化的制冷专业师资培训中心、行校企共建"全球制冷培训中心"。开发国际人才培养标准、打造国际教育资源、培养国际化人才、助力国际合作项目，全面提升专业群的国际影响力，打造中国制冷职教品牌。

① 引进国际先进标准和人才，形成国际发展视野。依托广东—亚琛工业 4.0 应用研究中心，引入德国工业 4.0 先进技术与经验；聘请国外知名教育专家为顾问，引入先进职业教育理念；与德国多特蒙德应用技术大学和德国海外商会（AHK）共建中国能力中心，引入国外应用技术大学的教育标准、课程体系、标准和资源，与世界技能大赛国内外专家团队合作，引入世赛评价标准与机制。

② 借鉴国际范式，构建中国职教特色制冷职教模式和体系。借鉴国际范式，开发国际通用的专业群标准和课程体系，开发具有国际影响的教学资源库。依托学校国家级制冷专业教学资源库，与国外院校联合开发国际版"制冷专业资源学习平台"，形成具有中国特色的国际化职业资源包，建成双语课程 10 门以上，国际化英文授课教师比例 50% 以上，并形成具有中国特色的职教理念，实现学分互认的境外高校达到 2 所以上。

③ 跟随产业走出去，服务绿色节能龙头企业"一带一路"发展。依托广东—亚琛工业 4.0 应用研究中心，联合国内高职院校，构建中国制冷高职国际化教育联盟、国际化制冷专业师资培训中心。依托制冷专业教学资源库，采用全球在线直播等高科技信息化手段，与美的集团、格力集团、广东申菱空调设备有限公司等行业龙头企业合作，校企共建"全球制冷培训中心"，服务绿色节能龙头企业"一带一路"发展，推动产业走出去。与"一带一路"国家制冷行业协会合作，为这些国家开发《制冷行业技术标准》和制冷人才培养的专业标准、课程标准和教学资源，将合作成果

辐射至其他国家。根据世赛评价标准与机制，开展以学生为中心的教学过程性评价模式研究与实践，培养具有国际化视野的专业群高素质技术技能人才。依托产教融合平台，促进教学标准、资源和师生团队协同产业走出去，在海外建立海外培训点5个，面向多个国家推广，师生承担国际合作项目10个，针对国内企业海外生产基地等开展本土化技能人才培训3000人次。

（9）可持续发展保障机制。

① 坚持党建引领，保障专业群正确发展。探索专业群在跨院系构建情况下的党建工作制度，实行所涉院系党总支领导下的主任负责制，强化党组织的思想引领作用，推进专业群建设工作高质量发展；创新专业群党建工作模式，确保专业群的正确办学方向，支部建在专业上，实施专业带头人兼党支部书记的"双带头人"培育工程；充分发挥党支部战斗堡垒作用和共产党员先锋模范作用，不断提高师资团队的战斗力，全面落实课程思政，争做"育人标兵"。在与广东省质量监督研究院顺德基地开展"学检结合、党建引领"质量强国科普讲堂活动的基础上，与更多的企业合作开展"党建 + 专业"的活动，将党建渗透到校企合作的方方面面。

② 坚持科学治理，促进专业群可持续发展。构建专业群建设评价整改机制。从关注单个专业建设转向关注专业群建设，建立专业群建设评价标准体系，对专业群的产业适应性、灵活开放性、集成协同性进行评估，并依据此标准从不同层面推动和保障对专业群的科学治理。在校外以对用人单位有较大影响力的行业协会和行业职业教育指导委员会为依托，以行业企业的用人标准为依据，开展专业层面的人才培养工作诊断改进；健全社会监督机制，完善政府监管制度，以《高等职业院校适应社会需求能力评估暂行办法》为依据，建立专业群定期督导评估和专项督导评估制度，将督导评估的结果作为职业院校专业建设和绩效考核的重要依据。在校内推动学校整体层面将专业群作为基层组织，具有教学、科技研发、社会服务的集成功能，并享有一定的自主权；打破现有层级管理框架，构建矩阵式管理、事业部制等弹性较大的组织形式，对接企业管理，增强高职院校组织灵活性，体现发展差异化特征。在群内构建"工作标准、组织运行、质量评价、研究实践"循环制度体系，形成主次分明、结构有序、优势互补的专业群组织形态，从而提高专业集群的资源整合度。立足整体架构，通过统筹课程设置、专业管理和实训基地建设等方面，实现专业间流程化和单元化的共享融合。建立群内专业退出机制，建立质量评价委员会，对专业群建设成效进行评价，促进专业群建设各要素的持续改进，提升专业群内涵建设水平，建设专业群持续发展长效机制。

③ 促进产教深度融合，推动校企协同发展。紧密联系行业职业教育指导委员会、中国制冷学会、协会以及以美的集团、格力集团等为代表的龙头企业，建立全国职

教联盟、地区职教集团和专业指导委员会等多层次组织，指导协同育人、协同办学、协同创新。建立多元质量保证体系，形成质量共治新格局，建立覆盖全体教师的双师型教师轮训制度，建立兼职教师聘任办法，提升专兼职教师综合素质，推动企业工程技术人员、高技能人才和职业院校教师双向流动，在优化专业群教师团队的同时，强化校企交流和合作。

④ 建立激励机制，保证高质量发展。建立一套科学有效的项目管理和绩效奖惩制度，统筹推进建设任务实施。以项目资金的合理、合规使用以及绩效目标的实现为依据，对项目团队进行评价和激励。结合《顺德职业技术学院专任教师考核实施办法》《顺德职业技术学院岗位设置与聘用办法》《顺德职业技术学院教师职称评审办法》等文件，健全群内教师考核聘用激励机制，让对专业建设、人才培养、技术研发和社会服务等方面做出贡献的人在薪酬、职称等方面得到实惠。

因此，为了将理论研究成果发展成为可实际运用的形式，本章分别基于专业群地域分布、专业群所属专业大类及专业群建设效益等方面等对全国高职院校专业群建设情况加以深度分析，同时基于浙江金融职业学院金融管理专业群、杭州职业技术学院电梯工程技术专业群、武汉电力职业技术学院发电厂及电力系统专业群和顺德职业技术学院制冷与空调技术专业群等高职院校的专业群建设案例对高职院校专业群建设情况加以深入探索，将高职院校专业群评价研究成果加以应用，以期达到预订的研究目标。

# 第六章  讨论与结论

## 第一节  主要研究发现

研究采用混合研究方法，挖掘影响高职院校专业群建设质量的关键要素，构建高职院校专业群评价指标体系，以期促进高职职业教育高质量发展。运用 2021 年高职院校状态数据库、2021 年高职质量年报数据及"双高"建设项目中高水平专业群绩效考核指标，开展量化与质性相结合的研究。通过模型发展策略的定量研究，经过访谈调查的质性研究，确定影响高职院校专业群建设质量的关键要素及相互之间的关系，构建高职院校专业群评价指标体系并加以应用。在此研究过程中，获得的主要研究发现如下。

（1）影响高职院校专业群建设质量的关键要素包括高职院校专业群建设投入、建设过程和建设产出三个方面。研究采用探索性因子分析，对所有 41 个三级观测指标采用主成分分析法，发现可以形成 15 个特征根大于 1 的因子。因子分析 KMO 统计量等于 0.736（大于 0.7），Bartletts's 球形度检验 $P$ 值＜0.05，说明数据符合因子分析相关性要求，可以进行因子分析。另外 15 个因子累积解释占总方差的 64.228%，说明提取的因子对数据有较好的代表性。通过对旋转成分矩阵进行分析，并结合专业群建设评价理论假设模型，对 15 个因子进行解释和命名，最终形成包括专业群建设投入、建设过程和建设产出三个方面在内的 27 个高职院校专业群评价指标。

（2）高职院校专业群建设投入和建设产出之间存在建设过程的中介效应。研究通过路径系数检测发现，路径载荷系数除了建设投入建设产出，以及专业群负责人到建设投入以外，所有 $P$ 检验均以小于 0.05 通过检验，表示观测变量对潜变量影响显著。建设投入建设产出的路径系数不显著，说明建设投入对建设产出没有显著的直接影响；通过建设投入建设过程，建设过程到建设产出的路径系数可以看出，建设投入是通过建设过程对建设产出产生间接影响，表示高职院校专业群建设投入和建设产出之间存在建设过程的中介效应。

（3）基于高职院校专业群评价指标体系生成高职院校的专业群评价指数。通过模型综合标准化路径效应，确定评价指标体系权重，进而对全国所有级别的高职院校专业群进行评价，结果显示，国家级专业群建设质量整体高于其他级别的专业群，

"其他"和"地市级"专业群评分明显较低，一定程度验证了模型的准确性；但同时也发现国家级专业群建设质量良莠不齐，内部差距较大，而"省部级"和"校级"专业群建设质量水平较为集中。通过高职院校专业群建设投入、建设过程和建设产出得分可以看出：国家级专业群建设投入和建设过程得分明显高于其他级别专业群，但建设产出得分没有明显高于其他级别专业群得分，说明国家级专业群建设投入较好，建设过程质量也较好，但建设产出并没有取得显著的成绩。

（4）从专业群评价指数看，东部地区高职院校专业群评价指数整体高于中部、西部和东北部。这是由于专业群与产业群高度对接，而东部地区具备良好的区位优势，较好的产业基础，以及较具竞争力的产业结构以保持经济总量的领先优势。

（5）通过访谈调查研究发现，影响高职院校专业群建设质量的关键要素包括专业群建设投入、过程和产出三个方面，且建设过程为主要影响因素。而专业群建设过程主要涉及课程建设、产学合作、师资保障等方面，大体表现在关于"平台＋模块"等模式的课程体系设置机制，基于学分制管理的教学资源建设、管理机制，模块化师资队伍管理机制，科研项目转化为课程教学资源的激励与管理机制等方面该如何区别以往，形成一系列推动职业教育人才培养从"专业"走向"专业群"的有效制度。目前在高职院校专业群建设过程中还表现得不够落地、不够深入。

（6）专业群建设过程各指标得分明显高于建设投入和建设产出各指标得分，进一步验证了建设过程是影响高职院校专业群建设的主要因素。

## 第二节　高职院校专业群评价的"I-P-O"实证模型

根据上述研究，以下将通过探讨高职院校专业群建设投入、建设过程和建设产出之间的路径关系及其各自作用大小，对本研究的初始概念框架——高职院校专业群评价的"I-P-O"框架进行适当讨论。

第一，高职院校专业群的建设过程在建设投入和建设产出之间的中介关系较为明确。从路径系数的显著性水平分析，路径载荷系数除了专业群建设投入建设产出以外，所有 $P$ 检验均小于 0.05，表示观测变量对潜变量影响显著；专业群建设投入建设产出的路径系数不显著，说明专业群建设投入对建设产出没有显著影响；通过专业群建设投入建设过程，建设过程到建设产出的路径系数可以看出，专业群建设投入是通过建设过程对建设产出产生间接影响，表示高职院校专业群建设投入和建设产出之间存在建设过程的中介效应。

第二，研究发现高职院校专业群建设投入和建设产出之间存在建设过程的中介效应。但专业群负责人背景对建设投入的影响不显著，说明专业群的建设投入更多的是由教学资源和组织特征决定的。

第三，高职院校专业群评价的"I–P–O"结构方程模型如图 6-1 所示。

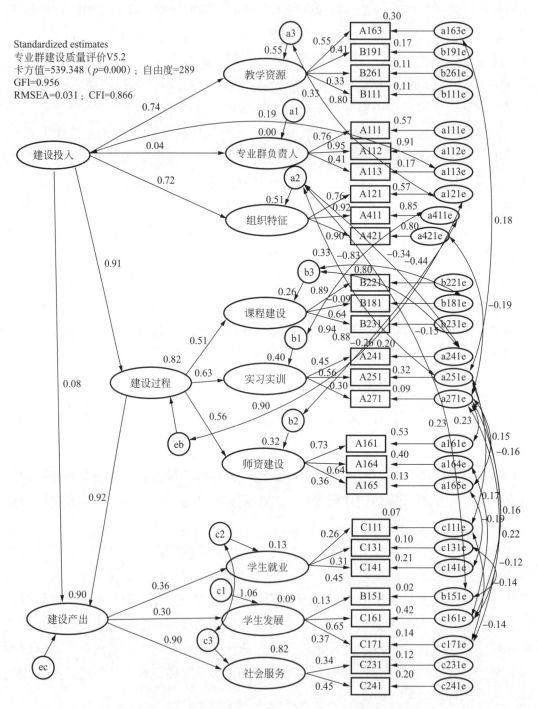

图 6-1　高职院校专业群评价的"I–P–O"结构方程模型

# 第三节 研究结论

研究围绕高职院校专业群建设缺乏科学合理的评价体系这一实际问题展开，为确定影响高职院校专业群高质量建设的因素，在参考已有相关文献的基础上，运用2021年来自全国1423所高职院校的高职院校人才培养状态数据库、高等职业教育质量年度报告数据为样本数据库，通过模型发展策略，确定影响高职院校专业群建设的因素，发现高职院校专业群建设过程影响因素的中介效应。同时研究设计了《高职院校专业群建设访谈提纲》，验证了定量研究的结果，分析了专业群建设的影响因素。针对当前高职院校专业群在运行机制、建设目标及发展制度等方面面临的实践困境，提出可以从组织规模、制度环境、文化理念、路径依赖等公共组织理论视角理性应对，从而丰富专业建设理论，提高专业建设水平，提高人才培养质量，为高职院校及主管部门政策制订和资源配置提供科学依据。研究的主要结论归纳如下。

自国家"双高计划"将"打造高水平专业群"作为重点建设任务首次提出，专业群成为新时代高等职业院校进行高素质技术技能人才培养工作的载体，专业群建设成为高职院校适应区域产业需求、提升服务贡献能力、实现高质量发展的着力点和突破口。高职院校在专业群建设过程中，要按照专业群自身的发展规律，严格遵循其建设逻辑，在此基础上确立专业群建设的行动步骤。也就是说，在专业群建设过程中，高职院校首先要回答"为什么建"，明确专业群建设的前提和基础；其次探究"怎么建"，确立专业群自我价值实现的路径和方式；最后判断"建得怎么样"，评价专业群建设目标的达成度，从而助力高职院校适应区域产业需求、提升服务贡献能力、实现高质量发展。

## 一、专业群建设：前提和基础

从理论而言，"为什么建"是探寻专业群建设的根源及价值定位，是高职院校开展专业群建设的基础和前提。对于回答为什么设置该专业群，需要通过调查研究教育体系外部的要素得出结论，包括对区域经济、社会发展、科技发展等外部因素进行分析，判断其对职业院校人才需求的变化，进而以专业群为单位优化专业结构布局，发挥资源集聚效应，激活内部发展活力（涂三广，2012）。

## （一）模式选择奠定基础

专业群设置模式是高职院校根据不同的产业和社会需求，依托不同的资源条件，根据不同的专业特点，选择建设不同类型的专业群，实现高职教育系统内外合力相互促进的基础。当前，专业群建设大致呈现面向区域产业模式、围绕职业岗位模式以及依托共享资源模式三种模式。

（1）围绕产业链构建专业群。随着科技进步与产业转型升级，与产业发展密切相关的专业边界也在不断突破，专业之间围绕产业链、产业新技术、岗位相互交叉、渗透、协作，通过研究某一产业链中技术技能人才的需求情况，构建与该产业发展需要相匹配的专业群体系，进而建立能够服务产业链的教师队伍和实训体系，在突出行业特色的同时，也提升教育服务产业发展的能力。基于产业链组建专业群，首先，需要判断产业结构的发展走势，理清产业结构的发展方向，明晰行业企业的发展重点，预测未来的发展脉络，以此背景信息作为专业群建设与发展的依据。根据高职院校的办学实际，精准对接产业、确定合作行业（袁洪志，2007）。同时，还要重点辨析专业群将对接产业链上中下端中的哪一个环节，以此为前提进行专业结构布局规划，有效对接专业链与产业链，进而有效凝练高职院校的办学特色和核心竞争力量。

（2）围绕岗位群构建专业群。与上述围绕产业链构建专业群的不同之处在于，基于岗位群构建的专业群人才培养模式不需要事先深入了解产业链，而是以产业链中的职业岗位群作为专业基点，再从中分析归纳出其共性和个性的知识体系，进而组织开展相应的教育设计活动。因此，首先要对企业岗位的设置背景进行考量，以尽可能多地覆盖岗位群来设置职业岗位，从而满足企业岗位群的需要，提升专业群岗位与学生实际就业岗位的吻合度，为企业提供全面的、立体的人才培养供给。

（3）围绕共享资源构建专业群。表现在对于既具有相互关联又相互独立的专业，彼此通过共建共享教学资源，形成既相互协同且又彼此竞争的氛围，激发专业改革的活力，以形成专业群可持续发展的聚集力。围绕共享资源组建的专业群，通常具有共同的技术基础或者学科基础组建专业群，专业群内各专业之间可形成相互促进、相互依存的协同共享关系。通过开设包括群内各专业所共同需要的知识、技能和素质课程，供群内各专业学生学习共享，为学生夯实专业基础。同时，为了实现资源利用最大化，提升专业集群效益，既可以一方面在群内共建共享相应的课程资源、教师资源及实训基地等资源，另一方面共享和整合校外的优质教育教学资源，以缓解专业教学资源过于集中在优势专业，又可以较好地支持新专业的开发。

## （二）对接外部市场需求

为了培养能够满足区域经济社会发展需要的高素质技术技能人才，高职院校在开展专业群建设的过程中，需要充分调研区域产业发展现状及其对人才的需求情况，充分了解市场对人才需求的状况和对人才规格层次的要求，以判断是否可以设置该群和设置规模、培养目标、方向定位等，继而保证专业群所培养的学生就业率和就业质量，提高社会声誉、服务社会需求等。

（1）按需选择对接产业。因为高职院校的办学特色取决于专业特色，专业特色又主要取决于专业对接产业的情况。因此，对接产业的选择问题，理应成为高职院校凝聚专业内涵、优化专业布局的首要问题。在对接产业的选择过程中，高职院校应紧密跟随区域经济发展和产业转型升级对技术技能人才的需求变化，及时对专业规划进行调整，采取"一对一""一对多""多对一"等组群方式对接产业发展，提高产业需求与人才供给的匹配度。对于具有行业背景的高职院校而言，因为其对接产业明确，具有行业支持优势，其毕业生就业对口率会高于综合性高职院校。相比较而言，综合类高职院校需要对应错综复杂的区域产业，普遍表现出"小"且"散"的专业特征（沈建根等，2011）。因此，在组建专业群时，综合类高职院校需要以现有专业为基础，从产教合作、资源利用和适应社会能力等方面加以考虑，坚持"差异化发展"的专业发展战略科学进行专业布局。

（2）科学调查人才需求。专业群建设规模需要基于区域经济社会发展、产业结构转型升级以及科学技术信息发展水平，预测及判断专业群所需人才的总体数量。因此，在高职院校专业群设置前期对人才需求展开调查时，可以根据区域经济、产业和科技发展情况及相关政府数据，参考国家劳动部专门的年度劳动力需求人力资源预测系统数据，同时结合自身办学实际，得出最终的专业群人才需求状况数据，从而进行相应的专业规划和布局。

（3）理性判断人才规格。人才培养规格是学校工作的立足点和重要依据，既是对所培养人才质量标准的具体规定，又是要求受教育者所应达到的综合素质水平。理性判断区域产业发展状况和水平及其对技术技能人才规格的需求情况，可以为设计与制订科学合理的专业群人才培养目标和人才培养方案做前期铺垫（石伟平等，2006）。因此，专业群建设前期除了需要通过对人才需求、数量和规模进行调查研究和科学判断外，还需要对专业群人才培养的层次水平和素质要求等进行理性判断和科学界定。

### （三）优化内部专业结构

设置高职院校专业群，不单要对教育系统外部诉求做出迅速反应，还要对教育系统内部的专业结构进行快速调整和优化，以实现教学资源配置方面的共建共享、内部治理体系构建方面的改革。

（1）有序调整专业结构。专业结构的调整机制需要专业结构的稳定性以及应对市场变化需求的适应性（梅亚明，2006）。专业结构既需要通过公共核心课程和融合共享性课程保持相对稳定，以凸显职业院校的专业特色和办学底蕴，又需要根据区域经济发展变化和产业结构调整对专业规划和布局及时进行调整与优化，以凸显相应的适应性。为了实现专业结构布局的可持续发展，可以在组建专业群的过程中，在保证资源共享稳定发展的基础上体现按需调整的灵活适应性。

（2）集约整合教学资源。作为实施人才培养的基本条件，教学资源是确保教育可持续发展的基础和前提。在专业群建设过程中集约整合教学资源，一方面，可将原来分散的单体的专业发展目标整合成为专业群的整体发展目标，降低宏观调控的难度，以更好地集中资源配置；另一方面，可面向相关产业链或职业岗位群，充分整合校企相关专业资源要素，使教师团队、技术平台、实训基地等办学载体实现高度共享，实现群内资源优势互补，以提升资源效益，实现效益最大化（赵昕，2011）。

（3）灵活建立治理体系。对高职院校内部而言，可以通过设置专业群进一步拓宽专业边界，明晰治理体系边界、合理分工业务、明确责权关系，使组织运行高效灵活，促进专业群更好地应对产业结构调整、生源类型多样、学习需求增加等新时代高职教育面临的变化；对高职院校外部而言，可以进一步扩大行业企业自主权，充分发挥专业群内资源集聚优势，以提高运转效率。

## 二、专业群组建：方式和路径

"怎么建"是要解决专业群建设的技术和策略的问题，找出专业群实现自我价值的路径，重新选择专业群建设内部要素的组合方式。以提高专业群人才培养质量为目标，重新做好专业群人才培养模式构建、实训基地建设、教师团队建设等教育内部子系统的沟通与运转，使之成为高质量人才培养的组织体系。

## （一）人才培养模式重新组合

人才培养模式是根据特定的人才培养目标和人才培养规格，根据相对稳定的教学内容、课程体系、管理制度及评估方式等，组织开展人才培养的总和。专业组群发展必然要求面向技术与服务领域以及多元化的学生需求，深入研究课程组合的范围和类别，个性化实施教学，以实现对原有人才培养模式的重新组合。

（1）重构课程体系。因为专业群是由具有相近专业学科基础、相近技术领域和相同工程对象的各个专业组合而成，所以，在人才培养过程中，可以根据产业发展和职业岗位的需求选择教学内容，进而根据学生的认知特点将教学内容重新序化以形成课程体系。高职院校可以选择"平台＋模块"的模式组织开发课程，通过"平台"设置具有共同理论基础和技能基础的课程内容，以及群内各个专业发展所需要的共性和具有学科特征内容的要求，突出新时代技术技能人才培养所需要的基本素质以及可持续发展的能力素质。与此同时，为了进一步培养学生掌握专业技能、方法运用能力及社会适应能力，还需要根据不同的专业方向设置不同课程内容的"模块"。

（2）改革教学方式。利用现代信息技术，引导学生掌握岗位所需的基本职业能力以及应对职业变化的适应能力，还可以根据个人的兴趣爱好、就业意向以及职业规划进行"自主"学习，以掌握所需的知识技能，进而提高学生自主学习的意识与能力，最终构建学习新方式。

（3）创新教学载体。跟随社会经济发展和企业人才需求的变化，对作为职业教育人才培养重要载体的职业教育教材进行转型升级，通过进一步分析职业岗位，对全新的课程体系进行搭建，突出培养学生的实践操作能力、就业创业能力等（伏梦瑶等，2019）。伴随现代信息技术与教育教学的不断融合，还需要以信息技术为支撑，实现职业院校教材内容与形式的有机统一。在兼顾高素质技术技能人才培养需要的同时，还可以适应全面推进"双高计划""1＋X"证书制度试点和现代学徒制改革试点工作的需要。

## （二）教师团队创新组建

建设教师创新团队是促进专业群建设质量及水平提高的关键和根本，教师创新团队是在专业群组建基础上，形成的以专业群负责人为支撑，教师及企业专家为主体的双师型教师集群。

（1）培养和选拔专业带头人。作为专业群教师创新团队核心的专业带头人，尤其是专业群内部核心专业的带头人，其能力水平将对专业群建设和发展的方向产生直接影响。通常专业带头人应当具备相当的技术水平、学术水平、领导水平和协调能力等。专业带头人的培养和选拔成为高职院校专业群建设的重要任务之一。

（2）培养"双师型"教师。"双师型"教师是指既具有教育教学能力，又具有动手实践能力的一类人员。为解决教学过程与生产过程对接不畅、专业群与产业衔接错位等问题，职业院校应以专业群建设为契机，加快"双师型"教师的培养进程。可以鼓励专业教师从事相关企业重大攻关课题项目的研究，进而使得专业教师在科技成果转化过程中开阔视野，获得生产实践的工作经验，提升职业素养及实践教学的能力（吴升刚等，2019）。也可以定期指派专业教师到企业一线支持企业技术改造或产品开发，以培养专业教师的工程实践能力，完成对人才培养需求能力的全方位覆盖，实现企业技术进步与教师培养双向共赢。

（3）引进企业专家。专业群教师团队的构成不仅由校内教师组成，还由一定数量的具有企业一线岗位实践经验的技能型精英型技师组成，承担指导学生技能实训的责任。企业专家凭借长久积累的一线经验，根据所掌握的行业企业最前沿、最先进、最精湛的技术和工艺，能够在第一时间回应学生技术技能操作的规范性和标准性，匹配学生所学与岗位所需。

## （三）实训基地共建共享

实训基地是高职院校开展专业群建设的基础性要素，是实施技术技能训练、培养学生职业素质的必备条件，是提高技术技能人才培养质量的关键环节。建设与管理专业群实训基地是实现人才培养目标和资源整合共享的有效途径，能够有效促进人才培养模式改革、深化校企合作，促进产教融合。

（1）分类别组建。表现为以专业群内各专业的核心技能训练为基础，按专业群分类组建实训基地，应对专业群的实践教学资源进行统筹规划，通过校企合作方式实现资源共建共享，建设专业群内包括专业技能型、公共技能型、综合技能型、创新型等在内的实训基地。与此同时，运用人工智能、大数据、物联网、云计算等新兴技术，对专业群内的实践教学基地进行系统管理，通过提升专业群实践教学基地的管理智能化水平，提高资源共享程度、使用效率，并提升实践教学质量。

（2）企业化管理。主要是指通过市场化运作对专业群实训基地实行企业化管理，形成校内外实训基地共享机制，实行企业化的运行方式，同时针对实训成本要按照市场化的要求进行核算，对实训设备、工具、耗材等进行有效管理，逐渐完善实习实训项目、实习管理规范、实践指导教师、配套实训教材等，进而营造浓厚的企业化氛围，引导学生适应社会与企业环境，潜移默化地接受企业文化体系。

（3）信息化平台。为了促进群内实训基地共建共享、深化政校企行多方合作，可依托现代信息技术,建立专业群实践教学资源管理平台(方灿林等,2019)。首先,信息化平台可以便于群内不同专业之间共享实训项目信息;其次,可便于合作企业及兄弟院校获得实训相关信息,提升资源使用效率,科学简化办事流程;最后,还可以成为学生实习实训及企业员工培训的共享平台。

# 三、专业群评价:引领和导向

"建得怎么样"是对专业群建设及发展状态的评价,是从科学评价的视角探寻专业群人才培养的内在规律乃至教育的内在本质规律。专业群评价要着力建立一个引领专业群改革发展现实走向的可观测、可比较、可反馈的专业群建设评价指标体系,要基于专业群建设的内涵,着重关注专业群建设投入、建设过程和建设产出的内在联系。通过对专业群进行评价,提高社会需求与高职院校人才培养之间的匹配程度,实现专业群对接产业群、职业岗位群,教学过程对接生产过程,专业课程对接职业标准,职业教育对接终身学习等(钱红等,2015)。

## (一)专业群设置的科学性

专业群设置的科学性,即衡量专业群作为一个新生事物形成的科学性。科学设置专业群是专业群可持续发展的前提和基础,这需要从专业群设置的必要性、合理性及基础性等方面展开评价。

(1)专业群设置的必要性。主要考察专业群建设的目标是否是依据对接产业的发展需要以及高职院校自身发展实际需求;专业群建设的预期成效是否能够优化专业结构布局,发挥资源集聚效应,激活内部发展活力。

(2)专业群设置的合理性。主要评价专业群内各专业之间的关系合理性,具体考察专业群内各个专业与核心专业之间的关系是否构成优势互补。群内各专业之间结构合理,能够有效促进专业间资源集聚,共同提升专业建设整体水平,提高人才培养质量,增强社会服务能力。

(3)专业群设置的基础性。主要考察专业群内人才培养师资队伍、技术研发、社会服务、技能培训等专业资源条件对专业群发展目标的支撑作用。其中,高素质技术技能人才培养质量要能够满足行业、企业需求,能够为行业、企业发展产生经济、社会效益;师资队伍要能够具有较高的教育教学和科研能力,能为行业、产业解决技术难题;生产性实训基地等专业教学资源要能够对标行业企业的生产标准、技术标准和设备标准等。

## （二）专业群构建的适应性

专业群构建的适应性，是对专业群作为一个独立形态建设机制的考量。专业群的构建既要能够灵活适应市场的需求，又要以群内专业相互支撑为纽带，与此同时，还要相对稳定以进行专业建设与积累。

（1）内外发展协同性。专业群的组建，就外部而言，能够有助于应对区域经济社会发展变化、实现产业结构调整对高素质技术技能人才需求的满足；就内部而言，能够较好地创新人才培养模式，提高资源集聚整合效益和学生的专业适应能力等。就本质而言，职业教育组建专业群还能够大力提高人才培养的质量，提高学生的就业创业能力和可持续发展能力，还能够有效提高职业院校的服务社会能力及自身良性健康发展的能力等。

（2）群内专业关联性。专业群内各个专业均具有较强的关联性，在外部，表现为拥有共同的行业或职业基础依存关系，在内部，表现为拥有相近的专业学科基础或内在的逻辑关系；然而专业群内的各个专业却并不具有同等的功能和地位，而是具有一定的核心及辐射作用。需要以核心专业为龙头，带动专业群内其他专业，形成集群优势，通过集成创新进而实现集成效益。

（3）资源配置合理性。专业群建设是一个系统工程，需要不断地对资源加以整合优化。高职院校应基于办学底蕴和专业特色，对专业结构加以相应调整，合理配置资源，优化课程体系及教材开发、师资队伍以及校内外实训基地等群内资源效益，使专业内涵更加丰富，专业特色更加鲜明，办学优势更加突出，核心竞争力更加凸显。

## （三）专业群发展的贡献性

专业群发展的贡献性，主要是对专业群的人才培养质量和对社会服务发展贡献度的考察，是判断专业群建设目标是否达成的重要标准，是评价专业群建设成效的核心指标。

（1）办学质量的提升。高职院校通过专业群建设是否提升了办学质量，可以从学生就业、师资水平、教改成果等方面进行考察。其中，学生就业方面可以从学生实际就业岗位与专业群岗位的吻合度，就业岗位适应性、职业迁移能力和就业创业能力，就业稳定性，社会满意度等方面加以考察；师资水平可以从师资队伍结构合理性、教师创新团队的构建、群内核心专业带头人所获荣誉占群内教师总人数的比例等方面进行考察；教改成果可以从发挥集群优势，取得服务创收或服务项目等方面加以考察。

（2）区域产业的认可。高职院校专业群建设是否得到了区域产业的认可，可以从技术技能人才培养与当地经济产业发展需求的匹配度、教师为中小微企业提供科研技术服务的支撑度、学校产业科技平台创新与社会培训的参与度等多方面进行考察。

（3）办学特色的形成。高职院校通过专业群建设是否形成了办学特色，以助推高职院校品牌发展和错位发展，可以从群内优势专业的引领辐射作用、专业群建设成果获成功案例被社会媒体的关注程度等方面进行考察。

专业群已成为技术进步和产业变革加速时代助推高职院校实现高质量发展的有力方法。在专业群建设过程中，建设逻辑是否缜密、技术策略是否有效、建设目标是否达成，都成为影响建设效果的主要因素。高职院校应遵循专业群自身的发展规律，跟紧专业群建设的行动步骤，面向经济发展主战场大力推进专业群建设，助力高等职业教育实现高质量发展。

# 第四节 启示与展望

## 一、研究启示

经过多年的实践探索，专业群已经成为职业院校创新未来发展方向、聚焦内部发展重点、深化供给侧结构改革的重要举措，专业群建设初步具备较好的发展基础。据研究者对部分"高水平"专业群调研发现，专业群均具备各自的组建逻辑，以及包括人才培养规格、课程体系重构、师资创新团队建设、治理体系重建等在内的建设内容，试图通过专业组群发展的方式探索自身高质量发展的路径。然而从组织理论视角分析专业群的建设思路，大部分院校在组织架构、目标设置、制度构建等方面，仍未能超越传统专业建设路径的"窠臼"，缺乏建"群"意识，表现为专业群组织管理的盲目性与随意性。归纳起来，主要包括以下几方面共性问题。

（1）组织协调运行机制不够顺畅。研究结果显示，大部分高职院校在骨干院校建设期间，采取基于同一院系相关专业对专业群进行组合的方式，以某一核心专业为龙头，围绕人才培养模式与课程体系改革、师资队伍建设、校企合作体制机制建设、教学实验实训条件建设、社会服务能力建设等进行资金投入与建设，专业群中的各专业则是围绕实训室、课程体系与教学内容改革、师资队伍建设等进行各自投入与建设，这种方式属于院系内部松散型的"物理组合"。到了"双高计划"建设期间，专业群建设则是根据区域经济发展与产业结构调整所带来的对高素质复合型技术技能人才培养的需要，基于外部产业链及岗位群人才需求等专业群组建的外部逻辑，以就业为导向，与服务地方为宗旨的办学方针相契合，以某一专业为核心、相关专业为支撑、基于产业发展逻辑的跨院系协同组合。这一时期的专业群建设是依据产业转型升级对人才需求的逻辑构建的整体，各专业作为专业群的基本元素，其学习体系的外部适应性和内部相关性是专业群组建的根本依据。专业群能够充分发挥优势互补、资源共享、互为依托、互为支撑的作用，共同培养发展型、复合型、创新型人才，提升专业群服务中小企业技术研发和产品升级的整体能力。这一组群特点不仅突出了职业教育的特点，而且遵循了人的可持续发展要求，旨在由专业群中各专业的"物理组合"迈向"跨院协同"的"化学反应"。但是，专业群构建是一个非常复杂的过程，虽然高职院校高度重视专业群建设，也将专业群建设纳入学校发展规划，但实际上难免固守原有建设思路，并没有重新设计调整专业群的组织架构。某些院校并非出于服务区域产业发展的需要，而是基于功利动机限于项目申报文本层面，就现有专业"择优组建"；抑或缺乏对区域产业发展现状的调研，而是对旧有专业教学资源的"重新整合"等，这便使专业群和专业群之间、专业群内部各专业的集群优势无法充分凸显。

（2）建设目标和方向不够明确。在职业教育高质量发展背景下，当前大部分院校积极调整发展策略，将专业建设发展的重点转移到专业群建设上来，并相继成立基本覆盖区域主导产业的专业群布局（郭福春等，2020）。从客观条件分析，经过院系调整与重构组建的专业群，要重新定位目标和方向：首先，要准确定位。应通过系统调研，在产业集群中找准主导产业，应针对区域的重大经济和社会问题，确定具有一定突破性、前沿性、具体化的攻关项目或系列研究项目。其次，要内容兼容。为了能够促使调整重构的各专业积极参与合作，形成专业群协同集聚平台，在建设内容上应有一定的兼容性。最后，要系统区分。因为在产业集群中，有核心研发企业与外围企业的区分，在产业链中有上游、中游和下游企业的区分。因此，合理而高效运作的专业群系统也应有一定的主次区分，或者说要有中心与外围的明显区别。某些专业应是专业群的核心专业，是组织、领导或承担重点任务的专业，而某些专业应是外围专业，其承担次要任务即可。然而，在实践过程中，一些高职院校组建的专业群还没有十分明确的建设目标，也没有非常明确的建设方向，不是根据内在需求拓宽专业边界、变革治理模式组建专业群，而是泛泛地针对某个产业群或服务领域加以组建，部分专业群的组织结构内部还表现出主次不分、中心与外围不分等混乱现象，使得资源分配分散，削弱了专业群的集群效应。

（3）发展和管理制度不够完善。当前对于高职院校专业群建设的内容大致可归纳为以下四点：一是重构课程体系，即根据区域产业或职业岗位需求确定教学内容，并根据学生认知特点重新序化内容构成体系，选择"平台 + 模块"等模式组织开发课程，面向多类型学习者开展"1+X"证书制度探索和实践，实现学历教育与职业互连互通，实现育训并举。二是建立学分管理平台。开展学分制改革，在学习过程中实行灵活的赋分方式，实施"过程考核 + 成果检验"的项目考核方法，通过多元评价，均可将项目成果兑换成学分，免修相应课程或模块，完成学习成果的认定、积累与转换，推动学生自主、个性化学习。三是校企共建共享课程。对接职业标准，吸收融入企业先进工艺与最新科研成果，转化为教学资源；对接国际标准，英汉双语构建国际化、立体化资源包。根据需求灵活组合教学资源，形成动态更新的专业群共享课程。四是打造"双师型"教师教学创新团队。建设具有国际视野的高水平师资队伍，在引导、实践、应用的过程中培养教师专业技术能力、科研能力、学术能力。通过鼓励专业教师与企业技术人员共同攻克技术难题，参加企业实践研修，参与技术改造项目，参加国内外培训及学习交流等方式，培养技术技能大师、骨干教师、"双师型"教师等师资力量。而关于"平台 + 模块"等模式的课程体系设置机制，基于学分制管理的教学资源建设、管理机制，模块化师资队伍管理机制，科研项目转化为课程教学资源的激励与管理机制等方面该如何区别以往，形成一系列推动职业教育人才培养从"专业"走向"专业群"的有效制度，目前在"高水平"专业群建设院校中还表现得不够落地、不够深入。

上述问题的存在说明当前部分高职院校对于专业群的组织管理还多是源于对实践探索经验的提炼，尚未形成客观的组织管理规范，在一定程度上影响了实践层面专业群的深度建设。对于专业群在组建过程中究竟对接哪些产业、组建哪些专业群、专业群内专业结构如何设置、如何处理专业群内各个专业之间的关系、采取何种组织形式管理跨学院专业以更好更高效地传承知识、培养人才和服务社会等，这些都是专业群组建的实质性问题，也是高职院校专业群建设实践中必然面临的管理范畴问题，迫切需要以"行动计划"为助推力量，在理论层面寻求突破，在实践层面进行不断探索。

随着经济全球化和新技术革命带来的巨大经济竞争压力，公民民主意识逐渐增强，以调整公共组织与社会和市场的关系、优化组织职能、利用社会力量实现服务社会化、改革组织内部的管理体制为主要内容的管理改革掀起了新的高潮。公共组织理论认为，由于不同组织的规模、制度、文化、路径依赖不同，其组织结构也便有所不同（岳澎，2007）。作为公共组织主体之一的高职院校，为了更好地服务国家重大战略，赋能区域经济发展，对接产业发展要求，彰显经济和社会属性，必然要实施相应地管理改革，优化组织结构，实现整体目标。专业群作为高职院校实施管理变革、优化组织结构而形成的组织机构之一，在进行专业群组织设计时，有必要深入考虑组织规模、制度环境、文化理念、路径依赖等影响因素，采取理性策略，解决实践困境。

## （一）以建设目标为导向界定专业群组织规模

美国组织学家彼得·布劳通过总结大量关于公共组织机构相关研究后提出："组织规模是影响组织结构的最重要因素。"同时指出："组织规模影响着组织结构的复杂化程度，在一定范围内，组织规模越大，组织结构越规范，权力配置越分散"（张建东等，2003）。对于专业群而言，首要是通过深入调研，根据不同的产业和社会需求，依托不同的资源条件，根据不同的专业特点，选择建设不同类型、不同专业组合而成的专业群。将单体专业逐渐扩大为具有一定组织规模的专业群，其组织结构的制度化和规范化程度就越高，组织结构就越发复杂，关于权力的配置方面就相对分散，其有助于改变传统科层制、单一式和直线式的治理模式，有利于职业院校形成交互式、开放式和矩阵式的灵活、柔性组织形式，可以更好地应对快速化的产业调整、多样化的生源类型、个性化的学习需求、模糊化的教学边界等新时代职业教育面临的多样化挑战。

以北京电子科技职业技术学院汽车制造与装配技术专业群为例，它的组建是通过调研所在区域对技术技能型人才需求量较大且行业发展成熟度较高的高端汽车产业，对若干大中型企业展开职业岗位分析，梳理出面向高职学生就业的典型工作岗位，根据各类岗位群所需具备知识、技能、素养进行解构分析，归纳出"智能生产与控制""智能生产运行""智能质量管理""智能设备维护"4类岗位群，进而将原来的汽车制造与装配技术、新能源汽车技术、机电一体化技术、汽车检测与维修技术、机械制造与自动化5个专业解构重建为具有智能生产控制、智能生产线运行、智能设备维护、智能质量管理4个岗位群培养方向的专业群，进而服务高端汽车产业全链条。通过将若干单体专业逐渐扩大为具有一定组织规模的专业群，群中每个岗位群方向均包含1个牵头专业和两三个协同专业，构成了支持该岗位群培养方向的专业组合，满足了学生个性化成长的需求，确保了专业建设的适应性、科学性和先进性，增强了组织结构的制度化和规范化。

## （二）以集群建设为契机优化专业群制度环境

制度环境是为了规范人与人的相互关系而设定的制约，是公共组织设计的决定性因素。制度环境的不同会导致组织结构在内容、形式、设置程序、组织行为、监督机制等方面的不同。专业群作为职业院校的组织存在，其所处的横向制度性压力会成为制约组织变迁的根源（项延训等，2007）。为此，在专业群建设初期就要建立一整套关于"物力""财力""人力"的规范性的制度以保证其顺利运行，主要包括以下几方面：一是构建资源配置制度。专业群的组建，必然要求管理模式和资源配置发生相应地转变。鉴于各专业所属二级学院在职业院校中已有的学术资本、经济资本和符号资本，专业群要想突破资源安排模式和分配逻辑等资源获取的困境，必然需要职业院校改变原有以数量及规模为基础的分配体系，适当改革当前以专业和学生为主旨的分配模式，构建以绩效和贡献为主要内容的分配体系，建成一批高技能人才培养培训基地和技术技能创新平台。二是完善专业群的经费使用及资源配给制度。为了避免与学校的其他经费冲突，关于专业群的经费划拨可以选择施行独立核算制度，在学校层面单列专业群预算，把经费增量用于开展专业群建设工作，确保专业群发展建设过程中的经费使用。到了每年年底，学校需要评估专业群经费的投入使用情况，详细掌握专业群的投入产出效益，以便规划下一年专业群预算。关于专业群的资源配给，学校可以在统筹规划专业群建设基础上，对其所需实习实训设备购置及场地分配进行相应设计和规划，从而统筹构建专业群资源共享平台，开展以专业群为中心的实习实训资源配置和供给，构建专业群资源合理使用制度，形成专业群资源配给及共享机制。三是建立师资队伍激励制度。专业群师资队伍应是一支由专兼职教师构成的稳定的高水平高素质教师队伍。对于还未将专业群作为独立教学组织的院校而言，专业群必须建立一套既能保证高水平教师进入，消除其对自身利益无法得到有效保障的顾虑，又能保证教师可以得到相应劳动补偿的制度。专业群与教师所属学院要在教师工作量的认定方面达成共识，明确建立教师利益补偿机制，进而有助于淡化专业边界、消除制度壁垒。与此同时，还应修订教师职称评定和职务晋升评审标准和方式，单独制订和设立与专业群建设项目相匹配的评审标准和专家评审委员会，积极鼓励有意愿、有热情的高水平教师加入专业群教师队伍。

　　例如，金华职业技术学院主动对接区域经济发展和产业转型升级，在重组专业群架构基础上，实行以群建院，优化整合现有"12+1"个二级学院（其中"1"是指公共基础学院），形成"10+1"个新二级学院构架，消除原有部分专业交叉、重叠、分散的状态，进一步提高专业与产业的契合度。引导二级学院更加聚焦专业群建设和人才培养，使教育教学资源更加集中于优势专业群并发挥功效。该学校积极优化校院两级经费分配办法，扩大二级学院自主理财权，增大对教学一线的投入；扩大二级学院在人才引进、职称评审、教师评价、绩效管理等方面的自主权，增强二级学院的办学积极性和能动性；对接国家重大战略和社会经济发展需要，组建服务乡村振兴、精准扶贫、军民融合的跨学院、跨学科、跨专业组织，为教学改革、社会服务及复合型人才培养提供强力支撑。例如，J学校通过健全跨专业、跨学院基层教学组织申报备案管理制度，制订基层教学组织责任人聘用管理、年度考核、成果奖励等制度文件，推进分层分类考核，完善成果激励体系，充分激发教师从事教学工作和教学学术研究内在动力。

### （三）以凝聚共识为途径构筑专业群文化理念

社会心理学家戈夫曼强调"文化框架"有助于实施组织变革，其核心是需要具备共同的认知基础。可以说，组织的结构必须与它所拥有的文化理念相适应。文化传统对组织的设计产生重大影响，且文化变迁极为缓慢。组织设计与组织文化之间能够匹配，是使组织有效运作的前提条件。于是，要对组织进行重新构建，就需要对组织的文化进行转型，使得组织文化成为组织变革的重要推动力，而不是成为组织实施变革的阻力。鉴于此，在构建专业群时需要重构专业认知框架和文化理念。当专业群是由相同专业或同领域相关专业组合而成时，其专业文化便具有一定的认知基础，就容易形成统一的认知框架和范式，获得业界认可，形成新兴专业；而如果是跨专业，就较难形成统一的范式和认知框架，也便较难融合成为专业群，当问题得以解决之后也较容易解散。需要注意的是，即使是相关专业组成专业群，在形成新兴专业之前，其组织内部也比较难以达成一致共识。因此，在组建专业群时，需要潜移默化的开展专业群内部特有的语言体系建设工作，营造独特的文化理念和氛围，形成有利于专业群建设的文化土壤。一般可以通过科技项目将不同专业师资加以凝聚，利用综合科技项目这一共同"语言体系"客观上对不同技术或学科的融合要求，组建交流合作型的师资团队，可以在专业群层面优化师资队伍结构，加强师资队伍内涵建设，形成科技服务能力强的开发队伍，解决职业院校科技服务能力薄弱的问题，也可以形成弱组织界限的组织文化。

例如，江苏经贸职业技术学院通过发展跨学院、跨专业课程开发团队、科研团队、资源建设团队、教学专题研究所（中心）、专项技能研究所（中心）等新型教学组织，激励教师按课程（群）或专业、受训任务归入一个或多个基层教学组织，形成既能有效利用学院（系）的教学管理职能，又能充分发挥优质教学资源优势的基层教学组织发展网络。天津职业技术大学眼视光技术专业群以质量文化建设为牵引，构建多方协同的专业群建设保障机制。成立由学校、培训评价组织、行业企业组成的专业建设指导委员会，根据社会需求、行业指导意见和学校实际，持续优化专业群结构和发展，确保专业群规划和发展科学合理。主动征求产业、合作企业、用人单位、毕业生等多方意见，持续推进第三方评价。建立专业群年度服务质量报告发布制度，从教育教学、人才培养、技术研发、社会服务等四个方面撰写并公开发布年度服务质量报告，及时查找问题、分析问题和解决问题，保证专业群健康可持续发展。

### （四）以健全机制为载体破解专业群路径依赖

路径依赖是指一种社会制度的演进，制约于既存的文化、传统、信仰体系等因素。组织设计具备路径依赖的特征。因此，在实施组织设计，在对组织结构进行选择时，关键要弄清组织发展的历史及其当前正处于何种状态、存在哪些问题，之后才可对其进行重新组织设计，找寻问题的解决方法（诺思，1991）。由此可得，在进行专业群组织设计过程中，应采取惯性的方法解决因组织规模扩大、管理制度创新、文化理念重构而随之带来的问题主要方法如下：一是明确专业群的权力边界。专业群的建立打破了学校内部权力的平衡状态，因此要明确划定专业群的主要职能、目标任务、管理范围、评价标准等；同时对专业群负责人的管理对象、管理权限、工作任务以及聘任期限及形式等同样需要通过合法程序予以确认，并向全校范围内公开。二是建立专业群的良性运行机制。学校在组建专业群时，需要对进入专业群的人员标准和类别加以明确，分析相关行动者对经济资本、社会资本和文化资本等各类资本的需求状况，建立使其利益诉求得以满足的良性机制，以有利于推动专业群实践者的行动。三是改善专业群内实践者的行动惯习。不同于习惯的是，惯习具有一定的稳定性，来自社会制度，是一种社会化了的主观性，能够长期存在于实践者主体之中。于是，学校在推动专业群建设过程中，需要细致挖掘能够影响专业群建设目标实现的相关实践者的惯习。可以通过改变专业群的结构，创立利益导向机制，使这种利益能够契合专业群相关实践者的无意识，使其适应专业群建设的场域，最终融入专业群。

例如，顺德职业技术学院家具设计与制造专业群依托"家具工程与装备数字化技术协同创新发展中心"等技术技能创新平台，以企业真实项目为纽带，利用学校智慧化教学条件和学校学分银行优势，实施基于真实生产环境的任务式培养模式，通过模块化教学，打破学院及专业间的壁垒，承载、运行和管理专业群所带来的系列变化，顺利地使专业教师变为专业群教师，使专业学生变为专业群学生，满足多元化生源与模块化课程选择，突破单一专业无法应对整个产业链集群的困局，发挥优势专业示范与引领效应，提升专业群整体建设水平。

## 二、主要创新点

本研究围绕高职院校专业群建设缺乏科学合理的评价体系的现实问题，构建包括高职院校专业群建设投入、建设过程和建设产出三方面要素在内的高职院校专业群评价模型，对高职院校专业群评价以及与此相关的理论问题进行了基础性和探索性研究，研究的创新之处归纳如下。

**1. 提出并实证了高职院校专业群评价的"I-P-O"模型**

基于文献综述，研究提出了高职院校专业群评价的"I-P-O"假设模型，利用模型发展策略，对全国各类型高职院校专业群建设数据进行分析，采用结构方程模型方法探究高职院校专业群建设投入、建设过程与建设产出三者之间的结构关系，对整体模型拟合程度进行了估计，运用置信区间法验证了建设过程的中介效应，为高职院校专业群评价研究提供了理论支撑。

**2. 提出并确立了高职院校专业群评价指数**

研究基于高职院校专业群评价指标体系计算专业群评价指数，通过模型综合标准化路径效应，确定评价指标体系权重，进而对全国所有高职院校的专业群进行评价，结果显示，国家级专业群建设质量整体高于其他级别专业群；国家级专业群建设质量良莠不齐，内部差距较大，"省部级"和"校级"专业群建设质量水平较为集中；国家级专业群在建设投入和建设过程方面表现较好，但是在专业群建设产出方面相比于其他级别专业群而言，尚有一定的提升空间。这些结论可以为高职院校高质量建设与评价专业群、教育行政主管部门评价与指导专业群建设提供了实践支撑。

## 三、进一步研究方向

本研究在已有研究成果基础上，对高职院校专业群评价指标体系及应用效果进行探究，为我们理解和认识高职院校专业群建设与评价带来有益启示。当然，作为一项职业院校专业群评价相关的理论与实践探索，进一步开展研究还需要探究以下几个方面。

（1）样本数据需要丰富。本研究选择的对象为国家级、省部级、学校级高职院校专业群，旨在通过全样本量展示高职院校专业群建设实际情况，但个别高职院校在相关系统报送的数据存在质量不高、数量不足的现象，影响了数据样本采集的全面性。因此，为了研究结论更具有客观性、普遍性和可推广性，还需要各高职院校重视相关数据系统的填报工作，确保各级别高职院校专业群数据的完整性。

（2）研究结果需要挖掘。在本研究中，专业群负责人背景对建设投入的影响不够显著，说明专业群的建设投入更多的是由教学资源和组织特征决定的。因此在今后的研究中，需要考虑其他研究变量或对研究变量的维度进行细化，提高自变量对因变量的解释力度，形成更加具有可操作性的研究结论。

随着新兴科技与经济社会各领域的融合发展，迫切需要高职院校根据产业转型升级的需要，基于新业态、新技术、新产业高度重构跨界融合的专业群体系。专业群要发挥出对高职院校高质量发展的重要作用，除了明确科学组群逻辑，共建共享资源，重构课程体系，实施组织变革外，还需要考虑专业群的组织规模、制度管理、文化建设、路径依赖等影响专业群组织管理相关因素，回应区域经济和产业发展诉求，谋划改革发展新路径、优化教育教学资源配置、提高技术技能人才培养质量，这对于办好公平有质量、类型特色突出的职业教育，具有重要的理论意义与实践参考价值。

# 参 考 文 献

[ 1 ] Internationale Expertenkommission zur Evaluation der Exzellenzinitiative（IEKE）.Endbericht[R]. Berlin：IEKE，2016：40，18，42.

[ 2 ] Neumann A.Die Exzellenzinitiative.Deutungsmacht und Wandel im Wissenschafts system[M]. Wiesbaden：Springer VS，2015：258.

[ 3 ] Sondermann M，Simon D，Scholza-M，et al.Die Exzellenzinitiative：Beobachtun genausder Implementierungsphase[M].Bonn：Institut für Forschungs information und Qualit tssicherung（iFQ），2008：42，37，43.

[ 4 ] 蔡萌.中国经济增长如何转向全要素生产率驱动型 [J].中国社会科学，2013（1）：56-71，206.

[ 5 ] 蔡荣生.对高校专业建设问题的若干思考 [J].北京教育，2007（4）：42-44.

[ 6 ] 陈洪捷."集群"还是"学科"：德国卓越大学建设的启示 [J].江苏高教，2020（2）：1-8.

[ 7 ] 陈劲，阳银娟.协同创新的理论基础与内涵 [J].科学学研究，2012，30（2）：161-164.

[ 8 ] 陈运生.产教融合背景下高职院校专业群与产业群协同发展研究 [J].中国职业技术育，2017（26）：27-32.

[ 9 ] 程广文，孟祥仁.专业变迁：社会经济发展视域下的台湾职业教育 [J].职业技术教育，2013（22）：18-25.

[ 10 ] 丁金昌.高等职业教育人才质量观的探究 [J].中国高教研究，2011（1）：68-69.

[ 11 ] 方灿林，张启明.资源库：高水平专业群的建设基础、要求和表征 [J].现代教育管理，2019（8）：71-75.

[ 12 ] 方飞虎，等.高等职业教育专业群建设评价指标体系构建 [J].职业技术教育，2015（5）：59-62.

[ 13 ] 伏梦瑶，李政，徐国庆.我国职业教育教材研究的进展与展望 [J].教育与职业，2019（17）：97-102.

[ 14 ] 郭福春，许嘉扬，王玉龙.中国特色高水平高职学校和专业建设项目分析 [J].中国高教研究，2020（1）：98-101.

[ 15 ] 赫尔曼·哈肯.协同学 [ M ].凌复华，译.上海：上海译文出版社，1995.

[ 16 ] 贾俊平.统计学 [M].5 版.北京：中国人民大学出版社，2014.

[ 17 ] 姜大源.双元制是一种"跨界"的思考 [J].教育与职业，2012（3）：75.

[ 18 ] 匡瑛."双高计划"背景下高职高等性意蕴及其实现 [J].高等工程教育研究，2020（1）：148-152.

[19] 李林.高职专业群建设评价体系构建研究[J].教育评论,2017(8):76-79.

[20] 李志峰,等.知识生产模式的现代转型与大学科学研究的模式创新[J].教育研究,2014(3):55-63.

[21] 刘克勇.职业教育高质量发展的多维分析:长度、宽度和深度[J].中国职业技术教育,2018(31):22-27.

[22] 刘云生.经济转向高质量发展阶段:教育怎么办[J].教育发展研究,2018(11):1-10.

[23] 柳卸林.21世纪的中国技术创新系统[M].北京:北京大学出版社,2001.

[24] 卢晓东,陈孝戴.高等学校"专业"内涵研究[J].教育研究,2002(7):47-52.

[25] 梅亚明.高校专业群的集约建设[J].教育发展研究,2006(9):68-69.

[26] 钱红,张庆堂.高职院校群建设的实践与思考[J].江苏高教,2015(1):139-143.

[27] 任占营.高职院校专业群建设的变革意蕴探析[J].高等工程教育研究,2019(6):4-8.

[28] 沈建根,石伟平.高职教育专业群建设:概念、内涵与机制[J].中国高教研究,2011(11):78-80.

[29] 石伟平,徐国庆.职业教育课程开发技术[M].上海:上海教育出版社,2006.

[30] 孙峰.专业群与产业集群协同视角下的高职院校专业群设置研究[J].高等教育研究,2014,35(7):46-50.

[31] 涂三广.职业院校专业建设:要素与逻辑[J].中国职业技术教育,2012(21):61-65.

[32] 王亚南,成军.高职院校高水平专业群建构:内涵意蕴、逻辑及技术路径[J].大学教育科学,2020(6):118-124.

[33] 吴翠娟.高职教育专业群的内涵分析和建设思考[J].教育与职业,2014(23):14-16.

[34] 吴明隆.结构方程模型:AMOS的操作与应用[M].重庆:重庆大学出版社,2010.

[35] 吴升刚,郭庆志.高职专业群建设的基本内涵与重点任务[J].现代教育管理,2019(6):101-105.

[36] 吴彤.自组织方法论研究[M].北京:清华大学出版社,2001.

[37] 项延训,马桂敏.对学科群建设的认识与实践[J].中国高教研究,2007(1):41-43.

[38] 易新河.高等职业院校专业群建设探讨[J].长沙民政职业技术学院学报,2007,14(2):66-68.

[39] 袁洪志.高职院校专业群建设探析[J].中国高教研究,2007(4):52-54.

[40] 岳澎.公共组织结构的特点及其影响因素分析[J].运城学院学报,2007(12):53-55.

[41] 张红.高职院校高水平专业群建设路径选择[J].中国高教研究,2019(6):105-109.

[42] 张红霞.教育科学研究方法[M].北京:教育科学出版社,2009:90,191-192,491.

[43] 张慧青.基于产业结构演进的高职专业结构调整研究[D].上海:华东师范大学,2017:30-35.

[44] 张建东,陆江兵.公共组织学[M].北京:高等教育出版社,2003:10.

[45] 赵康.专业、专业属性及判断成熟专业的六条标准[J].社会学研究,2000(5):30-38.

[46] 赵昕.高职院校专业群建设实践的思考与认识[J].天津职业大学学报,2011(6):4-7.

[ 47 ] 郑刚 . 全面协同创新 [M]. 北京 : 科学出版社，2006.

[ 48 ] 宗诚 . 高职院校专业群 : 怎么建　如何评 [J]. 职教论坛，2020（36）: 40-45.

[ 49 ] 宗诚，等 . 关联性 : 双高院校专业群建设的基本遵循 [J]. 中国职业技术教育，2020（13）: 52-57.

[ 50 ] 宗诚 . 高职院校专业群组织管理 : 现实意义、实践困境与理性对策 [J]. 中国职业技术教育，2021（8）: 8-15.

# 附录 A "高职院校专业群建设情况"访谈提纲

访谈时间：　　　　　　访员：　　　　　　记录员：

录音员：　　　　　　对象编号：　　　　　　性别：

所在学校：　　　　　　专业群名称：

访谈开始时间：　　　　　　访谈结束时间：

　　＿＿＿＿＿＿＿，您好！首先非常感谢您在百忙之中接受我的访谈，帮助我完成此项研究。

　　首先，我先简要介绍一下本项研究的背景、目标和研究问题（具体陈述，同时将本提纲让访谈对象浏览）。为了更好地开展高等职业院校专业群建设，助力职业教育高质量发展，我们特制作此访谈调查提纲，针对高等职业院校专业群"为什么建""如何建""建得怎么样"三个方面开展深入访谈调研，开展相关专题研究。现希望您参加本次访谈调查并根据实际情况如实回答。本次访谈采用匿名形式，我们将恪守科学研究的道德准则，对您的资料严格保密，访谈内容仅供本次研究使用。

　　为了回答下述问题，实现研究目标，此次访谈估计需要花费您半个小时左右的时间。不过您可以根据情况控制时间长短。

　　访谈问题一：为什么要建设专业群（专业群建设的逻辑起点是什么）？

　　访谈问题二：如何建设专业群（专业群建设要考虑到哪些因素）？

　　访谈问题三：怎样判断专业群建得怎么样（影响专业群建设质量的最主要因素是什么）？

　　再次向您的积极配合表示衷心的感谢！

# 附录 B  专业群建设质量评价指数得分 Top 100

| 院校名称 | 省份 | 专业群名称 | 级别 | 评价指数 | 建设投入评分 | 建设过程评分 | 建设产出评分 |
|---|---|---|---|---|---|---|---|
| 长沙航空职业技术学院 | 湖南省 | 航空机电设备维修专业群 | 国家级 | 84.251 | 83.906 | 84.593 | 89.281 |
| 成都航空职业技术学院 | 四川省 | 飞机机电设备维修专业群 | 省部级 | 81.168 | 83.100 | 79.253 | 88.194 |
| 长沙航空职业技术学院 | 湖南省 | 航空电子设备维修专业群 | 省部级 | 80.958 | 79.642 | 82.262 | 87.265 |
| 黄河水利职业技术学院 | 河南省 | 水利水电建筑工程专业群 | 国家级 | 79.860 | 77.338 | 82.361 | 69.999 |
| 重庆医药高等专科学校 | 重庆市 | 药学专业群 | 国家级 | 79.168 | 81.305 | 77.050 | 65.667 |
| 九江职业技术学院 | 江西省 | 船舶工程技术专业群 | 国家级 | 77.963 | 77.457 | 78.464 | 61.788 |
| 长沙航空职业技术学院 | 湖南省 | 航空机械智能制造专业群 | 省部级 | 77.064 | 74.084 | 80.018 | 88.748 |
| 成都航空职业技术学院 | 四川省 | 飞行器数字化制造技术专业群 | 国家级 | 76.463 | 79.267 | 73.684 | 76.525 |
| 重庆医药高等专科学校 | 重庆市 | 临床医学专业群 | 省部级 | 76.408 | 78.942 | 73.897 | 60.445 |
| 黄河水利职业技术学院 | 河南省 | 测绘地理信息技术专业群 | 国家级 | 75.370 | 72.385 | 78.329 | 57.741 |
| 金华职业技术学院 | 浙江省 | 机械制造与自动化专业群 | 国家级 | 75.125 | 71.890 | 78.331 | 85.545 |
| 山东药品食品职业学院 | 山东省 | 药品生产经营管理专业群 | 校级 | 75.099 | 73.541 | 76.643 | 62.212 |
| 山东药品食品职业学院 | 山东省 | 药品服务专业群 | 省部级 | 74.668 | 74.771 | 74.565 | 70.538 |
| 重庆公共运输职业学院 | 重庆市 | 轨道交通专业群 | 省部级 | 74.201 | 76.945 | 71.481 | 61.842 |

续表

| 院校名称 | 省份 | 专业群名称 | 级别 | 评价指数 | 建设投入评分 | 建设过程评分 | 建设产出评分 |
|---|---|---|---|---|---|---|---|
| 天津医学高等专科学校 | 天津市 | 护理专业群 | 国家级 | 73.768 | 76.102 | 71.454 | 58.728 |
| 湖北交通职业技术学院 | 湖北省 | 道路与桥梁工程技术专业群 | 校级 | 73.327 | 71.470 | 75.169 | 59.349 |
| 广西交通职业技术学院 | 广西壮族自治区 | 道路与桥梁工程技术专业群 | 省部级 | 72.687 | 75.534 | 69.865 | 69.613 |
| 金华职业技术学院 | 浙江省 | 学前教育专业群 | 国家级 | 72.471 | 73.233 | 71.715 | 70.169 |
| 黑龙江农业经济职业学院 | 黑龙江省 | 农业经济贸易专业群 | 校级 | 71.746 | 75.537 | 67.988 | 47.071 |
| 九江职业技术学院 | 江西省 | 智能制造专业群 | 校级 | 70.993 | 69.596 | 72.379 | 59.256 |
| 沈阳职业技术学院 | 辽宁省 | 机械设计与制造专业群 | 国家级 | 70.869 | 70.267 | 71.466 | 66.516 |
| 四川建筑职业技术学院 | 四川省 | 建筑工程技术专业群 | 国家级 | 70.756 | 76.312 | 65.249 | 56.565 |
| 常州机电职业技术学院 | 江苏省 | 工业机器人技术专业群 | 国家级 | 70.261 | 72.847 | 67.697 | 75.451 |
| 山东水利职业学院 | 山东省 | 水利工程专业群 | 省部级 | 69.729 | 66.426 | 73.004 | 53.872 |
| 郑州铁路职业技术学院 | 河南省 | 铁道机车运用与维护 | 国家级 | 69.348 | 68.811 | 69.881 | 70.750 |
| 湖南高速铁路职业技术学院 | 湖南省 | 铁道工程技术专业群 | 省部级 | 69.272 | 69.250 | 69.293 | 72.833 |
| 浙江金融职业学院 | 浙江省 | 金融管理专业群 | 国家级 | 68.970 | 71.618 | 66.346 | 57.065 |
| 江苏海事职业技术学院 | 江苏省 | 航海技术专业群 | 国家级 | 68.799 | 70.360 | 67.252 | 65.753 |
| 浙江工业职业技术学院 | 浙江省 | 机电一体化技术专业群 | 省部级 | 68.738 | 70.137 | 67.352 | 74.624 |
| 襄阳职业技术学院 | 湖北省 | 特殊教育专业群 | 国家级 | 68.692 | 69.348 | 68.042 | 53.954 |
| 黄河水利职业技术学院 | 河南省 | 建筑工程技术专业群 | 省部级 | 68.632 | 65.806 | 71.434 | 60.472 |

续表

| 院校名称 | 省份 | 专业群名称 | 级别 | 评价指数 | 建设投入评分 | 建设过程评分 | 建设产出评分 |
|---|---|---|---|---|---|---|---|
| 辽宁机电职业技术学院 | 辽宁省 | 工业过程自动化技术专业群 | 国家级 | 68.533 | 64.990 | 72.044 | 70.204 |
| 淄博职业学院 | 山东省 | 电气自动化技术专业群 | 国家级 | 68.352 | 67.225 | 69.469 | 61.407 |
| 浙江建设职业技术学院 | 浙江省 | 建筑工程技术专业群 | 省部级 | 68.275 | 67.822 | 68.725 | 65.317 |
| 南京交通职业技术学院 | 江苏省 | 道路与桥梁工程技术专业群 | 省部级 | 68.153 | 68.287 | 68.020 | 65.037 |
| 常州机电职业技术学院 | 江苏省 | 模具设计与制造专业群 | 国家级 | 68.144 | 69.033 | 67.263 | 72.483 |
| 河北软件职业技术学院 | 河北省 | 动漫制作技术专业群 | 省部级 | 68.093 | 67.913 | 68.272 | 68.486 |
| 无锡职业技术学院 | 江苏省 | 数控技术专业群 | 国家级 | 67.921 | 66.502 | 69.327 | 61.434 |
| 湖南汽车工程职业学院 | 湖南省 | 汽车智能制造与服务（省一流特色专业群） | 省部级 | 67.806 | 70.458 | 65.176 | 59.297 |
| 义乌工商职业技术学院 | 浙江省 | 国际经济与贸易专业群 | 省部级 | 67.508 | 67.605 | 67.412 | 65.515 |
| 重庆工程职业技术学院 | 重庆市 | 机电一体化技术专业群 | 国家级 | 67.349 | 63.602 | 71.063 | 63.871 |
| 无锡工艺职业技术学院 | 江苏省 | 服装与服饰设计专业群 | 省部级 | 67.205 | 65.067 | 69.325 | 48.019 |
| 无锡工艺职业技术学院 | 江苏省 | 时尚创意设计专业群 | 地市级 | 67.184 | 65.025 | 69.325 | 48.019 |
| 无锡工艺职业技术学院 | 江苏省 | 服装设计与工艺专业群 | 省部级 | 67.155 | 64.966 | 69.325 | 48.019 |
| 潍坊职业学院 | 山东省 | 电气自动化技术专业群 | 国家级 | 67.010 | 65.840 | 68.169 | 64.087 |
| 西安铁路职业技术学院 | 陕西省 | 铁道交通运营管理 | 校级 | 66.965 | 64.560 | 69.350 | 59.674 |
| 浙江建设职业技术学院 | 浙江省 | 工程造价专业群 | 国家级 | 66.838 | 66.877 | 66.800 | 57.337 |
| 河北软件职业技术学院 | 河北省 | 软件技术专业群 | 省部级 | 66.720 | 68.235 | 65.219 | 69.765 |
| 广州民航职业技术学院 | 广东省 | 飞机机电设备维修专业群 | 国家级 | 66.681 | 70.008 | 63.384 | 61.632 |

续表

| 院校名称 | 省份 | 专业群名称 | 级别 | 评价指数 | 建设投入评分 | 建设过程评分 | 建设产出评分 |
|---|---|---|---|---|---|---|---|
| 金华职业技术学院 | 浙江省 | 现代农业专业群 | 校级 | 66.631 | 63.980 | 69.259 | 66.551 |
| 包头职业技术学院 | 内蒙古自治区 | 材料智能焊接工程专业群 | 省部级 | 66.499 | 63.611 | 69.362 | 73.887 |
| 唐山工业职业技术学院 | 河北省 | 动车组检修技术专业群 | 国家级 | 66.499 | 66.244 | 66.752 | 68.350 |
| 湖南城建职业技术学院 | 湖南省 | 建筑设计技术专业群 | 省部级 | 66.468 | 62.607 | 70.295 | 49.899 |
| 浙江建设职业技术学院 | 浙江省 | 建筑装饰工程技术专业群 | 地市级 | 66.282 | 64.269 | 68.278 | 68.721 |
| 湖南工业职业技术学院 | 湖南省 | 汽车技术专业群 | 省部级 | 66.261 | 67.020 | 65.509 | 55.576 |
| 武汉职业技术学院 | 湖北省 | 光电技术应用专业群 | 国家级 | 66.008 | 65.346 | 66.664 | 54.046 |
| 徐州工业职业技术学院 | 江苏省 | 高分子材料工程技术专业群 | 国家级 | 65.979 | 64.814 | 67.135 | 66.902 |
| 长沙民政职业技术学院 | 湖南省 | 老年服务与管理专业群 | 国家级 | 65.929 | 66.547 | 65.317 | 56.599 |
| 长沙民政职业技术学院 | 湖南省 | 健康养老服务专业群 | 省部级 | 65.929 | 66.547 | 65.317 | 56.599 |
| 辽宁省交通高等专科学校 | 辽宁省 | 道路桥梁工程技术专业群 | 国家级 | 65.675 | 67.036 | 64.326 | 54.737 |
| 湖南工业职业技术学院 | 湖南省 | 先进装备制造技术专业群 | 国家级 | 65.491 | 68.578 | 62.430 | 62.770 |
| 四川工程职业技术学院 | 四川省 | 数控技术专业群 | 国家级 | 65.436 | 70.765 | 60.153 | 61.044 |
| 柳州铁道职业技术学院 | 广西壮族自治区 | 城市轨道交通运营管理 | 省部级 | 65.430 | 69.509 | 61.386 | 66.273 |
| 山东科技职业学院 | 山东省 | 机电一体化技术专业群 | 省部级 | 65.253 | 63.515 | 66.976 | 53.024 |
| 黄河水利职业技术学院 | 河南省 | 生态保护与水治理工程 | 校级 | 65.208 | 60.737 | 69.640 | 59.169 |
| 黑龙江农业工程职业学院 | 黑龙江省 | 汽车技术专业群 | 校级 | 65.099 | 64.517 | 65.676 | 46.588 |

续表

| 院校名称 | 省份 | 专业群名称 | 级别 | 评价指数 | 建设投入评分 | 建设过程评分 | 建设产出评分 |
|---|---|---|---|---|---|---|---|
| 苏州工业职业技术学院 | 江苏省 | 智能控制技术专业群（智能工厂控制技术专业群） | 国家级 | 65.083 | 62.559 | 67.584 | 66.781 |
| 昆明冶金高等专科学校 | 云南省 | 新基建专业群 | 校级 | 65.061 | 66.205 | 63.927 | 58.231 |
| 湖北水利水电职业技术学院 | 湖北省 | 发电厂及电力系统专业群 | 校级 | 64.994 | 61.811 | 68.149 | 52.400 |
| 黄河水利职业技术学院 | 河南省 | 电气自动化技术专业群 | 校级 | 64.990 | 61.505 | 68.445 | 58.071 |
| 石家庄铁路职业技术学院 | 河北省 | 铁道工程技术专业群 | 国家级 | 64.905 | 62.607 | 67.182 | 62.446 |
| 石家庄铁路职业技术学院 | 河北省 | 建筑工程技术专业群 | 校级 | 64.899 | 66.008 | 63.799 | 60.635 |
| 许昌职业技术学院 | 河南省 | 计算机网络技术专业群 | 省部级 | 64.825 | 63.059 | 66.575 | 48.104 |
| 肇庆医学高等专科学校 | 广东省 | 临床医学专业群 | 省部级 | 64.804 | 70.732 | 58.928 | 64.284 |
| 长春医学高等专科学校 | 吉林省 | 全周期生命护理专业群 | 省部级 | 64.670 | 66.789 | 62.570 | 53.985 |
| 河南工业职业技术学院 | 河南省 | 机械制造 | 其他 | 64.624 | 62.624 | 66.607 | 58.412 |
| 金华职业技术学院 | 浙江省 | 智慧建造专业群 | 校级 | 64.602 | 61.128 | 68.046 | 71.059 |
| 唐山工业职业技术学院 | 河北省 | 机电一体化技术专业群 | 省部级 | 64.600 | 65.346 | 63.860 | 72.538 |
| 沧州医学高等专科学校 | 河北省 | 临床医学专业群 | 国家级 | 64.497 | 67.213 | 61.804 | 64.423 |
| 黄冈职业技术学院 | 湖北省 | 现代商贸专业群 | 校级 | 64.373 | 61.708 | 67.016 | 65.624 |
| 浙江旅游职业学院 | 浙江省 | 导游专业群 | 国家级 | 64.245 | 63.469 | 65.014 | 53.380 |
| 湖南铁道职业技术学院 | 湖南省 | 铁道机车专业群 | 国家级 | 64.148 | 65.926 | 62.385 | 50.946 |
| 浙江经贸职业技术学院 | 浙江省 | 电子商务专业群 | 国家级 | 64.140 | 61.336 | 66.920 | 60.527 |

续表

| 院校名称 | 省份 | 专业群名称 | 级别 | 评价指数 | 建设投入评分 | 建设过程评分 | 建设产出评分 |
|---|---|---|---|---|---|---|---|
| 江苏航运职业技术学院 | 江苏省 | 航海技术专业群 | 国家级 | 64.007 | 62.975 | 65.030 | 64.300 |
| 烟台工程职业技术学院 | 山东省 | 智能制造与控制技术专业群 | 省部级 | 63.885 | 61.830 | 65.923 | 63.539 |
| 湖南机电职业技术学院 | 湖南省 | 智能控制技术专业群 | 其他 | 63.802 | 66.389 | 61.236 | 64.320 |
| 长春汽车工业高等专科学校 | 吉林省 | 汽车制造与装配技术（双高）专业群 | 国家级 | 63.688 | 66.977 | 60.428 | 54.733 |
| 烟台汽车工程职业学院 | 山东省 | 汽车维修与服务专业群 | 校级 | 63.643 | 63.346 | 63.938 | 63.618 |
| 丽水职业技术学院 | 浙江省 | 林业技术专业群 | 省部级 | 63.542 | 60.891 | 66.170 | 59.682 |
| 重庆工程职业技术学院 | 重庆市 | 现代移动通信技术专业群 | 省部级 | 63.433 | 60.062 | 66.774 | 63.417 |
| 内蒙古机电职业技术学院 | 内蒙古自治区 | 机械制造及自动化专业群 | 国家级 | 63.322 | 61.724 | 64.907 | 62.480 |
| 淄博职业学院 | 山东省 | 新能源汽车技术 | 国家级 | 63.295 | 60.178 | 66.385 | 48.107 |
| 黑龙江农业工程职业学院 | 黑龙江省 | 现代农业装备应用技术专业群 | 国家级 | 63.274 | 60.994 | 65.535 | 46.212 |
| 常州工业职业技术学院 | 江苏省 | 机电一体化技术专业群 | 省部级 | 63.174 | 61.159 | 65.172 | 64.943 |
| 湖南铁路科技职业技术学院 | 湖南省 | 轨道交通电力牵引与机电技术专业群 | 省部级 | 63.147 | 66.685 | 59.640 | 67.637 |
| 广东工贸职业技术学院 | 广东省 | 测绘地理信息技术专业群 | 国家级 | 63.132 | 61.391 | 64.859 | 63.712 |
| 广西电力职业技术学院 | 广西壮族自治区 | 发电厂及电力系统专业群 | 省部级 | 63.127 | 64.596 | 61.670 | 53.102 |
| 广州铁路职业技术学院 | 广东省 | 铁道供电技术专业群 | 国家级 | 63.109 | 62.805 | 63.410 | 67.036 |
| 重庆航天职业技术学院 | 重庆市 | 软件技术专业群 | 省部级 | 63.069 | 62.951 | 63.187 | 61.229 |
| 江苏电子信息职业学院 | 江苏省 | 电气自动化技术专业群 | 校级 | 62.993 | 59.631 | 66.327 | 61.929 |